はじめての語用論

An Introduction to Pragmatics

基礎から応用まで

加藤重広・澤田淳 編

研究社

まえがき

この30年で「語用論」(pragmatics) の研究は一気に進んだ。もちろん、語用論の研究自体はそれ以前からもあったが、pragmatics という単語ができた時点から見ても一世紀にまったく及ばない時間しか経過していない (詳しくは第1章を参照)。しかも、誕生から30年程度は哲学における研究テーマであって、その後の20年ほどは言語学と哲学の「汽水域」で育まれた。汽水域と言えば聞こえは悪くないが、その実態は、言語学者が馴染みの薄い、難しい哲学書を読み解いて言語研究としての語用論を成立させるための訓練と準備を進めた時間だったと言っていい。言語研究としての語用論が本格的に始められる準備状況が整ったのが30年ほど前で、日本でも pragmatics が「運用論」や「実用論」「プラグマティクス」などのなかから「語用論」という訳語に落ち着き始めた時期でもあった。

語用論は、言語研究の領域やテーマとしては「若い学問」である。この30年で語用論はさまざまな研究成果が出され、一気に広がり、また厚みも増した。30年前なら語用論の重要事項はすぐに学んで共有できるくらいだった。浩瀚《こうかん》な概説書もあったが、それでほぼ網羅できるほど成果は限られていた。語用論はのぞき込むと向こう側が見えるような林のようなものだった。しかし、それが今や昼でも内部は薄暗がりになっているような、鬱蒼とした森になっている。学問としての語用論が広がり、厚みを増すにつれて、語用論の森は気軽に散歩をするような場所ではなくなり、熟練のガイドに案内してもらわないと迷ってしまうような深い森になってしまった。

本書は、その語用論という深い森を案内するガイドとなるべく企画され、執筆された。全体を15の区域に分けて、現在最先端の研究を手がける研究者に執筆を依頼した。今も発展が続いている語用論の指南書として10年は古びずに使えるものとなるよう配慮して構成してある。入門というわりには骨があって難しいと感じる方もあるだろうが、表層的な知識をざっと眺めるだけの案内図ではなく、常に傍らに置いて迷ったり困ったりしたときに手に取れる、役立つ地図となることを目指したためである。各章とも当代一流の語用論研究者によるものだけあって、内容が高度でも参考文献にもあたりながらよく読むと、かなり深いレベルまで理解できるように書かれている。

語用論は面白い。ただ、関心を持ってすぐに始められるわけではないから、ハードルはいくつもある。しかし、それは芸術やスポーツでも同じだろう。一見すると楽しそうで興味をそそるかもしれないが、楽しめるレベルに達するには練習や訓練が要る。学術の中にも古くから行われている伝統的な学問や領域がある。長い伝統を持つ学問のなかには、しきたりや考え方、身につけるべき方法論や知識が系統立った形で確立していて、その習得に時間がかかるものが少なくない。

しかし、若い語用論はまだそれほどの伝統はなく、研究成果はたくさんあるが、そのなかから基盤を確立している途上なのではないかと思う。深い森に広がってきているが、まだ誰も仔細に観察していないところも多く残っている。その意味では、若い人も参入しやすい研究領域なのではないかと思う。独自の専門用語や定義、方法論はどの分野でもあるものなので、越えてきてしまえばそれほど高いハードルでもないだろう。

本書は、各章の担当の先生方に編者２人がいろいろと注文を出して工夫していただいたり、修正していただいたりして上梓に至った。編者らの不躾さを詫びるとともにご協力に心よりの感謝を申し上げたい。また、企画から進行、細部の仕上げに至るまで、研究社の高野渉氏の全面的なお力添え抜きにして本書は完成しなかった。心よりの御礼を記しておきたい。

令和２年の春を待ちわびながら

編者　加藤重広・澤田　淳

目　次

本書で使用する記号

*　：文法的に誤っている文（非文）
?　：非文ではないものの、容認度が低く不自然な文
??　：?よりもさらに容認度が低い文
#　：文脈上、不適切な文

第1章 | 語用論とは何か

本章のポイント

- 語用論とは、コンテクストを考慮に入れて言語使用について研究する分野・方法論を指す。
- 語用論には、「部門的見方」と「観点的見方」とがある。前者は、語用論を言語学の一部門として捉える見方であり、後者は、語用論を、言語学の各部門の現象（音韻、形態、統語、意味）を機能的観点から説明する方法論として捉える見方である。

1 語用論とは何か

語用論（pragmatics）は、言語学における1つの分野、または、方法論を指す。語用論という用語は1930年代の記号論・哲学を出自とする（Morris 1938）。とりわけ、日常言語（日常生活で使う言語）の分析を中心課題とした**日常言語学派**（ordinary language school）（→第6章）と呼ばれる哲学（分析哲学）の一派の研究（Austin 1962, Searle 1969, Grice 1975など）を通して、語用論は1970年代頃から言語学の中に本格的に取り入れられるに至った。語用論は言語学の中では「若い」分野である（Jucker 2012: 495）。

現在、語用論が研究する対象や領域は多岐にわたっており、どこまでを語用論の研究対象とするかは学派により異なる（Horn and Ward (eds.) 2002, Mey (ed.) 2009, Huang (ed.) 2017など）。また、語用論の一致した定義も存在していないのが現状である（Ariel 2010など）。ここでは、**コンテクスト依存性**（context dependency）を語用論の最も重要な特徴の1つと見なし、語用論を次のように定義する（Cummins 2019: 5も参照）。

(1) 語用論とは、コンテクスト（文脈）を考慮に入れて言語使用について研究する分野・方法論である。

すべての生き物が環境を抜きにしては生きられないように、ことばもコンテクストを抜きにしては成立しえない（澤田治美 2019: 2）。語用論は、ことばの背後に存在するコンテクストを考慮に入れて、話し手・書き手が聞き手・読み手に対して用いたことばの意味や働きを考察する。

一例を挙げてみよう。2010 年に YouTube 上で公開された The power of words と題する 100 秒ほどのショートフィルムがある（https://www.youtube.com/watch?v=Hzgzim5m7oU）。盲目の老人が街角の道路脇に座っており、傍らには “I'M BLIND. PLEASE HELP.” と書かれた段ボールで作られたサインボードと小銭入れの空き缶が置かれている。すれ違う人々は見向きもしないか、無表情に小銭を投げ入れていく。そこに、通りがかった一人の女性が、老人の傍らに置かれたサインボードを取りあげ、その裏にことばを書き、それをそっと置いて立ち去る。すると、その直後から、道行く人々が次々と小銭をやさしく置いていくようになる。老人は、再び現れた女性にサインボードに何をしたのかと尋ねると、女性は “I wrote the same, but different words.” とやさしく答える。サインボードには次のように書かれていたのである。

（2） IT'S A BEAUTIFUL DAY AND I CAN'T SEE IT.

このショートフィルムは、“Change your words. Change your world.” というメッセージが提示されて終わる（なお、(2) の等位接続詞 AND は、BUT に置換可能な「対立」（＝それなのに）の用法である。例：I've spent weeks doing this report, {but/and} they won't accept it because of the typos.（Sweetser 1990: 107））。このショートフィルムは、ことばが単に出来事を叙述するためだけに使われるわけではないことを端的に示している。話し手・書き手が用いることばには、聞き手・読み手に影響を及ぼす力がある（ことばに込められた「力」を、**言語行為論**（speech act theory）では、**発話内力**（illocutionary force）と呼ぶ（→ 第 6 章））。

統語論、意味論、語用論の関係

語用論という用語を初めて導入したのは、記号学者・哲学者の C. モリス（Charles William Morris）であった。Morris（1938: 6）は、記号論において、統語論、意味論、語用論の 3 領域を設定し、語用論を「記号と解釈者の関係」を扱う分野と定義した。その後、語用論は次第に言語学にも浸透していった。

Fillmore (1981) は統語論、意味論、語用論を次のように特徴づけている。

(3)　統語論：［形式 (form)］
意味論：［形式 (form)、機能 (function)］
語用論：［形式 (form)、機能 (function)、場面 (setting)］
(Fillmore 1981: 144)

すなわち、「形式」を扱う統語論、「形式」と「機能」の関係を扱う意味論、そして、「形式」、「機能」、「場面」すなわち「コンテクスト」の関係を扱う語用論という分類である。ただし、Fillmore (1981: 144) が「統語論的な事実のいくつかは意味論や語用論による説明が必要となり、意味論的な事実は語用論による説明が必要となるとも考える」と述べているように、三者は「相互依存的」な関係にあると見なすのが実情に即している。

意味論的意味と語用論的意味

語用論では、ことばの意味の考察が中心的な課題となるが、ことばの意味を扱う分野には意味論もある。意味論は、語の意味を扱う**語彙意味論** (lexical semantics) と、文の意味を扱う**文意味論** (sentential semantics) に大別されるが (Birner 2013: 9)、通例、どちらもコンテクストを差し引いた意味を扱う。コンテクストから独立したことばの意味を扱う意味論に対して、語用論はコンテクストに依存したことばの意味を扱うところに違いがある。語用論における意味はコンテクスト抜きでは正しい意味解釈にたどり着けない (ただし、**認知言語学・認知文法**のように、意味論と語用論の２つの領域の存在は認めるものの、その間に明確な境界線を引くことはできず、両者は連続性をなすものと見なす立場もある (Langacker 2008: 40) (→ 第８章))。

一例として、"I have a credit card." という発話を考えてみよう (Cummins 2019)。この発話の**意味論的意味**は「私はクレジットカードを持っている」であり、意味論的意味のレベルにおいては曖昧性はない (ただし、一人称代名詞 I は発話者によりその指示対象が変わるため、語用論的意味を含む**ダイクシス表現** (deictic expressions) である (→ 第５章))。一方、この発話の**語用論的意味**は、以下の例が示すように、コンテクストによって変わりうる。

(4) A: How are you going to pay for the ticket?
B: I have a credit card.

(5) A: I can lend you money for the ticket.
B: I have a credit card.

(6) A: I don't have any money to pay for the ticket.
B: I have a credit card. (Cummins 2019: 2)

"I have a credit card." という発話の語用論的意味は、(4) では相手の質問に対する「クレジットカードで払うよ」という回答であり、(5) では相手の申し出に対する「クレジットカードを持っているから、(君から) お金を借りる必要はないよ」という間接的な断りであり、(6) では相手への「クレジットカードを持っているから (君に) お金を貸せるよ」という間接的な申し出である。しかし、これらの発話から生じる意味は、I have a credit card という文に張り付いた意味論的意味ではないため、以下のように、**取り消し** (cancel) 可能である (→ 第 2 章)。

(7) A: How are you going to pay for the ticket?
B: I have a credit card, but actually I'll use cash this time.

(8) A: I can lend you money for the ticket.
B: I have a credit card, but if you're sure you don't mind I'll take you up on that offer.

(9) A: I don't have any money to pay for the ticket.
B: I have a credit card, but I'm afraid it won't be accepted here.

(Cummins 2019: 3)

このように、1 つの発話は複数の意味に曖昧となりうるが、**発話の意味の曖昧性**はときに重大な問題を引き起こす。次の事件はこのことを如実に示す例である。

(10) (略) 正しく意味や指示を判断することが文字通り生死を分けるというような場合もある。その一例として、1952 年の、論争を呼んだイギリスの殺人事件が挙げられる。デレク・ベントレーという 19 歳の若者が16歳のクリストファー・クレイグと共に、警官殺害の罪で起訴された。クレイグが致命傷となる弾を撃ったということは疑いなかった。ベントレーは銃を持っていなかったし、事実警官が撃たれたとき彼はすでに取り押さえられていたのである。ベントレーの問題は彼が "Let him have it, Chris!" と叫んだという陳述にあった。ベントレーの公判で、検察側はこれは「警官を撃て」という意味だと主張した。それは「意図的な殺人の教唆」と解釈される。ベントレーの弁護として後に提出された他の解釈は、itは銃を指しており、himは警官を指したのであり、ベントレーはクレイグに警官を撃てと言ったのではなくて、銃を警官に渡せと勧めていたのだというものである。この2番目の解釈は法廷で拒否され、ベントレーは有罪となり、絞首刑になった。実際に弾を撃ったクレイグはまだ未成年で、少年院に送られただけであった。 (Thomas 1995: 16–17 [浅羽（監修）1998: 19])

事件が起こった1952年11月からわずか2カ月後の1953年1月、ベントレーの死刑が執行された。しかし、その後の調査で当時の裁判官が "Let him have it, Chris!" というベントレーの発話の意味の曖昧性に十分な注意を向けていなかったことが明らかとなり、死刑執行から45年後の1998年、控訴院はベントレーの有罪判決を破棄した (Culpeper and Haugh 2014: 1参照)。この事件は *Let Him Have It* という題名で1991年に映画化されている。

2 コンテクスト

前節では、語用論の重要な特徴の1つに「コンテクスト依存性」があると述べた。では、コンテクストとは、どのようなものであろうか。

コンテクスト (context) とは、ラテン語の contextus (con-'together' + texere 'to weave') に由来する (*New Oxford American Dictionary*, Third edition)。このように、語源的には、コンテクストとは、糸を紡ぎ合わせて作られた織物のように、ことばを紡ぎ合わせて構成された脈絡を意味する用語である。この意味をベースに、語用論でいうコンテクストとは、「話し手が伝えようと意図したことを聞き手が解釈するのを手助けする、手掛かりとなるような情報源」のことを意味する場合が多い (Allott 2010: 38 [今井（監訳）2014: 59])。ただし、Fillmore

(1984: 134) がコンテクストは「ミステリアスな箱」(mysterious box) であるとしたように、その中身は必ずしも明らかでない。ここでは、便宜的にコンテクストを、(i) **言語的コンテクスト** (linguistic context)、(ii) **物理的コンテクスト** (physical context)、(iii) **一般知識的コンテクスト** (general-knowledge context)、(iv) **社会・文化的コンテクスト** (social/cultural context) の 4 つに区分することにする ((i)–(iii) は Ariel (1990: 5–6)、Huang (2014: 16–17) に拠る)。一般知識的コンテクストと社会・文化的コンテクストは重なり合う部分もあるが、便宜上、分けておく。

言語的コンテクスト

言語的コンテクストとは、発話やテクストの前後関係 (脈絡) を意味し、**共テクスト** (co-text) とも呼ばれる。たとえば次の例を見てみよう。

(11) 警官は血を流しながら逃げる犯人を追いかけた。　(澤田治美 1993: 15)

この例は、血を流しているのが警官とも犯人とも解釈でき、文意味論の観点からは多義的な例となる。しかし、この例が、次の (12) (13) のようなテクストの一部であったとすると、言語的コンテクストから、血を流しているのが、(12) では警官、(13) では犯人となり、解釈が一義的となる。言語的コンテクストは発話やテクストの多義性を解消する働きを持つ。

(12) 警官はピストルで撃たれ負傷していた。それにもかかわらず、警官は血を流しながら逃げる犯人を追いかけた。
(13) 犯人は被害者の抵抗にあい、腕を負傷していた。警官は血を流しながら逃げる犯人を追いかけた。

言語的コンテクストは、テクストの指示対象を特定する手がかりともなる。次のテクストは、海で遭難後、様々な苦難に遭遇し、奇跡的な帰還を果たしたある水夫についての物語である。水夫の妻は、夫の帰還を諦め、夫の従《い》兄《と》弟《こ》と再婚していた。このような言語的コンテクストを考慮に入れるならば、下線部の 2 つの his は、1 番目は従兄弟 (現夫) を、2 番目は帰還した水夫 (元夫) を、それぞれ指すことが理解される (Mey 2001: 240)。

（14）（略）a sailor, having been the single survivor of a vessel burned in mid-ocean, and having been rescued after many weeks floating on a raft under the hot sun, imprisoned by amorous Tahitian princesses, taken off by pirates, pressed by a man-of-war who had overcome the pirates, wounded in a great battle, returned to his Penelope only to find her the wife of his hated cousin and mother of many little ones with his features but not his.

（A. S. Byatt, "The Conjugial Angel" *Angels & Insects.* p. 176）

言語的コンテクストと深く関わる概念の１つに、**結束性**（cohesion）がある。結束性とは、(i) 指示、(ii) 代用、(iii) 省略、(iv) 接続、(v) 語彙的結束（例：語の繰り返し）といった文法的・語彙的な連鎖によって保証される談話的なつながりを指す（Haliday and Hasan 1976）。次の例では、指示の機能を持つ代名詞の He や there がテクストの結束性を保証している。

（15）John took a train from Paris to Istanbul. He has family there.

（Kehler 2002: 2）

なお、談話的なつながりを保証する概念としては**首尾一貫性**（coherence）もある（Haliday and Hasan 1976）。首尾一貫性は、テクスト外の要因（テクストの背後の概念的つながりなど）によって談話的なつながりを保証する。

上の（15）と次の（16）の例を比較してみよう。

（16）? John took a train from Paris to Istanbul. He likes spinach.

（Kehler 2002: 2）

私たちはテクストを理解しようとする際、普通はまず、前接文と後接文との間に意味的関係性（因果関係など）を読み込もうとする。だが、（15）と異なり、（16）では、そのような意味的関係性が直ちには捉えにくく、それゆえ、不自然なテクストに感じられる。（16）では、「ジョンがパリからイスタンブールに行くこと」と「ジョンの好物がホウレンソウであること」とが意味的にどのような関係性を持つのかがわかりにくいのである（Kehler 2002: 2）。

ただし、(16) も、たとえば、フランスでホウレンソウが不作で、トルコがホウレンソウが手に入る最も近い国であるといったコンテクスト (ここでのコンテクストとは一般知識的コンテクストである) のもとでは、前接文と後接文との間に意味的関係性が保障され、首尾一貫性を持った自然なテクストと解釈できる (Kehler 2002: 3)。

言語的コンテクストに関わる現象としては、結束性のほかにも、**省略**、**情報構造** (新情報／旧情報など) などもあり、これらは、文より大きな単位であるテクスト・談話を研究対象とする**機能言語学**、**テクスト言語学**、**談話文法**などで研究が進められてきた。語用論はこれらの分野の知見を取り入れる形で、研究の裾野を広げている (→ 第 3 章)。

物理的コンテクスト

物理的コンテクストとは、発話や語りの場面・現場を指す。発話や語りの場面・現場を具体的にイメージする上で、物理的コンテクストの情報は重要である。たとえば、次の会話のやりとりを、ふすまを隔てて聞いているとする。しかし、この発話のやりとりを耳で聞いただけでは、それが具体的にどういう状況のもとでなされているのかをイメージするのは難しい。

(17) 寅吉　へえ、旦那 . . .
新三郎　有難う。
寅吉　どうぞ . . .
治兵衛　あゝ、有難う。 (三尾 1948: 5)

ふすまをあけてこの部屋の中をのぞいてみる。すると、ここでの発話のやりとりは次のような場面でなされていたことがわかる。

(18) 寅吉　(銚子をうけとつて新三郎に) へえ、旦那 . . .
新三郎　有難う。(盃を出す)
寅吉　(酌をする。. . . 自分の盃をあけて治兵衛にさす) どうぞ . . .
治兵衛　あゝ、有難う。(うけとる)
(久保田万太郎「不幸」p. 370–371) (三尾 1948: 5)

さらに、次のテクストを見てみよう。

(19) The door of Henry's lunch-room opened and two men came in. They sat down at the counter. (Ernest Hemingway, "The Killers" *The Complete Short Stories of Ernest Hemingway*. p. 215) (Fillmore 1981: 164)

come の使用から、**視点** (viewpoint) は軽食堂の中に置かれ、軽食堂の中にいる人物の視点からの場面描写となっている（「視点」については → 第9章）。come を go に変えた次のテクストでは、視点は（移動の出発点である）軽食堂の外に置かれ、軽食堂の外にいる人物の視点からの場面描写に切り替わる（Fillmore 1981: 164）。

(20) The door of Henry's lunch-room opened and two men went in. They sat down at the counter. (Fillmore 1981: 164)

come から go への変更は、ドアを開けた主体の解釈にも影響を及ぼす。Fillmore (1981: 164) によれば、ドアを開けた主体は、(19) では2人の男、(20) では軽食堂の中にいる誰かであると解されるのが自然であるという。

一般知識的コンテクスト

一般知識的コンテクストは、典型的には話し手と聞き手が共有する知識を指す。たとえば、図1（次ページ）では、**記憶指示用法**のア系（「アレ」）（→ 第5章）のみによる伝達が成立（成功）するか否かに、指示対象に対する聞き手との知識の共有の有無が大きく関わっている。

さらに、次の例を考えてみよう。

(21)（AとBの2人が家の前の道路で井戸端会議をしている）

A: 今、何時？

B: さっき、{ゴミ収集車／幼稚園の送迎バス／??廃品回収車／??レッカー車／??救急車／??パトカー／??引越トラック／??霊柩車} が来てたけど。

図 1　記憶指示用法の「アレ」(サトウサンペイ(1987)『フジ三太郎』朝日新聞出版、p. 209)

「ゴミ収集車」「幼稚園の送迎バス」と異なり、「廃品回収車」「レッカー車」「救急車」「パトカー」「引越トラック」「霊柩車」は、〈いつも特定の時間帯にやってくる〉という特徴を持たない。このため、前者の名詞を使用した発話と異なり、後者の名詞を使用した発話は、現在時刻を推論する手がかりとはならず、聞き手(A)の質問に対する適切な回答とはならない。

社会・文化的コンテクスト

コンテクストを拡大すれば、それは、社会・文化にまで広がる。異なる文化を背景とする者同士のコミュニケーションは、ときに齟齬を生む。Yule (1996) は、ある新聞記事に掲載された次のエピソードを紹介している。イースター(キリストの復活を記念する祭り)が近づいた頃、オーストラリアのある会社の工場長が、そこで働く一人のベトナム出身の労働者に次のように尋ねた。すると、そのベトナム労働者は工場長の発話を一時解雇(レイオフ)として理解したという。「イースターの期間は休みになる」という社会・文化的コンテクストが共有されていなかったのである。

(22) You have five days off. What are you going to do?　(Yule 1996: 87)

このような異文化を背景としたコミュニケーションの齟齬は、定型表現が含まれた会話で特に生じやすい。Fillmore (1984: 128) は、ある日本人の知人が “I am pleased to meet you.” の代わりに、日本語の定型表現「はじめまして」を直訳した “This is the first time I have seen you.” という英語表現を使用したという興味深いエピソードを紹介している。Fillmore (1984: 128) によれば、“This is the first time I have seen you.” という表現は、そのように言われた相手が自分のことを有名人だと思っている場合には気をよくさせる表現となるが、そうではない人にとってはたいへん不思議な表現に感じられるのだという。このような事例は、**異文化間語用論**（intercultural pragmatics）の研究テーマともなる。Kecskes（2017: 400）は、異文化間語用論を「異なる文化や言語を持ち、また、コミュニケーションにおいて共通言語（リンガフランカ）を使用する対話者同士の発話の産出と理解を研究する」分野と定義している。異文化間語用論は、語用論の観点から複数の言語を対照する**対照語用論**（→第13章）や、語用論の言語教育への応用を探る**応用語用論**（→第14・15章）とも深い関連を有する。

高コンテクストと低コンテクスト

異文化間コミュニケーションとの関連で、Hall（1976）の**高コンテクスト**（high context）と**低コンテクスト**（low context）の概念を取り上げておこう。

(23) コンテクスト度の高いコミュニケーションまたはメッセージでは、情報のほとんどが身体的コンテクストのなかにあるか、または個人に内在されており、メッセージのコード化された、明確な、伝達される部分には、情報が非常に少ない。
　一方、コンテクスト度の低いコミュニケーションは、まさにこの反対である。つまり、情報の大半は明白にコード化されているのである。
(Hall 1976: 91［岩田・谷（訳）1993: 108］)

Hall（1976: 91–92）は、言語情報に乏しく、コンテクストに依存する度合いの高い言語・文化と、逆に、言語情報が豊富で、コンテクストに依存する度合いの低い言語・文化がある点を指摘している。日英比較論では、日本語は**高コンテクスト言語**、英語は**低コンテクスト言語**として論じられることがある。たとえば、国広（2002: 223）は、日英語のコンテクスト（場面）への依存度の違いにより、「「僕はウナギだ」というウナギ文が日本語で成立し、英語で成立しにくいことが説明される」とする。

「AはBだ」のような**コピュラ文**は通常、「僕は山田太郎だ」、「僕は日本人だ」のように、AとBとの間の同一関係や包摂関係などを表すが、**ウナギ文**はそのような関係性が見出せないコピュラ文である。たとえば、ウナギ文の代表例である「僕はウナギだ」では、「僕はウナギを注文する」などの意味が表される（奥津 1999）。ウナギ文は場面の支えがないと解釈が不安定となるため、コンテクストに依存する度合いの高い構文である。ウナギ文の使用場面の広さ（さらには省略現象が幅広く見られる点など）を考えると、たしかに日本語はコンテクストへの依存度の高い言語と言えるかもしれない。ただし、ウナギ文は英語にも存在する。たとえば、（24）は “Are you selling cosmetics?” の意味で使える。（25）は注文した飲み物が運ばれてきた際の発話である。

（24） Are you cosmetics? （Quirk et al. 1985: 248）

（25） They're at a bar, sitting at a table. The waitress comes over to take their order. She orders a dry martini, he orders a cup of coffee. Shortly after, the waitress comes back with the drinks. She says:
“I'm confused, who is who?”
The lady says, “I'm the martini.”
The gentleman says, “I'm the coffee.”
The waitress puts the drinks down and leaves.
（Henry Rollins, “High Adventure in the Great Outdoors”
The Portable Henry Rollins. p. 16）

金水（2016: 208–209）によれば、日本語と異なり、英語では、今から注文をする状況では “I'm a ham sandwich.” とは言いにくいが、注文した品物が届いた状況では “I'm the ham sandwich.” と言うことができ、「英語で言えないのは、まだ指示対象が決まっていない不定名詞句 “a ham sandwich” を用いた文であり、英語で言えるのは既に指示対象が明らかな定名詞句 “the ham sandwich” を用いた文である」とされる。金水（2016）の指摘に基づけば、ウナギ文の成立の可否には、コンテクストへの依存度の問題のみならず、文法の問題（指示対象の定性）も深く関わっていることになる（久野・高見 2004 の議論も参照）。日本語のウナギ文の特性、および、ウナギ文の成立の可否をめぐる言語間の相違は、語用論と文法の両面から探る必要があることが示唆される。

オーディエンス・デザイン

Bell（1984）は、話し手はオーディエンス（聴衆）に応じて発話スタイルを調整しているとする**オーディエンス・デザイン**（audience design）と呼ばれるモデルを提唱している。このモデルでは、図2に示されるように、話し手（speaker）から同心円状に広がる形で、オーディエンス（聴衆）が、(i)「聞き手」（addressee）、(ii)「傍聴者」（auditor）、(iii)「偶然聞く人」（overhearer）、(iv)「盗み聞く人」（eavesdropper）の４つに区分される（Bell 1984: 156）。

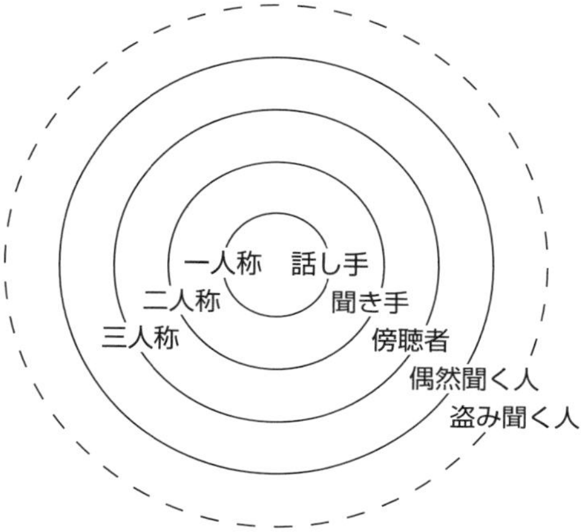

図２　オーディエンスの種別

この４つのオーディエンスは、(i) 話し手によって「知られている」（known）か、(ii) 話し手に傍で聞くことを「認められている」（ratified）か、(iii) 話し手に直接「話しかけられている」（addressed）かにより種別される（Bell 1984: 160）。

表１　オーディエンスの種別基準

	知られている	認められている	話しかけられている
聞き手	＋	＋	＋
傍聴者	＋	＋	−
偶然聞く人	＋	−	−
盗み聞く人	−	−	−

話し手の発話スタイルに影響を与える度合いは、一般に、聞き手＞傍聴者

＞偶然聞く人の順となる（盗み聞く人は、話し手の発話スタイルには影響を与えないとされる）（Bell 1984: 160）。

ここでは、傍聴者が話し手の発話スタイルに影響を与える現象として、**敬語**と**親族名称**を取り上げてみよう。菊地（1997: 43）が「聞手がどのような人かということはもちろん大事だが、同じ話手・聞手でも、そばで目上が聞いているか否かで、改まり方が違ってくるというようなこともある」と指摘するように、日本語の敬語使用は傍聴者（同席者）による影響を受ける。

さらに、親族名称の「子供中心的用法」（鈴木 1973）も傍聴者による影響を受けている。子供中心的用法とは、妻が夫を「お父さん」や「パパ」と呼ぶような、子供の視点に立った親族名称の使用のことである。米田（1986）は、首都圏在住の夫婦 185 組（妻の平均年齢 38 歳、夫の平均年齢 42 歳）を対象に配偶者の呼び方に関する調査（1986 年実施）を行い、その結果を次の表に示している（表において、「子供有」は子供のいる夫婦、「子供無」は子供のいない夫婦を示す）。

表 2　配偶者をどう呼ぶか（米田 1986: 19）

妻が夫を呼ぶとき

	二人だけの場合			子供の前で
	子供有	子供無	全　体	
名前	18.6%	47.8%	29.2%	5.9%
○○さん	10.2	10.4	10.3	4.2
愛称	3.4	26.9	11.9	—
他	5.1	10.4	7.0	1.7
父称	40.7	4.5	27.6	77.1
パパ	12.7	1.5	8.6	27.1
おとうさん	27.1	1.5	17.8	44.1
他	0.8	1.5	1.1	5.9
応答詞	22.0	28.4	24.3	5.9
対称代名詞	16.1	6.0	12.4	3.4
その他	2.5	13.4	6.5	7.6
計	118 人	67 人	185 人	118 人

夫が妻を呼ぶとき

	二人だけの場合			子供の前で
	子供有	子供無	全　体	
名前	30.5%	52.2%	38.4%	16.9%
○○さん	24.6	22.4	23.8	13.6
愛称	5.1	23.9	11.9	1.7
他	0.8	6.0	2.7	1.7
母称	25.4	1.5	16.7	53.4
ママ	8.5	—	5.4	18.6
おかあさん	16.1	—	10.3	33.1
他	0.8	1.5	1.1	1.7
応答詞	28.8	28.4	28.6	15.3
おい	21.2	16.4	19.5	10.2
ねえ／ちょっと	7.6	11.9	9.2	5.1
対称代名詞	1.7	3.0	2.2	3.4
その他	12.7	4.5	9.7	12.7
計	118 人	67 人	185 人	118 人

表 2 から、子供が傍聴者として存在する場面のほうが、子供が傍聴者として存在しない場面よりも、父称／母称による子供中心的用法が現れやすくなることがわかる。おおむね同様の調査結果は、澤田淳（2019）でも提示されている。

敬語や親族名称など、会話における参与者の社会的関係性を標示する言語表現を**社会ダイクシス**（social deixis）表現と呼ぶが（Fillmore 1997: 61）、社会ダイクシス表現は傍聴者を考慮に入れた考察が必要な現象が多い。

マルチモーダル分析とジェスチャー

近年の語用論研究では、**マルチモーダル分析**（multimodal analysis）が盛んである。これは、「複数の伝達様式（ことば、身体、事物、環境など）を統合的に、つまり、個々の寄せ集めではなく（Streeck, Goodwin and LeBaron 2011）観察し、各要素および参与者間の協調や相互作用を分析の射程に収めようとする発想／アプローチ」（片岡 2011: 138）を指す。マルチモーダル分析では、発話のみならず、発話の現場にいる参与者（話し手や聞き手など）の配置関係、ジェスチャー、視線など（これらは物理的コンテクストを構成する重要な要素である）が映像などを通して詳細に観察・分析される。

マルチモーダル分析において特に注目される現象が**ジェスチャー**である。McNeil（2000: 9）は、「ジェスチャーを「言語そのものの一部」——すなわち、言語を装飾したり精巧にしたりするためのものではなく、言語や言語使用のプロセスに不可欠なものである——と見なす」立場を鮮明に打ち出している。ジェスチャーの中でも、現場の事物を身体運動によって指し示す**直示的ジェスチャー**（deictic gesture）の仕方は、言語ごとで違いが見られることが知られている（Enfield 2009, Levinson et al. 2018 など）。次は、トゥカーノ語（Tucano）とアラワク語（Arawak）で使用されている直示的ジェスチャーである。

(26) 言語によっては、距離（distances）や可視性（visibility）に応じた異なる直示的ジェスチャーを持つ。たとえば、（ブラジルとコロンビアの境界にまたがる）バウペス川流域のトゥカーノ語やアラワク語では、(i)「見えていて近い」（visible and near）ものに対しては唇で指し、(ii)「見えているが近くない」（visible and not near）ものに対しては頭を後ろに傾けながら唇で指し、(iii)（指示物のある方向はわかっている場合）「見えていない」（not visible）ものに対しては人さし指で指す。（Dixon 2003: 87）

唇を使った直示的ジェスチャーは、**リップ・ポインティング**（lip-pointing）と呼ばれ、東南アジア、アメリカ大陸、アフリカ大陸、オセアニアなど、広い地域でその使用が確認されている（Enfield 2009: 68）。

3 言語学における語用論の勃興と発展

生成意味論の出現と語用論的転回

語用論が言語学に本格的に取り入れられるようになった1970年代は、アメリカ言語学界において、N. チョムスキー (Noam Chomsky) 率いる主流派の**生成文法** (および、解釈意味論) と、その対抗勢力である**生成意味論**との対立が激化し、いわゆる**言語学戦争** (linguistics wars) に突入した時代であった (詳しくは、Harris 1993, Newmeyer 1986, Huck and Goldsmith 1995 など参照)。

「文法は、意味論とは独立の自己充足した研究として定式化するのが最善である」(Chomsky 1957: 106 [福井・辻子 (訳) 2014: 173]) とし、意味から切り離された文法 (=**自律的統語論**) の存在を想定するN. チョムスキーの主流派生成文法に対して、生成意味論の中心的存在の一人であったG. レイコフ (George Lakoff) は、「人工的な境界を設定して、人間の推論、コンテクスト、社会的相互行為、ダイクシス、ファジー性 (曖昧性)、皮肉、談話のタイプ、言語断片、話者間のバリエーションといった問題を言語研究から排除することは不可能である」(G. Lakoff 1974: 178) とした (R. Lakoff 1972: 926 も参照)。Levinson (1983: 8) も、「言語構造の諸相は、コンテクストの特性を直接的に符号化する (または、そうでない場合でも、コンテクストの特性と相互に影響し合う) ことがある」とし、「コンテクストから独立した文法 (言語能力) とコンテクストに依存した解釈 (言語運用) との間に明確な境界線を引くことは不可能となる」と主張した。

生成意味論は、主流派生成文法を批判する過程の中で、J. オースティン (John L. Austin)、J. サール (John R. Searle)、P. グライス (H. Paul Grice) などの言語哲学の研究に関心を寄せるようになった (Leech 1983: 2, Levinson 1983: 35–36, Mey 1993: 21–22)。1980年代以降、生成意味論の枠組みは実質的には解消されるに至るが、G. Lakoff (1987: 584) は、生成意味論が言語学界の注意を統語論と語用論の関係に向けさせることに重要な役割を果たしたと回顧している。

Mey (2001: 4) は、統語論に偏重した「理論文法のパラダイム」から、コンテクストを重視した「言語使用者のパラダイム」への転換を**語用論的転回** (pragmatic turn) と呼んでいる (Jucker 2012: 503 も参照)。語用論的転回の原動力となったのは、統語論偏重のアプローチに対する反動であり、コンテクストから切り離さずにことばの生態・動態を捉えようとする姿勢である。語用論的転回には、(i) 言語能力の解明から言語使用の解明への転換、(ii) 内省のみに依存したデータに基づく分析からコンテクストを考慮に入れた多種多様なデータに基づく分析への転換、(iii) 言語を均質的なものと見なす言語観から非均質的なものと見なす言語観への転換、(iv) 共時態のみの分析から通時態を含めた分析への転換などが含まれている (Jucker 2012: 503–510 参照)。

問題解決者の語用論と境界追求者の語用論

語用論的転回により、1970 年代頃から活発化した語用論研究であるが、Ariel (2010: 4–8) は、その時期の語用論研究者を大きく**問題解決者** (problem solvers) と**境界追求者** (border seekers) とに分けている。問題解決者は、統語論偏重の形式文法では説明不可能な文法現象を語用論的・機能的な観点から説明することに研究の力点を置いていた。この時期の問題解決者の中心は、G. レイコフ (George Lakoff)、R. レイコフ (Robin Lakoff)、C. フィルモア (Charles J. Fillmore) などの生成意味論 (または、それと親和性のある言語観) を背景とする研究者であった。

一方、境界追求者は、意味論と語用論 (または、文法と語用論) の区別と両者の分業関係を明らかにすることに研究の力点を置いていた。この時期の境界追求者の中心は、L. ホーン (Laurence R. Horn) に代表されるグライスの理論を継承する研究者であった。その後、それぞれの立場から様々な理論や流派が分岐していくことになるが、Ariel (2010) が提示した問題解決者と境界追求者の区別は、現代における語用論の研究を俯瞰的に整理する上でも有効である。

部門的見方の語用論と観点的見方の語用論

現代の語用論研究は、**部門的見方の語用論** (component view of pragmatics) と**観点的見方の語用論** (perspective view of pragmatics) に分けて整理することもできる (Mey 2001: 8–10, Verschueren 1999: 1–6, 加藤 2009: 538–541 など)。それぞれのアプローチが盛んな地域の違いから、部門的見方の語用論は**アングロ・アメリカ的語用論** (Anglo-American pragmatics)、観点的見方の語用論は**ヨーロッパ大陸的語用論** (European Continental pragmatics) と称されることもある。部門的見方の語用論は、語用論を言語学の主要部門 (音声学、音韻論、形態論、統語論、意味論) に連なる一部門と位置づける (第 1 節で見た Fillmore (1981) の (3) の整理は、部門的見方の語用論を前提とする)。部門的見方の語用論では、言語哲学に端を発する**推意** (implicature) (→ 第 2 章)、**前提** (presupposition) (→ 第 2・3 章)、**ダイ**

クシス（deixis）（→第5章）、**言語行為**（speech act）（→第6章）などが中心的テーマとなる（Levinson 1983, Huang 2014など）。これらのテーマを扱う語用論は**ミクロ語用論**（Mey 1993, 2001）とも称される。先に見た問題解決型の語用論研究者と境界追求型の語用論研究者は、いずれも基本的に部門的見方の語用論の立場をとっていたと言える。

一方、観点的見方の語用論では、語用論はあらゆる言語現象・言語活動に対して**機能的観点**（functional perspective）から説明を試みるアプローチと定義される（Verschueren 1999）。観点的見方の語用論の旗手の一人であるJ. ヴァーシューレン（Jeff Verschueren）は、語用論を「さまざまな行動様式において言語がどのように用いられているのかということを考慮した上で、言語現象を認知的・社会的・文化的視点から相対的に眺める」（Verschueren 1999: 7［東森（監訳）2010: 9］）方法論と定義づけている。観点的見方の語用論の立場によれば、「語用論は各部門にさしかける「傘」」（Mey 2001: 9）であり、言語学の各部門の言語現象（音韻、形態、統語、意味）に対して語用論的観点からアプローチする。さらに、この立場のもとでは、語用論は領域横断的で学際的な研究領域ともなる（Senft 2014も参照）。たとえば、語用論と歴史言語学が融合した**歴史語用論**（historical pragmatics）、語用論と対照言語学が融合した**対照語用論**（contrastive pragmatics）、語用論的な観点から文学にアプローチする**文学語用論**（literary pragmatics）、語用論的な観点から法的な言語的諸問題（裁判記録等）を考察する**法語用論**（legal pragmatics）や**法廷語用論**（forensic pragmatics）などがある（Mey (ed.) 2009参照）。これらの領域横断的・学際的なテーマを扱う語用論は、先のミクロ語用論に対して、**マクロ語用論**と称される（Mey 1993, 2001）。

部門的見方の語用論は、語用論が扱うテーマがある程度限定される分、言語事実の積み上げや理論の精緻化がしやすい面がある一方、語用論研究の他分野への応用や実用化へと関心が向かいづらい面もある。逆に、観点的見方の語用論は、語用論研究の他分野への応用や実用化が促進されやすい面がある一方、テーマが拡散し、語用論とは何か（何でないか）が見えにくくなる面もある。ともに一長一短の面を有しており、どちらがより優れた語用論の見方であるかを問うことはできない。本書では、部門的見方の語用論と観点的見方の語用論は協同可能であると見なし、ミクロ語用論のテーマからマクロ語用論のテーマまで幅広い観点から語用論を論じる。

場面論に見る日本の語用論

海外における語用論の潮流とは独立して、日本国内の日本語研究では 1940 年代頃から**場面論**（ないしは**場の理論**）と称される研究の潮流が存在した。場面論はコンテクストを重視した理論を構築している点で、ある面において海外の語用論研究を先取りしている。場面論は、伝統的な国語学の延長上に独自の言語論を構築した時枝誠記（時枝 1941 など）や、心理学の知見を背景に独自の日本語論を展開した三尾砂や佐久間鼎（三尾は児童心理学、佐久間はゲシュタルト心理学の分野で重要な業績を残している）によってその基礎が提示され（三尾 1948, 佐久間 1951 など）、その後、永野賢、南不二男などによって精緻化された（永野 1957, 南 1984 など）。以下は三尾（1948）、時枝（1956）からの抜粋である。言語主体や言語表現が場面（場）と不可分な関係にあると見なす場面論の主張の一端が読み取れるだろう。

(27) 話手は場「において」話しているだけでなく、場「によつて」規定されているのである。ゆえに話の場というのは、話手を被動主體《たい》として、その主體「に」影響をあたえる限りの勢力けんをいうのである。いいかえると、話手に影響をあたえる限りの力の總體《そうたい》が話の場である。（三尾 1948: 21）

(28) （略）場面は、話手に対立して、表現が向けられる当の相手を焦点として、その周囲に拡げられた状景、環境であつて、それは、話手と、ある志向関係において結ばれてゐる。言語表現は、常に何等かの場面において成立するものであり、場面は表現の下地であるといつてよい。表現と場面との間には、機能的関係が存在する。即ち、言語表現は、場面に制約されると同時に、また、場面をも制約し、これを変化させる。場面を変化させるといふことは、主体と聞手との関係を変化させることである。（時枝 1956: 163–164）

海外における本格的な語用論の言語学的研究が 1970 年代頃からであった点を踏まえるならば、場面論の研究の先駆性は改めて評価されるべきである。「場面」や「場」に基づく国内の伝統的な「語用論的な研究」の蓄積は膨大である。特に、敬語研究や方言研究にそれが顕著であり、これらの研究は世界に誇るべき水準の高さでなされてきた。国内の伝統的な「語用論的な研究」

を世界で進められている「語用論研究」と相対化し、両者を接続することは、日本の語用論研究における重要な課題の 1 つである。

4 語用論と人工知能

現在、**第三次人工知能ブーム**と呼ばれるように、**人工知能（AI）**の研究・応用が盛んである。人工知能とは、人間が有する知的機能（学習・記憶・推論・判断など）を代行するコンピューターシステムのことである。近年、**深層学習（ディープラーニング）**と呼ばれる大量のデータからの機械学習の方法論が確立されたことで、様々な研究分野で人工知能が援用され、また、その実用化も進んでいる。

人工知能が自らの力によって加速度的に進化を続けることで人間の知能を凌駕し、2045 年には、人間がその先の変化を見通せずに予測不能となる状況、すなわち、**シンギュラリティ（技術的特異点）**が到来すると予測する研究者もいる（Kurzweil 2006 など参照）。しかし、シンギュラリティの到来時期の予測については、研究者の間でも意見が分かれており、またそもそもシンギュラリティの到来に対して懐疑的・否定的な研究者も存在する。それは、現行の深層学習（ディープラーニング）に基づく人工知能は、確率と統計を駆使し、それらしい結果を求めて膨大な計算をしているにすぎず、「意味を理解しているわけではない」（新井 2018: 261）からである。チェスや囲碁に典型的に見られるように、あらかじめ限定化されたフレームの中においては、人工知能は膨大なデータを駆使して、人間を上回る成果を出している。一方で、人工知能は、「文脈や意味を考えて候補を挙げているわけではないので、頓珍漢な答えを選ぶこともしばしばある」（新井・東中（編）2018: 256）こともまた明らかになっている。

かつて、哲学者のサールは、**中国語の部屋**と呼ばれる思考実験を提示し（Searle 1980, 1984, 2004）、仮に、ある人工知能がチューリング・テスト（プログラムが知能を有しているかどうかを判定するための思考上の検査法）に合格したとしても、意味を理解していない限り、その人工知能が人間と同等の知能を持つ人工知能、すなわち、**強い人工知能**と見なすことはできないとした（人間と同等の知能を持つ強い人工知能に対して、知能を持っているかのように振る舞う人工知能は**弱い人工知能**と呼ばれる）。次は、「中国語の部屋」の思考実験の内容である。

(29) 事実の問題として、私はまったく中国語がわからない。中国語で書かれたものと日本語で書かれたものを区別することさえできない。しかし次のような場面を想像してみよう。私は中国語の記号がはいった箱をもってある部屋に閉じ込められている。私にはルールブック、要するにコンピュータ・プログラムが与えられている。それを使えば、私は中国語で出題される質問に答えることができるという次第。私は、部屋の外から理解できない中国語の記号を受けとる。それが質問だ。私は、用意されたルールブックを使って、箱から記号を拾い上げ、その記号をプログラムのルールに従って操作する。そうして要求された記号を質問にたいして返せば、それは回答だと解釈される。ここから次のように考えてみることができる。なるほど私は中国語を理解しているかどうかのチューリング・テストに合格した。しかし、それにもかかわらず、私は中国語を一文字たりとも理解していない。

(Searle 2004: 62–63［山本・吉川（訳）(2018: 120)］)

サールが提示した「中国語の部屋」の思考実験は、様々な論争を呼んだが、人工知能が人間と同等の知能を持つ（ないしは、人間のような心を持つ）ことは不可能であるという論点は、深層学習に依拠する現行の人工知能に対してもいまだ適用される問題と言える。

人工知能が苦手とする課題の 1 つに**推論**がある。新井・東中（編）(2018: 257) によれば、たとえば、「「ヨーロッパは日本より相対的に緯度が高いので、夏の昼の時間が長い」という知識が与えられたとき、「ヨーロッパの夏の夜の時間は、日本に比べてどうか」ということを判断できるか」が問われた場合、「人間は、1 日は昼と夜で構成されるという常識に基づき論理的に推論することで、「ヨーロッパは日本より相対的に緯度が高いので、夏の夜の時間が短い」ことがわかるが、常識に欠ける AI にはこのような推論は難しい」という。人間は、「推論することで数少ない知識から豊かな世界観を構築している」のであり、このような「推論」の問題は、「不連続かつ劇的なイノベーションがない限り AI では解決が難しい」問題の 1 つと言われている（新井・東中（編）2018: 257）。

このような一般知識と推論が問題となるのが、語用論の中核的なテーマの 1 つである**会話的推意** (conversational implicature) である（→ 第 2 章）。たとえば、次の例では、ラマダーン（イスラム暦の第9月）に関する知識（イスラム教では、この月の間、日の出前から日没まで断食等の潔斎の義務が課せられる）とそれをもとにした推論によって、Bの返事が（間接的な）断りであることが理解される。

(30) A: Come over next week for lunch.
B: It's Ramadan. (Saeed 2016: 200)

私たちは、このような相手の発話の会話的推意の汲み取りを日常会話の中でごく普通に行っているが、川添（2017）によれば、人工知能（機械）にとって、こうした会話的推意の理解は難しいとされる（(31) でいう「会話的含み」は「会話的推意」と同義である）。

(31) 会話的含みはこのように「出てきたり取り消されたり」、また「別の意図を表したり」するため、非常にやっかいです。会話的含みを適切に理解するには、文に含まれている単語の意味、そしてそれらが組み合わせて生じる意味を理解するだけでなく、その文が話された状況や場面、そこまでの会話の流れ、相手と自分との関係性など、さまざまなことを考慮する必要があります。常識や文化的な背景なども考慮する必要もあり、機械に理解させるのは至難の業です。（川添 2017: 237）

川添（2017: 256–257）は、「「大量のデータからの機械学習」という現在主流の方法の延長線上で「言葉を理解する機械」を実現することは、きわめて難しい」とし、「おそらく、今の方法で「どのような言葉でも理解し、どのような状況や用途にも対応できる機械」を作ろうとするのは、現実的ではない」と述べている。

会話的推意に代表されるような語用論が研究対象としている課題は、人工知能研究の究極的な課題の1つであると同時に、意味とは何か、さらには、人間の知能とは何かを探るための根源的な課題でもあるのである。

練習問題

問 1　次の例は電話上での会話である。この会話のやりとりから、どのような語用論的な情報を読み取ることができるだろうか。

(1)　A: So can you please come over here again right now?
　　B: Well, I have to go to Edinburgh today sir.
　　A: Hmm. How about this Thursday?　(Levinson 1983: 48)

問 2　小説、映画のシナリオ、広告、キャッチコピーなどを、コンテクストを考慮に入れて分析してみよう。

文献案内

Levinson, Stephen C. (1983) *Pragmatics*. Cambridge: Cambridge University Press（安井稔・奥田夏子（訳）(1990)『英語語用論』研究社）: 言語学的語用論の記念碑的著作。新グライス派として語用論の理論を構築してきた一方で、フィールドワーカーとして言語使用の普遍性と多様性を追求してきたレヴィンソンの研究姿勢の原点が窺える書であり、その内容は今なお色褪せない。

Verschueren, Jeff (1999) *Understanding Pragmatics*. London: Edward Arnold（東森勲（監訳）(2010)『認知と社会の語用論：統合的アプローチを求めて』ひつじ書房）: 著者の Jeff Verschueren は、観点的見方の語用論の代表的旗手の一人である。もう一人の観点的見方の語用論の代表的旗手である Jacob L. Mey の著作（Mey 1993, 2001）も併読することで、観点的見方の語用論の理解が深まる。

Huang, Yan (2014) *Pragmatics*. Second Edition. Oxford: Oxford University Press：語用論の基礎的なトピックから最近の動向まで論じている。部門的見方の語用論の立場から書かれた書であり、語用論の領域が限定しにくい観点的見方の語用論に対しては批判的な立場をとる一方で、両陣営が協同することが語用論の更なる発展において重要である点も述べている。

引用例出典

久保田万太郎（1975）「不幸」『久保田万太郎全集　第五巻』中央公論社.

サトウサンペイ（1991）『フジ三太郎』朝日新聞社.

Byatt, A. S. (1992) *Angels & Insects*. London: Vintage.

Hemingway, Ernest (1987) *The Complete Short Stories of Ernest Hemingway*. New York: Scribner.

Rollins, Henry (1997) *The Portable Henry Rollins*. New York: Villard Books.

第2章 | グライス語用論

本章のポイント

- ことばの意味には、「言われた事柄」と「推意された事柄」(=推意) の2つのレベルの意味がある。
- 推意は、「会話的推意」と「慣習的推意」とに大別される。

1 グライス語用論とは

本章では、P. グライス (H. Paul Grice) が確立した語用論の理論 (グライス語用論) について考察する。グライスは、イギリス生まれの言語哲学者で、語用論の分野の確立に最大の貢献をした学者である。本章では、語用論研究の重要な理論的な基盤であり、今日の語用論研究にも大きな影響を与えている**推意** (implicature) に焦点を当てる。また、**新グライス語用論** (Neo-Gricean Pragmatics) と呼ばれる新たな語用論の理論についても簡単に触れる。

2 言われた事柄と推意された事柄

Grice (1975) は、発話の意味を、大きく、(i) **言われた事柄** (または言われたこと) (what is said) と (ii) **推意された事柄** (what is implicated) の2つに分け、後者の意味を推意と呼んだ。次の (1) のやりとりを考えてみよう。

(1) A: Can you tell me the time?
B: Well, the milkman has come. (Levinson 1983: 97)

このやりとりにおいて、**論理的**には、話し手Aと話し手Bの発話は何の関連性もない。しかしながら、**会話的**には、BはAの質問に返答したことになる。すなわち、2人が「毎朝8時に牛乳屋が来る」という背景的な知識を共有している場合、(1B) からは「今時計を持っていないけど、だいたい8時頃だろう」といった推意を汲み取ることができる。

では、次のやりとりはどうであろうか。

(2)　A: 最近、うちの社長ちょっとおかしいですよね？

　　B: ああ、今日もいい天気だなあ。

ここでのやりとりは、論理的にも、会話的にも、無関係の発話をしているが、このような場合でさえも、(わざと関連性を無視した) 発話からある言外の意味 (たとえば、「あなたと話す気はない」、「そのような (不適切な) 質問に答える気はない」といった推意) を汲み取ることができる。

(1B) の発話を分析すると、以下のようになる。

(3)

伝達された事柄

- **言われた事柄**：The milkman has come.
  (＝**真理条件的意味**)
- **推意された事柄**：I don’t have a watch, but probably, it is around 8 a.m.
  (＝**非真理条件的意味**)

形式意味論や言語哲学の分野では、「言われた事柄」に対応する意味のことを**真理条件的意味** (truth-conditional meanings) と呼ぶ。**真理条件**とは、文の命題が真 (true) であるか偽 (false) であるかを決定するための条件のことで、真理条件的意味とは、命題を構成する意味のことである (ここで言う命題とは、真偽判定が可能な文を指す)。たとえば、“The milkman has come.” という文の命題が真であるための条件とはおおよそ、ある特定の牛乳配達人が存在し、発話時においてその人がすでに来ているということであるが、その条件を満たさなければ、この命題は偽となる。それに対し、「推意された事柄」は、当該の文の命題の真理条件には関与しない。

では、推意にはどのようなタイプがあり、また、どのようなメカニズムによって生じるのであろうか。以下の節では、推意には、**会話的推意** (conversational implicature) と**慣習的推意** (conventional implicature: CI) の２つのタイプがあるということを概観したあと、それらが生じるメカニズムを探ることにする。

※implicature は、現在「推意」の訳語が定着しているので本書ではこれを用いるが、以前は「インプリカチャ」のほか「含み」や「含意」などが用いられ、現在でも関連性理論（→ 第 7 章）では「暗意」などの訳語が使われている。定義も研究者によって若干差異があるが、本書で特に断りがないときはグライス語用論の用語として用いている。

3 会話的推意

本節では、会話的推意がどのような原理によって生み出されるのかについて、Grice (1975) の有名な**協調の原理** (cooperative principle) と 4 つの**公理** (maxim) に基づいて考えてみたい。

協調の原理と 4 つの公理

Grice (1975) は、会話的推意の背後には、以下のような「協調の原理」が働いていると主張した。

(4) 会話の段階で、あなたが行っているやりとりの共通の目的・方向という点から、要請されるだけの貢献をせよ。 (Grice 1975: 45)

協調の原理は、会話のやりとりを支配している暗黙の一般原理であるが、グライスはこの原理は、ドイツの哲学者カントの『純粋理性批判』におけるカテゴリー表にならって「量」、「質」、「関係」、「様態」という 4 つの公理から成るとした。

(5) グライスの 4 つの公理

[A] **量の公理** (Maxim of Quantity)：

(i) 当該のやりとりのその場の目的のために必要とされるだけの十分な情報を与えよ（＝できるだけ多くの情報を与えよ）。

(ii) 必要以上の情報を与えるな。

[B] **質の公理** (Maxim of Quality)：

(i) 偽だと思うことを言うな。

(ii) 十分な証拠がないことを言うな。

［C］関連性の公理 (Maxim of Relation)：
相手の発話と関連性のあることを言え。

［D］様態の公理 (Maxim of Manner)：
明快であれ。
(i) 表現の不明瞭さ (obscurity) を避けよ。
(ii) 曖昧性 (ambiguity) を避けよ。
(iii) 簡潔 (brief) であれ (冗長さを避けよ)。
(iv) 順序だった (orderly) 言い方をせよ。

(Grice 1975: 45–46)

注意すべきは、これらの公理は、「会話の道徳」や「作文の作法」ではないということである。そうではなくて、実際の会話は、このような公理（＝きまり）に従って行われている、ということを示している。これらの公理は、「会話の推意」を生み出す基となるバックボーンである。また、ここでの関連性の公理は、第 7 章で取り上げられる**関連性理論** (Relevance Theory) における原理とは同一ではないという点にも注意されたい。以下、会話的推意の具体例を挙げてみよう。

A. 量の公理の例

次の例は、量の公理 (i) から自然に生じる推意の例である (→ は推意を表す)。

(6) (コンテクスト：話し手は言語学を専攻している)
I have completed some of the required courses.
(会話的推意 → I have not completed all of the required courses.
(すべての必修科目を取り終えたわけではない。))

(6) からは、量の公理 (i) により、「スケール（＝尺度）上において、それ以上の量ではない」という推意が生じる (換言すれば、“all” ではなく、“some” という情報が「必要とされるだけの十分な情報」(最大の情報) なのである)。ここで参照しているスケールは、(7) のようなスケールである (⟨x, y⟩ は、そのスケール上で x は y よりも上位にあることを示す)。

（7） 量のスケール：〈all, some〉

次の例も、同じく、量の公理 (i) から自然に生じる推意の例である。

（8） たまに喫茶店で勉強します。
（会話的推意 → いつも喫茶店で勉強するわけではない。）

(8) では、(9) のような頻度のスケールに基づいて、聞き手は、「いつもではない」と推論する。

（9） 頻度のスケール：〈いつも，たまに〉

量の公理 (i) から生じる推意は、常にスケール上の程度性を問題にしていることから、しばしば**スケール推意**（または**尺度推意**；scalar implicature）と呼ばれる。

(6) (8) で挙げたスケール推意は、**コンテクストに依存していないスケール**（すなわち〈all, some〉、〈いつも，たまに〉の語彙的な関係から成るスケール）であるが、スケール推意には、次のような、**コンテクストに依存したスケール**に基づいて生じる類いのものもある（Hirschberg 1991, Levinson 2000）。（10）では、（10a）と（10b）の 2 つのケースがありうる。

（10）John has got to Denver.
a.（西から東への旅の場合 → John has not got to Chicago and New York.）
b.（東から西への旅の場合 → John has not got to LA.）

（10）における推意は、ジョンが西から東へ移動している（＝11a）のか、東から西に移動している（＝11b）のかで、生み出される推意が異なってくる。

（11）a. • ------------ • --------------- • -------------------- • ＞
LA　Denver　Chicago　New York
b. ＜ • ------------ • --------------- • -------------------- •
LA　Denver　Chicago　New York

B.　質の公理の例

次に、質の公理を取り上げる。次の例を考えてみよう。

(12) The British Museum is very nice.
(会話的推意 → 私は、十分な証拠のもと、大英博物館はとても素晴らしいと信じている。)

(12) に対して、次の (13) は不自然な文となるが、この例が不自然な理由は、質の公理から自然に説明することができる。

(13) ??The British Museum is very nice, but I don't believe it is.

この「A である。だが私は A だとは思わない」というような文は、Wittgenstein (1953: 190) が命名した**ムーアのパラドックス** (Moore's paradox) (Levinson 1983: 105, Huang 2014: 34) と呼ばれる言語表現である。この例が不自然なのは、前半部において、質の公理 (i)「偽だと思うことを言うな」を破っていることになるためである。

次の例からも、質の公理から、**証拠性**に関する推意をくみ取ることができる。

(14) ここのラーメンはおいしかった。
(会話的推意 → 話し手は、ある証拠に基づいて、当該のラーメンはおいしいと信じている。)

(14) においては、話し手は、ある証拠に基づいてこの発話を発しているという推意が自然に生じるが、ここでの証拠は、直接体験であるという点に注意されたい。(14) には、「おいしい」という**個人的嗜好述語** (predicate of personal taste) が含まれているが、個人的嗜好述語は、直接体験に基づいた場合でしか使うことができない (Lasersohn 2005)。そのため、話し手がたとえその店が有名なラーメン店であるということを知っていたとしても、話し手自身が実際にその店のラーメンを食べた経験がない場合には、(14) のように言うことはできない。

(12)(14)では、断定文の例について考えてきたが、もし、発言内容に責任が持てなくて断言できない場合、以下のように、推論表現（may/must/should,「かもしれない／に違いない」）や伝聞表現（「ということだ／という噂だ」）を使って断言を避けるが、このことも話し手が質の公理を踏まえて発言していることの証しであると言えよう。

(15) a. The British Museum {*may/must/should*} be very nice.
　　b. *They say that* The British Museum is very nice.
(16) a. ここのラーメンはおいしい{かもしれない／に違いない}。
　　b. ここのラーメンはおいしい{ということだ／という噂だ}。

C. 関連性の公理の例

次の例は、関連性の公理から自然に生じる推意の例である。

(17) A: I am out of petrol.
　　B: There is a garage round the corner. (Grice 1975: 51)
　　（会話的推意 → 角を曲がったガソリンスタンドで給油ができる。）

Aは関連性の公理により、「Bの発話は自分の質問と関連している」ものと想定し、「角を曲がったガソリンスタンドで給油ができる」という推意を汲み取ることができる。

本章の冒頭で挙げた(1)も、関連性の公理により生じる推意の例と考えることができる。Grice (1975: 52ff.)は、推意の中には、話し手がわざと公理を破ることによって生み出される推意があると主張しているが、第2節で挙げた(2)の例においては、わざと無関係なことを言うことで、「今あなたと話す気はない」という推意が生み出されている。

D. 様態の公理の例

最後に、様態の公理から自然に生じる推意を挙げてみよう。たとえば、ANDは、真理条件レベルでは、2つの要素を並置しているのにすぎないので等式(18)が成立する（∧はANDを表す）。しかし、例(19)に見られるように、会話レベルでは、様態の公理(iv)（＝順序だった言い方をせよ）により、要素の順序を入れ替えると、生じる推意も異なってくる。

(18) A∧B＝B∧A

(19) a. Tom went to the store and bought some whisky.
(会話的推意 → 店に行ってからウィスキーを買った。)
b. Tom bought some whisky and went to the store.
(会話的推意 → ウィスキーを買ってから店に行った。)

すなわち、(19) では、要素の順序は行為の順序に対応しているのである。

一般的な会話的推意と特殊化された会話的推意

会話的推意には、特別な文脈に依存しないものと、特別な文脈に依存するものとがあるとされる。Grice (1975: 56) は、前者を**一般的な会話的推意** (generalized conversational implicature)、後者を**特殊化された会話的推意** (particularized conversational implicature) と称した。たとえば、(6) における推意は一般的な会話的推意に属し、(10) における推意は特殊化された会話的推意に属する。

会話的推意の特性：取り消し可能性

これまで、会話的推意の様々な例を見てきたが、ここで重要なことは、会話的推意は、あくまで、会話の公理から自然に生じる推論的意味なので、**取り消し** (cancel) 可能であるということである。次の例を見てみよう。

(20) I often go to the United States. Every month in fact, because we have an office in Chicago.
(取り消された推意：I do not regularly go to the United States.)

(20) では、前半の発話からは、スケール推意により、「定期的に (regularly) アメリカに行っているわけではない」という推意が自然に生じるが、この推意は、後半の発話で、in fact (＝「実は」) によって取り消されている。

4 慣習的推意

Grice (1975: 45) は、推意には会話的推意と慣習的推意があると主張した。慣習的推意とは、公理などの語用論的な原理から導き出されたものではなく、用いられている語に慣習的に結びついたものである。たとえば、次の例について考えてみよう。

(21) He is an Englishman; he is, *therefore*, brave. (Grice 1975: 44)

Grice (1975: 44–45) によれば、斜体部の therefore という語の意味 (＝それゆえに) は、この文の真理条件的意味ではないので、言われた事柄には属さず、慣習的推意に属する。

近年、言語には様々な慣習的推意を持つ語や構文があるということが明らかになってきた (Potts 2005)。Potts (2005) は、慣習的推意をおおよそ、以下のように定義している。

(22) 慣習的推意 (CI) は、語の慣習的な意味の一部であるが、言質 (commitments) であり、言われた事柄からは、論理的にも、合成的にも**独立**しており、かつ、**話し手指向的** (speaker-oriented) である。

Potts (2005) は、慣習的推意の標識の主なものとして、**補充表現** (supplements) (e.g. *Fortunately*, Tom survived.) や**感情表出表現** (expressives) (e.g. Where's that *damn* book!) を挙げている。こうした表現は、「談話的新情報」(discourse-new) であり、「話し手指向的」である (Potts 2005: 13)。以下、日本語の観点から、注目すべき例をいくつか挙げてみよう。

日本語の敬語表現

日本の敬語表現も、話し手指向的であり、慣習的推意をもっていると考えられる (Potts 2005)。

(23) 山田先生は、研究室にいらっしゃいませんでした。
真理条件的意味：山田先生は研究室にいなかった。

慣習的推意：話し手は、山田先生と聞き手に敬意を表している。

ここで注目すべきは、真理条件的意味（Potts (2005) の言う "at-issue meaning"）は否定されているが、慣習的推意は否定されていないという点である。

「よっぽど（よほど）」

次の例において、「よっぽど（よほど）」は、単に程度が高いといっているだけでなく、その程度は想定を超えているという意味も表している。

(24) ここのラーメンはよっぽどおいしいに違いない。
真理条件的意味：ここのラーメンはとてもおいしいに違いない。
慣習的推意：（極端な状況（たとえば、長蛇の列）をもとに推論した）当該の程度は話者（私）の想定を超えている。

ここでの「当該の程度は話者（私）の想定を超えている」という意味は、話し手指向的で（驚きの態度を表しており）、真理条件的意味からは独立した意味であると考えることができる。この意味が真理条件的意味から独立しているということは、この意味（驚きの態度）が「に違いない」の意味的なスコープ（意味の範囲）の中に入っていないということからも確認できる。また、「よっぽど」には「とても」のような真理条件的意味もあることは、聞き手が「いや、それほどでもないよ」というように、高程度の部分に対して反論することができることから確認できる（詳しくは Sawada 2018 参照）。

驚き用法の「あの」

以下の文は、話し手が驚いている場面で自然に使うことができるが、ここでの指示詞「あの」は、慣習的推意の特性を持っていると考えることができる（Sawada and Sawada 2017）。

(25) あの太郎が負けた。
真理条件的意味：太郎が負けた。
慣習的推意：（話者の持っている太郎に関する知識によれば）太郎は負けるような選手ではない。（＝非常に強い）

この文からは、「太郎は負けるような選手ではない」という慣習的推意が生じるが、それは、真理条件的意味からは独立している。

スケール表現の二重使用性現象

Sawada (2010) は、程度表現は、真理条件的意味としても、慣習的推意 (＝非真理条件的意味) としても使われうるという、**スケール表現の二重使用現象** (dual-use phenomenon) に注目した。たとえば、以下の例で表されているように、日本語のスケール表現の「何よりも」は、真理条件的意味としても慣習的推意としても使われうる。

(26) 何よりもテニスは楽しい。
解釈 1 (＝個体読み)
真理条件的意味：テニスはどのスポーツよりも楽しい。
慣習的推意：ゼロ
解釈 2 (＝注目読み)
真理条件的意味：テニスは楽しい。
慣習的推意：「テニスが楽しい」という命題は最も重要な命題である。

(26) における「個体読み」では「テニス」とほかの個体 (たとえば「野球」「サッカー」など) とが比較されているのに対し、「注目読み」では「テニスは楽しい」という命題とテニスに関わるほかの命題 (たとえば「テニスは健康によい」「テニスはあまりお金がかからない」など) とが比較されている。ここで注目すべきは、個体読みにおける「何よりも」の意味は、真理条件に関わる意味であるのに対して、注目読みにおける「何よりも」の意味は、慣習的推意であるという点である。これは、「注目読み」の場合、「何よりも」は、削除されても命題の意味内容は変わらないということからもわかる。

日本語の程度表現「ちょっと」にも、二重使用現象が見られる。

(27) a. ここのドアはいつもちょっと開いている。
真理条件的意味：ここのドアはいつも少し開いている。
慣習的推意：ゼロ

b. ちょっとハサミありますか？
真理条件的意味：ハサミありますか？
慣習的推意：（この前置きを言うことによって）話し手は依頼を和らげている。

(27a) における「ちょっと」は「開いている」度合いを客観的に計量しており、その意味は、命題の真理条件に関わっている。それに対して、(27b) における「ちょっと」は、言語行為的であり、命題の真理条件には関わっておらず、話し手の依頼を和らげる機能を果たしている。

(26) と (27) のデータは、真理条件的意味と慣習的推意の間には何らかの共通点があることを示唆しているが、Sawada (2010, 2018) では２つの次元間における意味の共通点と相違点について、形式意味論、語用論の観点から考察されている。

5 まとめと近年の研究動向・今後の課題

これまで見てきた推意を分類すると、以下のようになる。

(28)
- 伝達された事柄
  - 言われた事柄
  - 推意された事柄
    - 慣習的推意
    - 会話的推意
      - 一般的な会話的推意
      - 特殊化された会話的推意

グライス語用論の新展開

本章では、推意のメカニズムについて概観したが、推意に関する研究は、近年ますます盛んになってきている。本節では、**新グライス語用論** (Neo-Gricean Pragmatics) (e.g. Horn 1984, Levinson 2000) と呼ばれる新たな語用論の理論について、L. ホーン (Laurence R. Horn) と S. レヴィンソン (Stephen C. Levinson) の研究を概観する。

Horn (1984, 1989) は、コミュニケーションにおける経済性の原理の観点から、グライスの４つの公理を以下の **Q-原理** (Q-principle) と **R-原理** (R-principle)

の２つの原理へと再編成している。

（29）a. Q-原理（＝聞き手指向的）

十分な貢献をせよ。できる限り多くの情報を与えよ（ただし、R-原理を踏まえること）。

b. R-原理（＝話し手指向的）

必要とされるだけの貢献をせよ。必要以上のことを言うな（ただし、Q-原理を踏まえること）。

（Horn（1984: 13），Horn（1989: 194）に基づく）

Q-原理は、Grice の「量の公理」の（i）（＝できるだけ多くの情報を与えよ）、「様態の公理」の（i）（＝表現の不明瞭さを避けよ）と（ii）（＝曖昧性を避けよ）の３つを統合したものである。一方、R-原理は、グライスの「量の公理」の（ii）（＝必要以上の情報を与えるな）、「関連性の公理」（＝相手の発話と関連性のあることを言え）、「様態の公理」の（iii）（＝簡潔であれ）と（iv）（＝順序だった言い方をせよ）の４つを統合したものである。

ホーンは、Zipf（1949）の経済性に関する**最小労力原理**（principle of least effort）の考え方を援用し、Q-原理は、（聞き手に最大限の情報を与えるという点で）「聞き手指向的」であるのに対し、R-原理は、（話し手が最小限の情報しか与えないという点で）「話し手指向的」であると主張した。ホーンはこれら２つの原理は、状況によって、どちらか一方が優位に立つという関係性にあるが、両者は互いに排他的ではなく、次の**語用論的分業**（division of pragmatic labor）によって棲み分けているとしている。

（30）語用論的分業（division of pragmatic labor）：

同じ意味領域をもつ二つの表現が与えられたとき、より簡潔かつ語彙化された（または、そのどちらかの）形式は、R-原理に基づく推意により、無標の典型的な意味・用法・状況に結びつく。一方、有標で、より複雑で冗長な、語彙化の程度が低い形式は、Q-原理に基づく推意により、無標な形式では伝達できない（もしくは、しない）ようなメッセージと結びつく。　（Horn（1984: 22），Horn（1989: 197）に基づく）

たとえば、以下の例で、(31a) は、R-原理により、典型的な状況 (意図的に殺害する状況) と結びつくのに対し、(31a) と比べてより複雑な形式を持った (31b) は、Q-原理により、典型的でない状況 (意図的に殺害したわけではなく、死なせてしまったという状況) と結びつくことになる。

(31) a. Amanda killed the sheriff. (アマンダは保安官を殺した)
b. Amanda caused the sheriff to die. (アマンダは保安官を死なせた)
(Horn 1989: 197–198)

一方、Levinson (1987, 2000) は、グライスの４つの公理を以下の**量の原理** (Q-原理；Quantity (Q) principle)、**情報の豊かさの原理** (I-原理；Informativeness (I)-principle)、**様態の原理** (M-原理；Manner (M)-principle) の３つの原理に再編成した。

(32) a. **量の原理** (Q-原理)
話し手の公理：必要とされている以下のことを言うな (ただし、I-原理を考慮に入れること)。
受取り手 (recipient) の系 (corollary)：言われていないことは正しくはない。
b. **情報の豊かさの原理** (I-原理)
話し手の公理：必要とされている以上のことを言うな (ただし、Q-原理を考慮に入れること)。
受取り手の系：一般的に言われたことに関しては、ステレオタイプ的、特定的に解釈せよ (＝発話の情報内容を増幅せよ)。
c. **様態の原理** (M-原理)
話し手の公理：理由もないのに、有標の (marked) 表現を使用するな。
受取り手の系：有標の表現を使って言われたことは、通常ではない (＝一般的ではない) 状況を示している。

たとえば、以下の例を見てみよう。

(33) a. John came in. *He* sat down.
b. John came in. *The man* sat down

(Levinson 2000: 272, Chapman 2011: 102)

(33a) では、I-原理によって、一般に、he と John が同一指示となる。一方、(33b) では、he でなく、the man という「有標の」表現が使用されていることから、M-原理によって、the man と John とは同一指示ではないと解釈される (Levinson 2000: 272, Chapman 2011: 102)。

今後の方向性・研究課題（前提との関係）

本章では、グライス語用論の観点に立って、推意について概観した。推意は、(文の命題の真偽性に関わる)「中核的な」意味ではなく、プラスアルファの意味 (すなわち、言外の意味) ではあるが、人と人のコミュニケーションにとって、きわめて重要な役割を果たしている。現在、会話的推意と慣習的推意はともに、新たな言語現象や理論から、様々な研究がなされているが、今後も、統語論、意味論、談話分析、言語哲学、社会言語学、歴史言語学、心理言語学等の隣接分野と関連しながら、さらに発展していくと考えられる。

今後の研究課題として、「前提と慣習的推意とはどう違うのか」という問題に触れておきたい。**前提** (presupposition) とはおおよそ、発話の前段階において、当然真であると思われている事柄 (命題) のことである (→ 第 3 章) が、前提には、大きく分けて、**意味論的前提** (Strawson 1950) と**語用論的前提** (Stalnaker 1974) の 2 種類がある。意味論的前提の場合、前提部分が真でないときは、文の命題の真偽性を判定することができないと考えられているが、このような性質は慣習的推意にはない。たとえば、次の文には、定冠詞 the から生じる存在前提「フランスには王様が存在している」があるが、もしこの前提が偽である場合、文全体の真偽は判定できないであろう (Strawson 1950)。

(34) The king of France is bald.
(前提：There is a king in France.)

このような依存的関係性は、慣習的推意には見られない。たとえば、以下の文 (＝35) には、「太郎は負けるような選手ではない」という慣習的推意があるが、たとえこの慣習的推意が偽であったとしても（実際には、太郎は弱い選手であったとしても）、(35) の真偽性を判定することは可能である。

(35) あの太郎が負けた。 (＝25)
真理条件的意味：太郎が負けた。
慣習的推意：（話者の持っている太郎に関する知識によれば）太郎は負けるような選手ではない。（＝非常に強い）

一方、語用論的前提の立場から前提を考えた場合、前提は、話し手と聞き手の間で共有されている知識と捉えられる。たとえば、(34) の前提（「フランスには王様が存在している」）は、話し手と聞き手が共有している知識と捉えられる（もし仮に、聞き手が前提情報を共有していなかった場合、聞き手は、**適応** (accommodation) により、その情報を自ら（暗黙のうちに）受け入れると考えられている (Lewis 1979)）。それに対し、慣習的推意は、「話し手指向的」であり、聞き手との知識の共有を必要としない（ただし、慣習的推意を生み出す表現が「思う」等の態度述語の補文に生じた場合、主語指向的になりえ (e.g. Harris and Potts 2009)、その場合、「言われた事柄」(at-issue meaning) の一部になる (Sawada 2018) という点に注意が必要である）。

このように、慣習的推意と前提は、どちらも文の中核的な意味ではないという点で共通しているものの、両者の間には、自立性、情報の性質、判断主体の帰属に関して違いもあるように思われる。両者の間の関係については、今後も様々な角度から、現象面・理論面ともに、考察する必要があるだろう。

練習問題

問 1 次の発話では、話し手は、ある会話の公理をわざと破ることによって、聞き手にある推意を伝達していると考えられる。

(1) コンテクスト：話し手は、X 嬢が歌った歌を批評している。
Miss X produced a series of sounds corresponding closely to the score of “Home Sweet Home”. (Grice 1989: 37)

その公理とはどの公理だろうか。また、この場合の推意とはどのような推意だろうか？

問 2 「もう」と「まだ」には慣習的推意があると考えられる。

(i) 花子さんはもう資格試験に合格した。

(ii) 花子さんはまだ資格試験に合格していない。

「もう」と「まだ」の持っている慣習的推意とは何か考えてみよう。

文献案内

🕮 Grice, H. Paul (1989) *Studies in the Way of Words*. Cambridge, MA: Harvard University Press (清塚邦彦 (訳) (1998)『論理と会話』勁草書房): グライスの研究について学ぶことができる最も重要な文献である。1967 年にハーバード大学のウィリアム・ジェームズ記念講演で行った講演の内容を基にした論文 “Logic and conversation” も収録されている。

🕮 Potts, Christopher (2005) *The Logic of Conventional Implicatures*. Oxford: Oxford University Press：これまであまり研究されてこなった感情表出表現や補充表現などの現象を基に、慣習的推意の意味について形式意味論的なアプローチから考察している。

第3章 情報語用論

本章のポイント

- 情報構造、すなわち「伝達される情報の新旧」は、言語形式に様々な形で反映される。
- 情報構造は、情報内容の新旧に関わる「語用論的機能」と、事物の(談話や聞き手の意識における)新旧に関わる「情報状態」に分けて捉えることができる。

1 情報語用論とは

文や発話に含まれる情報には、聞き手が「まだ知らない」部分と、「すでに知っている」部分がともに含まれる。未知の部分(＝新情報)と既知の部分(＝旧情報)の区別は様々な形で言語表現の選択や形式に影響を与える。情報語用論とは、情報の新旧と言語形式との関わりを考察する分野である。

2 2種の情報構造

文や発話における「どの部分が(どの程度)新しく、どの部分が(どの程度)旧《ふる》いか」の様態を、**情報構造** (information structure) と呼ぶ。情報構造は、情報内容の新旧に関わる**語用論的機能** (pragmatic function) の問題と、言及される事物の(談話や聞き手の意識における)新旧に関わる**情報状態** (information status) の問題に分けて捉えることができる。語用論的機能の観点からみた新(旧)情報は、情報状態の観点からみた新(旧)情報と一致する傾向があるものの、その相関は絶対的なものではない。すなわち、情報構造の問題について考えるときには、2つの独立した「新旧の対立軸」を混同しないことが重要である。

情報構造の問題に関しては、多種多様な用語・概念が導入されており、単一の用語であっても指すものが違っていたり、ほぼ同一の概念に対して様々な呼び方がされていたりする点に注意が必要である。たとえば、情報構造という用語に、本章のように情報状態の問題を含める場合もあるが、語用論的機能と同じ意味で用いる場合もある。

3 語用論的機能

私たちがことばで出来事の報告や用件の伝達を行う際、その内容は「要点」に当たる部分と、それ以外の部分（話題提起や前置き、念のための補足など）の両方から構成される場合が多い。個別の文・発話にも同様の構造があり、要点に当たる部分を**焦点**（focus）、それ以外を**背景**（ground）と呼ぶ。これは、新情報・旧情報の対立の一種である（焦点＝未知＝新、背景＝既知＝旧）。背景のうち、話題提起に当たる部分を**主題**（topic）と呼ぶ（Lambrecht 1994）。

焦点・背景・主題といった概念を総称して語用論的機能と呼ぶ。これは、主語・目的語・述語といった概念の総称である文法機能（grammatical function）になぞらえた用語法である。たとえば、(1) では、名詞句の Chris と the cake はそれぞれ主語・目的語の文法機能（役割）を持ち、動詞 ate は述語の文法機能（役割）を持っている。

（1） Chris ate the cake.

ここで、(1) が、“Who ate the cake?” という質問に応えて発話されていると想定しよう。この場合、名詞句 Chris が新しい情報内容を伝える部分、すなわち焦点の機能を持ち、それ以外の部分が背景の機能を持つことになる。焦点（focus）を明示する際には、(2b) のように添字の F がよく用いられる。

（2） a. 焦点：Chris
　　　 背景：ate the cake
　　b. ［Chris］$_F$ ate the cake.

(1) が (2) のような情報構造を持つとき、発音上、焦点の Chris が（聞き手の認識・印象の上で）際立ちを持つ。より具体的には、唯一のピッチアクセント（後述）が Chris に置かれる。もし、(1) が “What did Chris eat?” に応えての発話であれば、名詞句 the cake が焦点となり、発音上も際立ちを持つようになる。以下、英語の例において発音上の際立ちを持つ語を大文字表記で表す。

（3） a.（Who ate the cake? —）CHRIS ate the cake.
b.（What did Chris eat? —）Chris ate the CAKE.

これは、情報構造が言語形式（ここでは音調）に与える影響の一例である。英語の場合、焦点・背景の対立は音調的に標示されるのが基本だが、**分裂文**（cleft construction）など、文法的な手段が用いられる場合もある（分裂文とは、たとえば “It is [Chris]$_F$ who ate the cake” のような構文であり、主語など文の一部がそれ以外の部分から分離されて提示されることからそのように呼ばれる）。また、背景に当たる部分は、照応表現や省略を用いて簡略に表される傾向がある（例：“[Chris]$_F$ ate it”, “[Chris]$_F$ did”）。

文・発話の中には、焦点のみを持ち、背景を持たないものもある。たとえば車で市役所の近くを通りかかった人物が、市役所が火事になっていることに気づき、驚いて同乗者に対して次のように発言した場合、文全体が焦点となる。

（4） Oh no, [the city hall is on fire]$_F$!

一方、焦点を持たず、背景のみを持つ発話は存在しないと一般に考えられている。これは、用件を伝える際に「前置きを省いて要点だけを伝える」場合があるのに対し、「要点を省いて前置きだけを述べる」ことが意味をなさないのと同様の理由による。

焦点と背景の区別に関してある程度の理論的なコンセンサスが確立されているのに対し、どのようなものを主題と見なすかについては研究者間で意見が分かれる部分が大きい。ここでは、「その文（発話）が何についてのものか」を明示するために（通常冒頭に）置かれる語句のことを**主題**（トピック）と呼ぶ。たとえば、英語には “as for ...” という表現があるが、これは**主題マーカー**（トピック・マーカー）の一種であるとされる。

（5） A: I wonder what happened to the food.
B: I took the sandwich. As for the cake, Chris ate it.

(5B) の下線部を日本語に訳せば、「ケーキに関しては、クリスが食べた」のようになるだろう。日本語の「〜に関しては」という表現も、主題マーカーの一種と捉えることができる。

主題は背景の一部をなす要素であり、したがって両者は必然的に重複する。背景のうち、「主題でない部分」のことを**テール** (tail) と呼ぶ場合がある (Vallduví (1992) によって導入された用語)。すなわち、「背景−主題＝テール」「背景＝主題＋テール」という関係が成立する。さらに、文全体の意味内容のうちの「主題以外の部分」のことを**コメント** (comment) と呼ぶ。(5B) の下線部における語用論的機能を整理すると、(6) のようになる。

(6) 焦点：Chris　　背景：(*x*) ate the cake
主題：the cake　　テール：(*x*) ate (*y*)
コメント：Chris ate (*y*)

英語における語用論的機能の標示

文中の語用論的機能の配列は、音調・語順・構文などのかたちで言語形式に反映される。英語の場合、**ピッチアクセント**の配置が、焦点・背景の構造を特定するための重要な手がかりとなる。ピッチアクセントとは、発話中における音調 (pitch) の高低変化を規定する韻律的要素の 1 つである。ピッチアクセントは、常に、強勢のある音節 (stressed syllable) に重ね合わせられるような形で配置される (ただし、強勢のある音節が常にピッチアクセントと重なるとは限らない)。

ピッチアクセントには複数の種類がある。たとえば、ToBI (Tone and Break Indices) と呼ばれる記法において H* と表記されるアクセントは前後と比べて高い音調、L*＋H は低い音調からの上昇を表す (H・L はそれぞれ「高」・「低」を意味し、また、* は強勢のある音節に重なる部分を表す)。

個々の発話 (より正確には、イントネーション句と呼ばれ、多くの場合 1 つの独立した発話に対応する韻律上の単位) は 1 つまたは複数のピッチアクセントを持ち、最後に生起するものを**核ピッチアクセント** (nuclear pitch accent) と呼ぶ。核ピッチアクセントの置かれる語は、英語話者の意識の上で、最も韻律的際立ちの高い要素として認識される。焦点に対応する語句は必ず核ピッチアクセントを含む (Büring 2016)。ただし、核ピッチアクセントを担う (含む) 語と焦点との関係はやや複雑である。たとえば、（7a）の韻律からは Chris が焦点語であることが一意に決まるが、（7b, c, d）のように文末の語に核ピッチアクセントが置かれた場合、焦点は目的語、動詞句、文全体のいずれでもありうる。

（7）　a.（Who ate the cake? —）[CHRIS]$_{F}$ ate the cake.
　　　b.（What did Chris eat? —）Chris ate [the CAKE]$_{F}$.
　　　c.（What did Chris do? —）Chris [ate the CAKE]$_{F}$.
　　　d.（What happened? —）[Chris ate the CAKE]$_{F}$.

日本語における語用論的機能の標示

日本語においても、音調は語用論的機能の配列を判断する重要な手がかりとなる。日本語の語にはそれぞれ**アクセント型**（アクセントの有無および位置）が決まっており、**アクセント句**と呼ばれる韻律的単位の中で最初に生起するアクセントのあとに、音調の下降が起こる（**アクセント下降**）。また、冒頭モーラにアクセントがある場合を除き、アクセント句の冒頭モーラから第 2 モーラにかけて、音調の上昇が起こる（**句頭上昇**）（ただし冒頭モーラと第 2 モーラが同一の長音節に属する場合、上昇は随意的である）。

ここでいうモーラとは、日本語のリズムの基本となる単位である。1 モーラは 1 音節に対応する場合が多いが、1 音節が複数のモーラを含む場合もある。たとえば「キー」「ラン」は 2 モーラ・1 音節である（このように複数のモーラを含む音節を長音節と呼ぶ）。

アクセント句は、通常、単一の内容語、あるいは内容語に助詞が後接した（統語的な）句に相当する。アクセント句の境界を波括弧、アクセント下降と句頭上昇を上下の矢印で表すと、例文（8）の典型的な音調パターンは（9）のようになる。

（8）　先月は金沢でお寿司を食べました。
（9）　{せ↓んげつは} {か↑な↓ざわで} {お↑す↓しを} {た↑べま↓した}

焦点に該当する語を含むアクセント句においては、このような高低変化が強調され、また音調のピーク値が高くなる傾向がある。さらに、焦点句に後続するアクセント句においては、高低変化が抑制される（ただし、完全に高低変化がなくなるわけではない)。この現象は**焦点後方抑制**(post-focal reduction)と呼ばれる(郡 1997, Ishihara 2015)。たとえば、(9)が「先月お寿司を食べたのはどこですか」という質問に応えて発話された場合、2番目のアクセント句(「金沢で」)における高低変化が強調されるとともに、3・4番目のアクセント句には焦点後方抑制が適用されることになる。

日本語の助詞「は」は、**提題の助詞**とも呼ばれ、主題を標示する働きがあるとされてきた(「は」には焦点句と結びつく別の用法も存在する。これについては後述)。しかし、「『は』と結びつく(非焦点の)語句が常に主題である」という通説のもとでは説明しにくい現象も存在する。山田・鈴木・佐藤という3人の学生が、「雪国」「こころ」「羅生門」の3作品を、読書課題として読んだという状況を想定しよう。ここで、(10A)の問いに対しては、(10B_1)や(10$B_{1'}$)のように省略的な答えをするのが最も自然ではあるものの、(10B_2)や(10$B_{2'}$)のように主語・目的語を繰り返すことも可能である。

(10) A: 山田くんが「雪国」を読んだのはいつですか。
B_1: [先週]$_F$ 読みました。
$B_{1'}$: [先週]$_F$ です。
B_2: 山田くんは「雪国」を[先週]$_F$ 読みました。
$B_{2'}$:「雪国」を山田くんは[先週]$_F$ 読みました。
B_3: 山田くんは「雪国」は[先週]$_F$ 読みました。
$B_{3'}$:「雪国」は山田くんは[先週]$_F$ 読みました。
B_4: #山田くんが「雪国」は[先週]$_F$ 読みました。
$B_{4'}$: #「雪国」は山田くんが[先週]$_F$ 読みました。
B_5: #山田くんが「雪国」を[先週]$_F$ 読みました。
$B_{5'}$: #「雪国」を山田くんが[先週]$_F$ 読みました。

(10B_2–$B_{5'}$)のパターンを観察すると、「(主節において)非焦点の主語は必ず『は』を伴わなければならない」という一般化ができる。「は」が常に主題を標示するとする仮説を受けいれた場合、「非焦点の主語は、必ず、主題となる(か、あるいは(10B_1)の場合のように明示的に表現されない)」、換言すれば「(明示的に表現された)主語はテールの機能を担うことができない」という一般化を認めなければならなくなる。しかし、なぜこのような制約が日本語に存在するのか、合理的な説明を与えることは難しい。少なくとも主語に「は」が付加される場合に関していえば、「は」は主題マーカーではなく、主語が非焦点の場合に義務的に付加される**背景マーカー**として働いていると考えるのが妥当である（Oshima 2009, Nambu et al. 2018）。「は」の使用条件には、文法機能（主語、目的語、など）や節のタイプ（主節か従属節か、など）といった多くの要因が関わり、全容の解明にはさらなる研究が求められる。

焦点代替量化詞

焦点の位置は、文の意味内容に影響を与える場合がある。英語の副詞 only, also, even や日本語の助詞「だけ」「も」「さえ」などを総称し、**焦点代替量化詞**（focus alternative quantifier）あるいは焦点依存小辞（focus sensitive particle）のように呼ぶ。量化詞とは、数量、割合、（非）存在を表す表現の総称である（例：“some（N）”, “most（N）”, “always”）。

英語の only を例にとると、（11a–c）は、語彙内容・文法構造に関しては同一だが、その真理条件的意味は異なる。

（11）a. Chris only introduced Pat to [SAM]$_F$.
　　b. Chris only introduced [PAT]$_F$ to Sam.
　　c. Chris only [INTRODUCED]$_F$ Pat to Sam.

たとえば、‘Chris introduced Pat to John’ という命題が真である場合、（11a）は必然的に偽となるが、（11b, c）はそうではない。

Rooth（1985）によって提案された**代替意味論**（alternative semantics）においては、焦点を含む言語表現の意味には２つのレベルがあると想定される。１つは**通常意味値**（ordinary semantic value）であり、もう１つは**焦点意味値**（focus semantic value）である。平叙文 S の通常意味値が命題 p である場合、S の焦点意味値は、p 自体と「p の焦点要素を置き換えた諸命題（代替命題）」からなる集合である。たとえば、（12a）の通常意味値を（12b）のように表した場合、その焦点意味値は（12c）のようになる。

（12）a. Chris introduced Pat to [SAM]$_F$.
　　b. ‘Chris introduced Pat to Sam’

c. {'Chris introduced Pat to Sam', 'Chris introduced Pat to John', 'Chris introduced Pat to Mary', ...}

一方、(13a) の通常意味値（すなわち (13b)）は (12b) と同一だが、焦点意味値は (13c) のようになり、(12c) と異なる。

(13) a. Chris [INTRODUCED]$_F$ Pat to Sam.
b. 'Chris introduced Pat to Sam'
c. {'Chris introduced Pat to Sam', 'Chris recommended Pat to Sam', 'Chris ordered Sam to hire Pat', ...}

量化詞 only を含む (11a) の意味には２つの側面（次元）があり、それぞれをおおよそ (14i)・(14ii) のように表すことができる。(14i) は文の焦点代替量化詞以外の部分の通常意味値であり、prejacent proposition と呼ばれる（定着した訳語は見当たらないが、ここでは**先置命題**と呼ぶ）。

(14) i. 'Chris introduced Pat to Sam.'
ii. {'Chris introduced Pat to Sam', 'Chris introduced Pat to John', 'Chris introduced Pat to Mary', ...}（= (12c)）に含まれる命題のうち、先置命題（'Chris introduced Pat to Sam'）以外のものは成立しない。

なお、文の焦点意味値に含まれる命題の数は膨大なものになりうるが、真偽判断の際に考慮の対象になる代替命題はその一部である。たとえば、"Chris only has [a BIKE]$_F$." という発話は、たとえば 'Chris has a car' が成立しないことを述べていると解釈するのが自然であり、Chris が自転車以外のもの（たとえば衣類や財布）をいっさい所有していないことを意味するわけではない。どのような代替命題が考慮の対象になるかは、文脈的に決定される。

(11a) の伝達する２つの内容——すなわち (14i)（先置命題）と (14ii)（代替命題への言及）——の関係は対等なものではない。まず、(15) のようなやりとりがあった場合、話者 B の発言は、(14i) ではなく (14ii) を否定あるいは疑問視したものと解釈するのが自然である。

（15）A: Chris only introduced Pat to [SAM]$_F$.

B: That's not true. / Are you sure?

また、（11a）を、動詞 regret の補文として埋め込んだ場合、regret が伝達する否定的評価の対象は（14i）ではなく（14ii）であると理解される。

（16）I regret that Chris only introduced Pat to [SAM]$_F$.

つまり、話し手は「クリスがパットをサムに紹介しなければよかったのに」と思っているわけではなく、「サム以外に（も）紹介すればよかったのに」と思っていると解釈される。

このような観察から、（11a–c）のような文の意味において、先置命題が**後景的な意味**（non-proffered content）であるのに対し、代替命題への言及は**前景的な意味**（proffered content）であると結論づけられる。ここでいう後景・前景の区別は、前述の背景・焦点の区別とは異なる。後景的な意味を指すのに、慣習的推意（conventional implicature）という用語を用いる場合もある（ただし、この用語の定義・使用範囲には研究者間でゆれがあるので注意が必要である。Oshima 2016 を参照）。

only が**排他**（exclusive）量化詞と呼ばれるのに対し、also や too は**累加**（additive）量化詞、even は**尺度的累加**（scalar-additive）量化詞と呼ばれる。これらの表現を含む文の意味内容にも、先置命題と代替命題への言及がともに含まれる。（17a）における代替命題への言及は（17b）、（18a）における代替命題への言及は（18b）のように表せる。

（17）a. Chris introduced Pat to [SAM]$_F$, too.

b. {'Chris introduced Pat to Sam', 'Chris introduced Pat to John', 'Chris introduced Pat to Mary', …} に含まれる命題のうち、（i）先置命題とは異なり、（ii）成立することがすでに話し手にも聞き手にも了解されているものが、少なくとも 1 つ存在する。

（18）a. Chris even introduced Pat to [SAM]$_F$.

b. {'Chris introduced Pat to Sam', 'Chris introduced Pat to John', 'Chris introduced Pat to Mary', …} に含まれる命題のうち、（i）先

置命題と比べて意外性が低く、(ii) 成立することがすでに話し手にも聞き手にも了解されているものが、少なくとも 1 つ存在する。

(非尺度的または尺度的な) 累加量化詞を含む文においては、先置命題が前景的な意味となる。たとえば、(17a)・(18a) に対して “That’s not true” と応えた場合、打ち消しの対象となるのは先置命題である。代替命題への言及は後景的であり、また、話し手と聞き手の共有知識に関わる情報を伝達するという意味で、**前提** (presupposition) (→ 第 2 章) の一種であると捉えられる (前提は後景的意味の一種である)。

日本語の場合、日本語記述文法において**とりたて助詞**と呼ばれる文法範疇が焦点代替量化詞の役割を果たす。only には「だけ」「しか (〜ない)」、also には「も」、even には「さえ」「すら」等がおおむね相当する。助詞「は」には、先述した背景マーカーとしての用法とは別に、対比の「は」(contrastive *wa*) と呼ばれる、とりたて助詞としての用法がある。対比の「は」を含む (19B) における代替命題への言及は、(20) のように記述できる (Oshima forthcoming)。

(19) A: クリスはパットを誰に紹介したの？
B: (よく知らないが、少なくとも) [サム]$_F$ には紹介した。

(20) {『クリスがパットをサムに紹介した』, 『クリスがパットをジョンに紹介した』, 『クリスがパットをメアリに紹介した』, …} に含まれる命題のうち、(i) 先置命題とは異なり、(ii) 成立しない、あるいは成立しない可能性があるものが、少なくとも 1 つ存在する。

ただし、(20) は話し手・聞き手の共有知識についての情報ではないため、前提というわけではない。

談話構造と焦点

語用論的機能の配置 (発話のどの部分が焦点になるか等) は、先行文脈に規定あるいは影響される。たとえば、(21a) は (21b) に対する回答としては適切だが、(21c) に対する回答としては不自然である。

（21）a. Chris introduced ［PAT］$_F$ to Sam.
b. Who did Chris introduce to Sam?
c. Who did Chris introduce Pat to?

逆に、（21a）の発話（音調パターン）を耳にしたとき、私たちは、話し手が「クリスがサムに誰を紹介したか」という問題（疑問）について情報提供をしているのであって、「クリスが誰にパットを紹介したか」という問題（疑問）について何かを述べようとしているわけではない、という情報を読みとることができる。Roberts（2012［1996］）の提案する談話モデルにおいては、このようなかたちで「その発話がどのような問題について言明（述べたて）を行っているのか」を示すことこそが、焦点標示の本質的な機能であるとされる。

私たちは様々な目的で会話（ことばのやりとり）をするが、その中で最も典型的・基本的なのは、お互いに情報提供をして知識を増やすことであろう。知識を増やすことは、「何らかの疑問に対して答えを得ること」と言い換えることができる。この発想に基づき、Roberts（2012［1996］）は、私たちの会話は、一般に、何らかの疑問（Question-under-Discussion: QUD と呼ぶ）をめぐって展開するものであると捉える。QUD は、明示的な疑問文として提示される場合もあるが、多くの場合、対話参加者によって暗黙のうちに了解される。

近年の意味論においては、平叙文が命題を指示対象（＝通常意味値）とするのに対し、疑問文は「命題の集合」——すなわち、平叙文の焦点意味値と同種の存在——を指示対象とすると想定するのが一般的である。たとえば、（22a–c）の意味は、（23a–c）のような形式を持つ。

（22）a. Did Chris introduce Pat to Sam?
b. Which of Pat and John did Chris introduce to Sam?
c. Who did Chris introduce to Sam?

（23）a. {‘Chris introduced Pat to Sam’, ‘Chris did not introduce Pat to Sam’}
b. {‘Chris introduced Pat to Sam’, ‘Chris introduced John to Sam’}
c. {‘Chris introduced Pat to Sam’, ‘Chris introduced John to Sam’, ‘Chris introduced Mary to Sam’, …}

Robertsの談話モデルにおいては、平叙文による言明は、常にQUDに対する回答でなければならない（これはあくまで典型的な談話のあり方を捉えようとする理想化されたモデルにおける要求事項であり、現実の会話においては逸脱も発生しうる）。言明が疑問に対する回答として適切なものとなるためには、「前者の焦点意味値が後者の通常意味値の上位集合となる（両者が等しい場合を含む）」という関係が成立していなければならない。

（21a）の焦点意味値は（21b）の通常意味値の上位集合となるため、（21a）は（21b）に対する**整合的**（congruent）な回答となる。対して、（21a）の焦点意味値は（21c）の通常意味値の上位集合でないため、（21a）は（21c）に対しては非整合的な（かみあわない）回答になってしまう。

なお、QUDに対しては、必ずしも直接的に完全な回答が与えられる必要はなく、それを分割した下位の疑問（subquestion）を提示することも許容される。（24）では話者Bがこのストラテジーを用いている。

（24） A: Has everyone left?
B: Has Chris left?
A: Yes.
B: Then everyone left.

4 情報状態

情報状態とは、言語表現によって指示される事物の、対話参加者（特に聞き手）の知識・意識における「新旧」を指す。聞き手にとってなじみがない事物はなじみがあるものよりも、また話題に新たに導入された事物はすでに言及されているものよりも、「新しい」と見なすことができる。傾向的に、情報状態が「新」のものは、語用論的機能においても「新」、すなわち焦点に相当する場合が多い。たとえば、（25）では、a recently published book on singularity は情報状態の観点からも、語用論的機能の観点からも、「新」である。

（25）（What did you read? —） I read [a recently published book on SINGULARITY]$_{F}$.

しかしこの対応関係は絶対的なものではなく、情報状態的に「旧」でありながら焦点要素に相当する事物や、逆に情報状態的に「新」でありながら背景要素に相当する事物もありうる。(26B) における「あいつ (＝山田)」は前者、(27B) における「隣に最近引っ越してきた鈴木という人」は後者に相当する。

(26) A: あのときこの部屋にいたのは、私と山田君だけだ。
　　 B: じゃあ、あいつが犯人だ。
(27) A: このアパートに住んでいるのは、大体みんなM大学の学生ですよね。
　　 B: そうだね。でも、隣に最近引っ越してきた鈴木という人は、N大学の学生だそうだ。

情報状態の区分については様々なモデルが提案されており、用語法も多岐にわたる。以下では、Gundel, Hedberg and Zacharski (1993) の提案する「認知状態」(cognitive status) の階層的モデルと、Prince (1992) によって導入された「談話における新・旧」「聞き手にとっての新・旧」の区分を紹介する。

所与性の階層

同じ事物を表す場合でも、“a book (by Levinson on Pragmatics)”, “the book”, “that/this book”, “it” など、様々な言語表現が用いられる可能性がある。Gundel らは、名詞表現の選択は指示対象となる事物の認知状態によって制約を受けるという提案を行っている。認知状態は以下の6種に区分される。

(28) i. type identifiable (種別レベルでの特定が可能である): 聞き手にとって、使用された表現がどのような種別のものを指しているか理解が可能である。
　　 ii. referential (指示的である): 使用された表現が特定の事物を指していると聞き手に理解される。
　　 iii. uniquely identifiable (唯一的に特定可能である): 聞き手は、使用された表現からそれに該当する事物を特定することができる。
　　 iv. familiar (なじみがある): 聞き手の記憶 (長期記憶または短期記憶) に、

使用された表現に対応する表象が存在する。

v. activated（活性化されている）: 聞き手の短期記憶に、使用された表現に対応する表象が存在する。

vi. in focus（注意が向けられている）: 使用された表現に対応する表象が、聞き手の注意の中心を占めている。

6種の認知状態の間には、含意的関係が成立する。たとえば、familiarという性質を持つ事物は、必然的に、type identifiableであり、referentialであり、またuniquely identifiableであるが、必ずしもactivatedであるとは限らない。これらの認知状態が構成する階層（type identifiable < referential < uniquely identifiable < familiar < activated < in focus）は一種の既知性の階層に相当するもので、Gundelらは**所与性の階層**（Givenness Hierarchy）と呼ぶ。

英語の名詞表現のうち、a dogのような不定名詞句は、認知状態に関する制限が最もゆるく、type identifiableであるという条件を満たすものであれば表すことができる。(29) に示されているように、不定冠詞を伴う名詞句が表すものは、必ずしも実際に存在していなくてもよい。

(29) He is looking for a yeti, but I strongly doubt that there is any yeti.

逆に、itのような代名詞は、所与性に関する要求が最も高く、in focusの性質を持つ事物のみを指すことができるとされる。Gundelらによれば、例 (30) ではit / thatがともに適格であるのに対して、(31) ではitが不適格となる。これは、(31) においては、指示対象となる犬が補足的に言及されているにすぎず、聞き手の注意が向いている状態、すなわちin focusではないためであるとされる。

(30) My neighbor's bull mastiff bit a girl on a bike. {It's/That's} the same dog that bit Mary Ben last summer.

(Gundel, Hedberg and Zacharski 1993: 280)

(31) Sears delivered new siding to my neighbors with the bull mastiff. {#It's/That's} the same dog that bit Mary Ben last summer. Anyway, this siding is really hideous and … (Gundel, Hedberg and Zacharski 1993: 280)

情報状態と有標的構文

Prince (1992) は、情報状態を「談話における状態」(discourse status)、「聞き手にとっての状態」(hearer status) の2つに分けて整理することを提案している。(32) に示された文において言及される事物を、これらの2つの観点から整理すると、(33) のようになる (Birner 2006: 33)。

(32) Earlier this year, when Lt. Alicia Rice found out she was being deployed to the Middle East, she started a pretty lengthy "to-do" list.

(Birner 2006: 33)

(33) Lt. Alicia Rice：談話において「新」、聞き手にとって「新」
she (2か所)：談話において「旧」、聞き手にとって「旧」
the Middle East：談話において「新」、聞き手にとって「旧」
a pretty lengthy "to-do" list：談話において「新」、聞き手にとって「新」

Birner と Ward は、共同研究を含む一連の研究において、英語における有標的な語順・構文の容認可能性と言及される事物の情報状態にどのような相関が見られるかを考察している。以下の例 (34)・(35) は Birner and Ward (1998) で挙げられているものである。(34) の下線部のように、目的語が前置されている構文においては、前置されている要素は、「談話において旧」という条件を満たしていなければならない。

(34) A: Can I get a bagel?
B: Sorry—all out.
A: How about a bran muffin?
B: A bran muffin I can give you. (Birner and Ward 1998: 33)

(35) の下線部においては、主語に当たる要素が動詞 (be 動詞以外の自動詞) のあとに現れており、無標の構文において主語が生起する位置には虚辞の there が用いられている。この構文において、後置された主語は「談話において新」あるいは「聞き手にとって新」という条件のいずれかを満たしていなければならない。(35) における後置主語 (Thatcher) は「談話において旧」かつ「聞き手にとって旧」であるため、この制約に対する違反となる。

(35) President Clinton appeared at the podium accompanied by three senators and Margaret Thatcher. Behind him there stood {the Vice President/#Thatcher}. (Birner and Ward 1998: 109)

練習問題

問1 以下の２つの文は、いずれも「山田さん」が主語であり、伝達する命題内容も同一であると考えられる。

(1) 山田さんが大阪にいます。

(2) 山田さんは大阪にいます。

これらの文が使われる場面の違いを、焦点・背景・QUD といった用語を用いて説明してみよう。

問2 主語・目的語を標示する格助詞「が」・「を」は、「は」と交替するほか、(話しことばでは) 脱落する場合もある。

(3) この時計 {が／は／∅} 壊れているみたいです。

(4) おすし {を／は／∅} 食べたの？

情報構造と格助詞の脱落 (の可否) の関係について考えてみよう。

文献案内

📖 Beaver, David I. and Brady Z. Clark (2008) *Sense and Sensitivity: How Focus Determines Meaning*. Malden, MA: Wiley-Blackwell：排他量化詞の意味およびその焦点との相関が主題であるが、代替意味論や疑問文の意味論の入門としても好適である。

📖 Büring, Daniel (2016) *Intonation and Meaning*. Oxford: Oxford University Press：音調と情報構造の関係は複雑であり、全体像をつかむのが難しいが、この本では最先端の知見が意味研究の第一人者によってわかりやすくまとめられている。

📖 Birner, Betty J. (2013) *Introduction to Pragmatics*. Malden, MA: Wiley-Blackwell：第７・８章で、「談話における状態」、「聞き手にとっての状態」と文法構造との相関について概説されている。

第4章　対人語用論

本章のポイント

- 人はことばで情報を伝えながら人間関係に関するやりとりをしており、ポライトネスはそこで伝えられる主要な要素である。
- ポライトネスは人間関係における遠近の距離感と密接に結び付いており、「〈距離〉のストラテジー」が利用される。
- アプローチには、呼称や敬語のような手段が果たす機能を探る方向と、言語行為のような目的がどう実現されるかを探る方向がある。
- 今世紀になる頃から研究に大きな変化があり、受け手による受容のプロセスが重視され、インポライトネスも重視されるようになった。

1　なぜポライトネスか？

語用論は〈人〉を相手にする

ことばで表される対人的配慮のことを**ポライトネス**（politeness）という。polite＋ness だから「丁寧さ」でいいのでは？と思われるかもしれないが、畏《かしこ》まった関係にも（互いに敬語を使って話すといった）それなりの配慮があり、親しい関係にも（互いに愛称で呼んだり冗談を言うような）それなりの配慮があると考えるので、「丁寧さ」だけでは事の半分しかカバーしない。それで、カタカナのまま「ポライトネス」と呼ぶことが多い。ポライトネスは、人間関係の遠近に応じてやりとりされ、また人間関係を動かす力ともなる。その具体については次節で詳しく見ていく。

ポライトネスは語用論の主要な領域の１つである（だからこの本にこの章がある）。では何故にそうなのだろう？　人が社会的に生きていくのに対人配慮が大切だから、と答えたくなるが、「語用論」の問題としての重要性を議論するのであれば、「言語」の問題として考えなければならない。

たとえば日本語で、“今日はさむい”という内容のことを言うとして、

(1)「今日はさむい。」

という文はどうだろう？ 意味はその通りだから問題ないはずなのに、この通りの形の文を口にした記憶はと考えると、実際あまりないのではなかろうか。「今日はさむいね、何か温かいものでも…」とか「今日はさむいよ、厚着してったほうが…」のように「ね」や「よ」を付けた例ならいくらも浮かんでくるのに、何も付けずにそのまま言えそうな場面となると、なかなか思いつかない。この「ね」や「よ」は終助詞と呼ばれ、「ね」なら共感（共有）に訴え、「よ」なら話し手が主張する、という具合に、話し手が相手に対してどんな構えで情報を差し出すかを表す。そうすると、日本語には (1) のように、そうした伝え方を表す要素なしには言いにくい文があることがわかる。

「伝え方」とは、言われる〈事柄〉が話し手や聞き手という〈人〉にどう関係するかの問題である。こうして、〈事柄〉をどうことばにするか考えていると、いつのまにか〈人〉の世界に出てしまう。このような事情は日本語だけのものではないが、日本語では、もっぱら対人的な働きをしている敬語が顕著である（後述）など、〈人〉に関わる側面が相対的に大きいと言えるだろう。終助詞も、日本語の対人配慮になくてはならない要素である（滝浦 2008: 第 6 章）。

語用論の理論としてのポライトネス論

大事なことなので、このことを理論面からも見ておきたい。語用論の理論といえば、第 2 章で出てきたグライスの「協調の原理」と「会話の公理」を忘れるわけにはいかない。これのポイントは、「協調」ということばの日本的な語感とは裏腹に、忠実に実行するとおよそ人間的でない情報伝達だけのことばになってしまうところだった。もちろんグライスはそのようなことばを推奨したわけではなく、そうしたいわば「効率性」に関わる原理・原則を想定した上で、人びとがそこからあえて逸脱しながら伝えようとする別の**推意** (implicature) のことを考えようとした。グライス自身が考えたのは、皮肉や比喩や誇張表現のような**レトリック**によって割り増しされる発話効果のことだったが、もう 1 つ、**効率性からの逸脱**の大きな動機となるのが、〈人〉（主に相手）をどう扱うかという対者待遇、すなわち「ポライトネス」である。そのように考えた論者は、P. ブラウンと S. C. レヴィンソン (Brown and Levinson 1978, 1987) で、それを受けて G. リーチ (Leech 1983) も、ポライトネスを実現することが目的であるような原理・原則を立ててしまってはどうか？との修正提案をした。

これらのことを、目的と導かれる内実を添えて、模式的に表しておく。

伝達効率 →［論理的言語］＝事態の捉え方（意味）

↕ 反比例的な関係

発話効果 →［レトリック］＝事態の見せ方（表現）
対者待遇 →［ポライトネス］＝**人間の捉え方（認識）・見せ方（表現）**

平たくいえば、ここにも〈事柄〉と〈人〉という２つの要素がある。伝達効率が最大のことばとは、純粋に事柄や事態を捉える意味だけでできている、論理的な言語といえばいいだろうか。それとレトリックの違いは、同じ事柄について述べるにも、強く受け手の印象に残るような仕方で述べる点にあって、事態の捉え方ではなく見せ方、つまり表現が問題となる。一方、ポライトネスでは、人という要素が問題となる。ここにも捉え方と見せ方の２つの側面があって、人間関係をどう捉えるかは、（たとえば敬語を用いる際に誰を敬語の対象とし誰をしないかといった）**関係認識**の問題であり、人間関係をどう見せるかは、（たとえば終助詞「ね」を多用して共感に訴えるメッセージを暗に伝えるといった）聞き手に対する**働きかけ**の問題となる。

ここで、効率以外の何かを盛り込もうとするならば、必ずその分だけ伝達効率が削がれることになる点に注意しておこう。たとえばレトリックに関して、鮮やかな皮肉や絶妙な比喩といったものを考えるなら、それらはむしろ多少の違和感とともに聞き手に解釈の負荷をかけながら、その代わり頭の中でミッシングリンクがつながった瞬間、強く合点されることによって発話効果が大きくなるものと説明できる。ポライトネスでも、たとえば遠回しで敬語がたくさん盛り込まれたような言い方は、とても丁寧には違いないが、直接的な表現が避けられ間接的な言い方ばかりで、何のことを言っているのかわからないといった結果にもなりかねない。

下の図版は、イギリス人の遠回しで控えめな物言い好きを皮肉ったジョーク本から取った。溺れそうなときに「助けて！」と叫んでも、イギリス人はそんなあからさまで下品な言い方には反応してくれないから、まわりくどく丁寧に、「あの、すみません。お邪魔をして大変申し訳ありませんが、ちょっとだけ助けていただいてもかまわないだろうかなんて思ったりするのですが。もちろんご面倒でなければの話です」と言うのが正しい、と書かれている。全部聞いたあとで「ええと、ご用事なあに？」と聞き返したくなるくらいの伝達効率だろう。

図１　How to be Polite
（from the *How To Be British Collection* ©LGP, Brighton, UK）

2 コミュニケーション＝言語ゲーム へのアプローチ

〈形〉と〈働き〉: アプローチの２方向性

次に、ポライトネスのコミュニケーションを観察・考察する方法について考えよう。コミュニケーションをことばによる意味の伝え合いだとするコミュニケーション観には少々問題がある。上で見たようなポライトネスもことばで伝えられるものに違いなく、また、普通の「意味」だと考えられていることばでも、文脈次第で中身が変わることを人はよく知っている。

たとえば、あなたが不意に「（お）弁当！」ということばを口にしたとしよう。それはどんな意味だろうか？ シチュエーションがわからないと意味もわからないよ、との声が聞こえてきそうだが、その通りで、まさに弁当箱の蓋を開けながら「さあお弁当食べるぞ！」と言いたかったかもしれないし、「しまった！ 弁当買いに行かないと売り切れちゃう！」と慌てていたかもしれないし、ほかにも様々な状況が考えられる。そのように、コミュニケーションを、ことばという**トークン**（個物、個体）がそのつど**コンテクスト**（文脈）の中で意味を受け取りながら進められていくプロセスと見ることができる。そう考えたのは20世紀前半に活躍した言語哲学者L. ウィトゲンシュタイン（Ludwig Wittgenstein）で、彼は**言語ゲーム**という言い方をした。

本題に戻れば、言語ゲームを語用論的に観察・考察しようとするときにどんなアプローチがあるか？という話になる。1つひとつのことばがトークンで、人はそれを使って何かを伝えたり得たりしようと考え、実際にそれを使うことである結果を手にしている。そう見れば、アプローチとしては大きく2通りあり、(i) トークンに着目してそれの使われ方――戦略的なニュアンスを込めて**ストラテジー**という用語もよく使われる――と受容のされ方を見る、(ii) 文脈的な目的／結果に着目して、そこに現れているストラテジーの相互的なやりとり《インタラクション》を見る、という具合に分けることができる。トランプのようなカードゲームに例えれば、(i) は効能（強さ）が書いてあるカードをどう使って実行するかを考えるイメージ、一方 (ii) は、その局面で何をしたい（した）かという目的（結果）をテーマに戦略を論ずるイメージ、と思えばわかりやすいのではないだろうか。

過去のコミュニケーションを研究する「歴史語用論」でも、方法論としてこの問題は大きな意味をもっており、次のような整理が提案されている（Jacobs and Jucker 1995）（→ 第12章）。

(i)　**形式―機能の対応づけ**（form–to–function mapping）
(ii)　**機能―形式の対応づけ**（function–to–form mapping）

やさしいことばに置き換えれば、(i) は〈形〉から入ってその〈働き〉を見ようとする方向、(ii) は反対に、〈働き〉に注目してそれがどんな〈形〉のどんな使用によって実現されるかを見ようとする方向だと言える。このように方向が違うことで何がどう変わるかは、具体例を見るとよくわかる。語用論全般から例を引きながら、眺めていくことにしよう。

呼称：遠近のカード

まず (i) だが、初期ポライトネス論の定番でもあったテーマに**呼称**の問題がある。ヨーロッパの言語によく見られる二人称単数代名詞における「**親称／敬称**」の区別 (T/V システム) でもそうだし (→ 第 12 章)、下で見る代名詞でない一般の単語を用いた**呼びかけ語** (address term) でもそうであるように、呼称は人間関係の社会的・心理的な**遠近の距離感**を明瞭に表す。呼称に使われることばには、「親族語」(例：お父さん、ママ、お兄ちゃん)、「人称代名詞」(例：ぼく、おれ、きみ)、「(下の) 名前」、「愛称」、「名字」、「地位・職業名」(例：先生、お巡りさん) といった種類があり、日本語の場合、おおむね図 2 のような遠近のスケールに置き入れることができる。一般に、愛称で呼ぶのが最も近しい呼称となるが、それは、相手の固有の名前以上に、愛称は "知っている人しか知らない" ものであり "許されている人しか使えない" 性質のものだからと説明できる。遠い方では、図の一番右に「呼称回避」とあるが、日本語には見知らぬ人のような遠い関係にある人を呼べる呼称詞がなく、そうした場合には「あの、すみません」のように呼びかけて注意を引くことしかできないからである。

近接的 ←――――――――→ 遠隔的

愛称＜名前＜人称代名詞＜親族語＜名字＜地位・職業名＜(呼称回避)

図 2　呼称の距離感 (日本語の場合)

遠距離呼称を用いれば丁寧で控えめなニュアンスとなるのに対し、近距離呼称を用いると、近しい関係なら親しさの、そうでない関係なら相手を軽んずるニュアンスとなる。家族内であれば、お父さんやお母さんは親族語で呼ばれるのが基本で、子どもから下の名前で呼ばれることはあまりないはずだし、「あなた」のような人称代名詞で呼ばれることも珍しいだろう。これは、相対的に遠い呼称を用いることで丁寧に呼んでいるものと解釈することができる。反対に、子どもや弟妹など年少の立場である人に対しては、名前や人称代名詞を用いた近距離呼称が行われる。日本語の場合、人びとはそのような原則に従った呼称を規範と了解して選択している。

もっとも、それだけなら、ある文化的な規範に従ったことばの使用にすぎないとも言える。語用論の問題として興味深いのは、人びとが、それにとどまらず、いわば戦略的《ストラテジック》に遠近を操作して人を呼んでいることである。たとえば、会議で司会をしている人（滝浦という人物だとして）が（2）のように言うことがあるのはなぜだろうか？

（2） では、ご意見やご提案などございましたら、滝浦までメールでお寄せください。

滝浦とは自分なのだから「私までメールで」でいいはずのところをわざわざ名字で呼ぶのは、人称代名詞「私」のやや私的なニュアンスを嫌って、より遠隔的な名字を用いることで客観的なニュアンスを出したいのだろうと語用論的に解釈することができる。

近接化は基本的にこれと逆の効果をもつが、相手との関係によって意味合いが大きく変わるのが面白い。近しい関係で親しさのニュアンスが出るのはわかるとして、たとえば、何かのトラブルで知らない人とケンカになりそうな人が、（3a）のように言うとしたら、親しさとは大違いである。

（3） a. 何なんだよ、こいつ、ふざけてんじゃねえぞ！

「こいつ」が呼びかけ語か普通の指示詞かは決めがたいところだが、いずれにせよ、指示詞のコ系列を利用したそのことばに、相手を強く貶めているニュアンスがあることは感じられるだろう。近距離呼称が近しくない関係で用いられると、本来その人との間に置かれるべき距離が保たれずに小さくなってしまう。身体的なイメージで考えればわかりやすく、突然相手がこちらの身体に触れそうなほど近くまで迫ってきたのと同じようなことで、不当な接近は相手を脅かすことになる。

関連してこれと対照的に興味深いのは、同じような状況でも、敬体で話す選択をしたならば、（3a）のことばは（3b）のように変わるだろうことである。

（3） b. 何なんですか、あなた、ふざけないでください！

そのとき、相手に向けられることばは「こ…」ではなく「あ…」になる——もちろんこれは、**指示詞コソアの距離感**そのままと言える。近距離呼称が相

手を貶める効果をもつ最たるものは、大阪弁などで聞かれることのある、

(4) われ／おんどれ、何しとんじゃ！

のような罵称用法である。この「われ／おんどれ」は元をたどれば「我／己」、つまりは「自分」ということで、相手の自分自身を直接呼ぶことが相手を強く貶めることになると説明される。このことを初めて見出したのは、明治期に活躍した法学者の穂積陳重《のぶしげ》で、忌み名を考察した論考において、「**近きは賤しく、遠きは貴し**」と喝破した（穂積 1919）。このような遠近の操作のことを、その戦略性に着目して「**〈距離〉のストラテジー**」と呼ぶことができるだろう。

敬語：遠いことばのマルチな働き

呼称と並んで**敬語**は、もっぱら人間関係に関わる機能を果たしている。そして人間関係に関わる機能は、遠近の距離感によってよく表される。「近きは賤しく、遠きは貴し」は、遠近の距離感についてのかなり原理的と思われる傾向を表している。身振りで考えると、近しい関係であればハグをしたり顔を触れ合わせたりするが、それらは近接的である。一方、丁重な礼というのは、なるべく離れて頭を下げる、あるいは地面にひれ伏すといったことになるが、それらは遠隔的である。

敬語というのは、このような身振りにおける丁重さの言語版と考えればいい。遠ざかる（遠ざける）・触れないことによる（比喩的な意味での）**〈距離〉＝敬語**という捉え方がエッセンスとなる。日本語敬語が上下の身分社会の中で発達したのは事実だし、そのため上下をイメージさせる単語も多い――「給う／奉る」「下さる／差し上げる」など――ので、敬語は上下関係を示すための言語表現だと考えたくなるかもしれない。けれども、これは、上下にずらしてしまえば決して触れずに済むと考えればよく、〈距離〉＝敬語という見方と矛盾するものではない。

では具体的に、“遠いことば”である敬語の形と働きを見てみよう。動作主敬語のいわゆる尊敬語では、“触れないように”との動機づけが一番よく見える。(5) は「お／ご…になる」という尊敬語のフレームを用いた文である。

(5) 先生はとてもお怒りになっています。

言及する以上、“触れない”わけにはいかないので、なるべく触れないようにということになるが、この形はそれを、「お怒り」という抽象的な名詞と「になる」という成り行き的な出来事表現の組み合わせで表している。本当は「先生が怒る」という、主体がいてそれについて述べる動作的な表現になるはずのところを、あたかも「先生」という場所において「怒り」という状態が出現したとでもいうかのような言い方である（「する」→「なる」）。また、やや大げさな挨拶文などに見られる敬語では、

(6)　会員の皆様におかれましては益々ご清祥のこととお慶び申し上げます。

といった「におかれましては」の用法を見ることがあるが、これは、主体として述べるとどうしても指差すような強い指示に感じられてしまうことを嫌って、あたかも場所を指しているかのように表すことでその問題を回避しようとするストラテジーの化石化したものと言える。韓国・朝鮮語には、この場所表現的な成り立ちの敬語助詞があって普通に使われる。

一方、いわゆる（敬語の３分類にいう）謙譲語のうち「お／ご…する」のフレームで使われる敬語は、別段話し手がへりくだっているわけではなく、そこで述べられる動作が向いていく人物を丁重に遇するものなので、「受容者敬語」と呼んでかまわない。たとえば、

(7)　もしご入用でしたら、お送りしましょうか？

は、送る人ではなく、送られる人物（聞き手または聞き手側の人物）が敬語の対象となっているので、受容者敬語の文である。このとき敬語は「お…する」で、先の尊敬語では「になる」だった部分が「する」というストレートな動作表現になっている。では尊敬語についての先の解釈が誤りかというとそうではない。(7) で直接的に述べられているのは、話し手（側の人物）がする動作であり、自分側がする動作を婉曲に言う必要はないので「する」をそのまま用い、送る動作を名詞化した「送り」に敬語のマーカーとしての「お」を付けた格好になっている、と考えればよい。

敬語の機能

では、敬語の機能に移ろう。敬語だから、“尊敬”とか“あらたまり”といった働きが主であることは間違いない。ならば、たとえば、“相手を敬う”といった働きを敬語の基本義と見ればいいのではないか？との考えも浮かんでくるだろう。ところが、そう思って少し考え始めるとすぐに、**“敬意”**では説明のつかない用法が多すぎるということに気づかれる。たとえば、初対面の人と話すとき、人はしばしばずいぶん丁寧な敬語を使う。

(8) どちらから{いらっしゃいました／いらっしゃったんですか}？

丁寧語「です・ます」だけでも敬語だが、このようにさらに尊敬語「いらっしゃる」まで組み合わせたりする。ところが、これがずっと続くかというとそうでもなく、相手の答えが自分の住んでいるところの近くだったりすると、急に打ち解けて敬語が外れたりもする。そのような用法に対して“敬う”ということばはどこかちぐはぐに響く。初対面の相手にいきなり「タメ語」で慣れ慣れしくしないように敬語でクッション＝距離を置く、というくらいの感覚ではないだろうか。こんなのはどうだろう？

(9) もう数回利用させていただいていますが、駅に直結していて立地も良いし、お部屋も清潔、お食事も美味しいし、いつも心地よく過ごさせていただいています。(「国語研日本語ウェブコーパス」http://travel.rakuten.co.jp/HOTEL/2050/review.html)

ホテルの利用客による口コミだが、「(さ)せていただいています」という非常に丁寧な敬語表現が1文に2回も使われている(この表現については → 第12章)。客なのにホテルを敬うというのではおかしいから、こうした敬語は話し手(書き手)自身が自分の**品位**を示そうとして使うものと説明される。いわゆる“お上品”な敬語で、ずけずけ無遠慮に踏み込んだりしないという姿勢がことさらに強調されている。

また、昔から“敬意のない”敬語の例として知られているものもある。その代表例は、捨て台詞的に突然現れる敬語である。

(10) 奥様はせっかく私が今日まで大切にしてきたものをぶち壊そうとなさるんですか。ようございます。奥様のご勝手になさいませ。そのかわりどんなことになっても、奥様が責任をおとり願います！（「世界名作劇場コンプリート」http://blog.livedoor.jp/meigeki_comp/archives/51657355.html）

往年の名作『アルプスの少女ハイジ』の登場人物ゼーゼマン家の家政婦長ロッテンマイヤーさんが女主人に切った啖呵で（もちろん原作に敬語はないが）、上位者に対する敬語には違いないものの、敬意というより「もう知ったことか！」といった気持ちが見て取れる。この場合、敬語はむしろ“**〈距離〉のバリアー**”とさえ言うことができ、相手との間に置かれた距離のために、相手もこちらに近づいてくることができなくなる。夫婦やカップルの間で使うと、この**疎外**的な効果が最大化する（滝浦 2008: 第 3 章）。

このように敬語は、〈距離〉を置くことを基本の働きと見たときに、最も整合的にすべての用法を説明することができる。どの用法になるかは文脈との兼ね合いで決まり、「対象を汚さない」という動機があれば敬意となり、「対象に踏み込まない」ことは距離（対相手）や品位（対自分）となり、「近寄らせない」との意図が強く出れば疎外となる、という具合である。このことを図示しておく（後ろの括弧内に各々の契機を添える）。

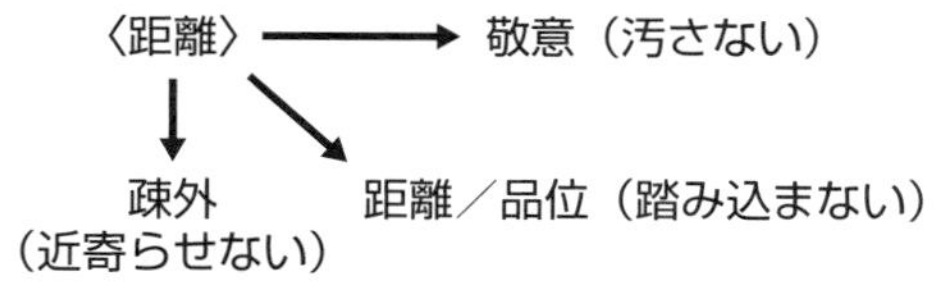

図 3　敬語の機能と文脈的用法

このうち、敬意はそれが期待される場面で期待に沿う形で使われることが多いが、ほかは〈距離〉のストラテジー的に使われることも多い。

敬語の話の最後に述べておかなければならないことがある。それは、“**敬語不使用**”の効果についてである。次のペアは同じことを言っている文だが、どちらがより「おいしい」と感じられるだろうか？

（11）a. これ、おいしいです！
　　　b. これ、おいしい！

見ての通り、（11a）には丁寧語の「です」が付いているのに対し、（11b）は敬語ナシの形である。グルメ番組などを見てもわかるが、日本語では“本当においしい”と言いたいときに、あえて敬語を外して言うことがよくある——若い男性タレントなど、“素の自分”を演出するかのように「うんめぇ！」と言うケースも見る。これは、敬語「です」を使うと、料理を供してくれた相手への配慮が表現されることになり、その分だけ“おいしさ”へのフォーカスが削がれるように感じられることによる。“遠いことば”である敬語を使わないことで、**実質的な近接化効果**を発揮させることができるという点も、敬語のコミュニケーションの（表裏の）問題として重要である。

以上、(i) 形式—機能の対応づけの例として、呼称と敬語を見た。

言語行為

次に、(ii) 機能—形式の対応づけとその典型例を見ていこう。機能は「目的」や「結果」のことと置き換えて考えてよい。ことばで人が伝えようとすることには、たとえば、感謝や詫びの気持ち、相手に対する依頼や誘い、あるいは自分からの約束といったものがある。それらを意図して言う面に光を当てれば目的となり、相手がそのように受け取ったなら結果となる。いずれにせよ、ある仕方でことばを使うことが何かしら目的的な行為をすることになるという意味で、そのような言語使用を**言語行為**（speech act）と呼ぶ（→第6章）。

20世紀半ばに脚光を浴びた当初のアイデアでは、行為の鍵となる**遂行文**があって、それがどんな条件下で言われたら意図どおりの効力を発揮するか？というところに関心の中心があった（Austin 1962, Searle 1969）。ところが、研究が進むうちに、言語行為がそうした鍵となるトークンの使用によって行われるのではなくて、ぐるぐると周囲を回るような長たらしい談話の運びの中で、ときには鍵となるトークンの使用を温存するかのような仕方で遂行されるものだということが明らかになってきた。

たとえば、**《依頼》**という言語行為はいわゆる“お願い”なので、「お願いします」がキーセンテンスとなるか？といえばそうではない。ためしに、国立国語研究所が公開している「現日研・職場談話コーパス」(https://www2.ninjal.ac.jp/conversation/shokuba.html 参照) で、「お願いします・おねがいします」という文字列を検索すると、55 件のヒットがあった。それらを 1 つずつ、内容的に依頼と言えるか否かを分け、さらに、依頼なら依頼という行為全体のどの局面で用いられているかに着目して分けた。すると、そもそも 23 件は依頼というよりも《指示》を丁寧に言ったものと見るべきもので (＝12)、それを除いた中でも、20 件では依頼内容がすでに伝達済みであり、つまり相手は依頼についてはすでに了承していると考えられた (＝13)。その「お願いします」が文字通り依頼の核の部分であると判断できたのは、わずか 3 例だった (＝14)。分類を施した細目と分類数は次の通りである：指示・指定23、依頼の終了 20、依頼 3、自己紹介 2、お礼 2、許可 1、不明 4 (計 55)。

(12) あと全体に、あの、そこー置き方が乱雑なんで、整理整頓のほう、よろしく、お願いします。

(13) じゃ、そちらのほうに。いい、よろしいですか
はい、じゃー。
いちおフロッピーでおとせる環境は整えたので、はい。
あ、はい　わかりました。
すいませんけどよろしくお願いします。

(14) すいませんけどもー、朝礼の時間ーが決まってないので決めてください、お願いします、検討してください、

興味深いのは、依頼が伝達済みである 20 件のうち、(13) のような「お願いします」は、“これで依頼行為を終える”という、いわば終了の合図として機能していると考えられることである。その極致が、「それではよろしくお願いします」のような挨拶としての使い方だと言うことができる。

ならば、依頼という行為はどのようにして遂行されるだろうか？ ここからが、(ii) 機能—形式の対応づけとなる。これもコーパスから例を借りよう。依頼と断りの談話を集めた資料がある (「BTS による多言語話し言葉コーパス」http://www.tufs.ac.jp/ts/personal/usamiken/corpora.htm [2013 年当時])。紙幅の都合で 1 例のみ掲げるが、知り合いに電話をして、相手が受けてくれそうにない依頼をする (して断られる) という談話である。多くのケースで依頼主 (すべて別人物)

は、「お願いがあって電話している」との内容で切り出している。これは〈依頼の予告〉と言うことができる。依頼内容の相手に対する負荷の度合いが大きいために、いきなり長い説明をして相手に訝しがられることを避けようとしたものと推測される。下の例はその点に関して少し違っている。そして、特に見てほしいのは、依頼のキーフレーズと言える発話がどこにあるか？ である（トランスクリプト中で、{<} の付いた語句から {>} の付いた語句までの間、両者の発話がオーバーラップしている（同時発話））。

（15） 話者　　発話内容

JSK02　どうしたの？。

JBI02　あ、あのね、（うん）ちょっとね、ほんとに、申し訳ない<軽い笑い>、んだけど、（うん）あの、なんかね、（うん）明日ね、（うん）私、そう、なんかボランティアで、（うん）えっと、国立国語研究所っていうところに行って、（うん）なんかそのある言語調査（うん）に関する実験、のよう（うん）なものに（うん）行くことになってたの。

JSK02　うん。

JBI02　で、その、友達と（うん）2人で行って、で、なんかその会話、友達同士の会話、（うん）をする。

JBI02　で、それをなんか実験とかなんだけど、なんか（うん）急に行けなくなっちゃって。

JSK02　「JBI02 あだ名」と「JBI02 あだ名」の友達が行って、その会話をってこと？。

JBI02　そうそうそう。

JSK02　うんうんうんうん。

JBI02　で、なんか私だけちょっと行けなくなっちゃって、（うん）なんか明日の、9時から3時間??、（うん）朝の9時から3時間、（うん）で、うんとボランティアなんだけど…。

JSK02　うん。

JBI02　あ,,

JSK02　あ,,

JBI02　<うん>{<}。

JSK02　<それ> {>} で、私行けないかな <とか？> {<}。
JBI02　<うん> {>}。
JSK02　あ、ごめん、私さ、なんか明日すごい予定があるのと、なんか、今多分声で分かるかもしれないんだけど、かなりひどくなってる感じなのね。
JBI02　あ、ほん、<と> {<}。
JSK02　<風邪が> {>}、うん。
JBI02　うん。
JSK02　そう。
…（略）…
（67_JSK02 より）

このケースで依頼主（JBI02）は、「ちょっとね、ほんとに、申し訳ない <軽い笑い>、んだけど」という〈詫び〉から入っている。長い説明が続いたあと、依頼のキーフレーズが出るかと思うと、なんと相手（JSK02）の方から、「<それ> {>} で、私行けないかな <とか？> {<}。」と先を越されてしまう。それに対して依頼主は「<うん> {>}。」と答えたのみだが、相手はその依頼が受けられない理由を話し始めてしまう。というわけで、この例では、依頼の予告もないまま始まり、依頼のキーフレーズが出ないまま断られるという、面白い展開となっている。

付け加えて言えば、依頼や勧誘は、相手が応諾して成立した場合はいいが、そうでなく不成立の場合には互いにバツの悪い思いをする言語行為である。断った側は、他者が寄せてくれた期待に応えられなかったことを**不名誉**と感じやすいし、依頼や勧誘をした側もまた、相手が受けられないような話を持ちかけたということで不名誉を感じがちとなる。それで上に引用した 2 人も、その後互いに何度も**謝り**を交換して電話を切っている。

この例を見ても、20 世紀の言語行為論が一時期脚光を浴びながらも、その後、理論的な中心の座を降りざるをえなかったことの原因がわかるだろう。あるコミュニケーション機能がいかにして遂行されるか？という問いは、(i) 形式―機能の対応づけでは捉えきれず、(ii) 機能―形式の対応づけを要請することになり、かつまたそれは、あるキーフレーズ的なトークンの使用によってではなく、**談話の流れ**の中で会話者によって**協同的**になされていくような側面で捉えられる必要がある。そうした趨勢はポライトネス研究全体に当てはまることで、最後に触れるように、21 世紀を迎える頃から、ポライトネスも談話の流れの中でやり取りされるものと見るべきことが主張され、現在の主流となっている。

3 洋の東西、モダンとポストモダン

敬語型言語と非敬語型言語

いうまでもなく各言語の語用論は文化的要因に大きく影響されるが、かといって文化的要因のみに左右されるわけではない。諸言語は、系統的または類型論的な特徴を持っており、その中に顕著な要素があれば、それを用いた表現がその言語の語用論を特徴づけるものとなる。

日本語はそうした意味での顕著な要素を持った言語と言える。その要素とは「敬語」である。敬語は日本語だけの特徴ではなく、広い意味でのアジアの言語にはそれなりに分布している**対人関係専用の言語形式**だが、日本語敬語は種類も語彙も多く使用頻度も高いため、コミュニケーションの中で意識されやすい条件がそろっている。一般的な言語生活における意識も強く、言葉遣いの問題としても「気になる敬語の使い方」ばかりが取り沙汰される印象さえある。呼称のところで見たように、ポライトネスは“遠近両用”の概念であるのに、一般の人びとの意識がそのことに向いていかないのは、日本語でポライトネスといえば敬語、との刷り込みがあまりに強いことが原因かと考えたくなる。このように、敬語の体系があってコミュニケーションに大きく影響している言語のことを**敬語型言語**と呼ぼう——日本語のほか、韓国・朝鮮語も典型的にそうである。

これに対し、ヨーロッパ系の言語では、聞き手を指示する二人称代名詞に親称／敬称の区別（T/V）を持つものが目立つとはいえ（→ 第 12 章）、動詞・形容詞や名詞に用いられる敬語は基本的にない。こうした言語を**非敬語型言語**と呼ぶことにしよう。非敬語型言語では、ポライトネスは比較的ニュートラルに“**遠近両用**”である。ではどんな手段を用いるかというと、対人関係専用手段としての呼称の使い分けは実は人間関係に応じて比較的固定的であるため、そのつどの語用論的手段としては、本務がほかにある形式の転用によって遠近の距離感を表現することが一般的となる。時空的な例でいえば、“いま・ここ”に基づいたり擬《なぞら》えたりすることで近接化の効果が生まれ、反対に

“いま・ここ”からあえて外して過去などにずらすと遠隔化的になる。典型的には、他者のことばをあたかもその人がいま話しているかのように直接引用する「直接話法」は近接化の例であり（＝16）、時制を過去側にずらすことやそれによって非現実を装い遠回しの丁寧さなどを伝えようとする「仮定法」は遠隔化の例である（＝17）。また、指示語の this / that のいずれも可能な状況で、this を使えば近接化、that を使えば遠隔化の効果を意図することができる（＝18）。

（16）I come down the stairs, and what do you think I see?—a huge mess all over the place, the phone's off the hook and clothes are scattered all over … (Brown and Levinson［以下 B&L］1987: 106)
（階段を下りるとね、何が見えると思う？——そこらじゅうぐちゃぐちゃになってて、受話器は外れてるし、服はそこらじゅうまき散らかされてるし……）

（17）I {have been / was} wondering whether you could do me a little favour. (B&L 1987: 204)
（ちょっとお願いできるだろうかと思ったんですが）

（18）Could I borrow a tiny bit of {that / this} paper? (B&L 1987: 205)
（その／この紙をちょっと借りてもいいですか？）

このように、ポライトネスのコミュニケーションに利用される機能が言語形式の本来的機能と一対一で対応しない場合が多いところに、「非敬語型言語」の特徴がある。

日本語の敬語について、複雑で難しいと考える人がいる。体系としての複雑さがそれなりにあるのはたしかだが、すべての形式がその機能とほぼ一対一で対応しているために、覚えてしまえば簡単だと見ることも可能である。つまり、敬語型言語においては、形式から機能が透けて見えやすいことになる。それに対し、本来の機能が別にある形式を転用してポライトネスを表す言語の場合、形式と機能の関係が固定的でないため、形式から入るよりも、機能から入って、どんな形式がその機能を表せるかと考えるほうが考察の自然な方向となる。そのような次第で、ポライトネスの研究においても、日本語など敬語型言語は (i) 形式―機能の対応づけ向きで、英語など非敬語型言語は (ii) 機能―形式の対応づけ向き（その中で呼称が唯一 (i) タイプである）という大まかな傾向を見ることができる。そういう観点から、前節で見た2つのアプローチの適用例を再度見直してみてほしい。

21 世紀の（イン）ポライトネス研究

「ポライトネス」研究の始まりは1970年代前半、R. レイコフ（Robin Lakoff）が提案をし（Lakoff 1973）、B&Lやリーチが本格的な理論化を図った。彼らを中心とする研究は最近、「ポライトネス研究の第一波」と呼ばれる。この呼び方には、現在の研究はかなり様変わりしているとのニュアンスがあるが、21世紀を迎える前後から、この第一波の議論、とりわけB&Lに対する強い批判がなされるようになった（Eelen 2001, Watts 2003 など）。

B&Lは、人びとが必ず持っている基本的な欲求を**フェイス**（face）と呼び、かつそれを、(a) 踏み込まれたくない、邪魔されたくないという**ネガティブな欲求《フェイス》**、(b) 受け入れられたい、よく思われたいという**ポジティブな欲求《フェイス》**、の二面からなるものと考えた。そして、それぞれのフェイスを満たそうとする対人配慮を各々**ネガティブ／ポジティブ・ポライトネス**と呼んだ（B&L 1987: 61–70）——それに当てはめれば、日本語などの敬語はネガティブ・ポライトネスの手段となり、近接呼称や共感表現などはポジティブ・ポライトネスの手段となる。

しかし、このB&Lのモデルに対する批判はかなり全面的なもので、まずこうしたモデルが（意味ある差異を無視していくつかのパターンに無理やり当てはめてしまう点で）強力すぎるとされた。方法論的問題はまだあって、B&Lのモデルは、話し手が用いたストラテジーを事実上そのまま相手の受け取る「ポライトネス」と見なしているが（**話し手偏重、産出偏重**）、ある表現がポライトかどうかを決めるのは聞き手のはずだから、この点でも適切さを欠くとされた。さらに、より本質的な議論として、人びとはコミュニケーションにおいていつでもポライトなわけではなく、自分がいい思いをするために実は頻繁に相手を貶めたり悪く言ったりしているにもかかわらず、そうした**インポライトネス**（impoliteness）に全く目を向けていないことも公正を欠くと評された。ポライトネスに関する理論としては、B&L以前に社会学者E. ゴフマン（Erving Goffman）によるものもあって、（尊重する・されるべきと人が考える公的な自己像としての）フェイスに対する配慮として、相手に向かう**敬意**（deference）と自己を立てる**品行**（demeanor）とが分けられた（Goffman 1967: ch. 3）。B&Lがそれに言及しつつも、事実上相手への敬意だけを扱っていることも批判された。

このようにして、B&L 批判の上に立った新しい（イン）ポライトネス論の概念的な枠組みができてきた。それらのいわば条件をまとめるならば、聞き手重視かつ受容プロセス重視であり、ポライトネスだけでなくインポライトネスも重視する。また、そのように解釈プロセスの検討が必須であると考えるなら、ポライトネスもインポライトネスも談話の流れの中でしか捉えられないことになるので、談話的なやりとりが重視される。それで、この新しい立場は**談話論的**（discursive）と呼ばれる。第一波を近代《モダン》的と言うとすれば、新しい立場はポストモダンである。

この談話論的アプローチによる日本語の（イン）ポライトネス研究はというと、意欲的な試みも現れつつある一方、研究の厚みとしてはまだこれからのようにも見える。上で見てきたような日本語の事情も関係していそうではあるが、たとえば利害の対立するコンフリクト場面において、敬語でバリアーをめぐらしておいて、インポライトネスで相手を攻撃するようなやりとりなどは日本語ならではの題材とも言え、日本からの発信が待たれるところである。

練習問題

問 1　家族間で（たとえば親とのやりとりで）敬語（敬体）を使うことがないか、振り返ってみよう（⚠話しことばだけでなく、LINE やケータイメールのメッセージなども重要なソース！）。

問 2　日本語で近接化のストラテジーとして人びとがよく使っている手段にどんな例があるか、考えてみよう。

問 3　友達や恋人との LINE などでのやりとりを、遠近の距離感と（イン）ポライトネスの観点から分析・考察してみよう。

文献案内

📖 Brown, Penelope and Stephen C. Levinson（1987）*Politeness: Some Universals in Language Usage*. Cambridge, MA: Cambridge University Press（田中典子（監訳）（2012）『ポライトネス：言語使用における、ある普遍現象』研究社）：様々に批判され、彼らの理論をそのまま用いることはあまりなくなったとはい

え、基本的な発想にある“枠組みとしての普遍”には頷けるところも多く、やはりいまだに必読文献と言える。

📖 **滝浦真人 (2008)『ポライトネス入門』研究社**：B&L の理論を〈距離〉の語用論と読み換えながら、日本語の呼称、敬語、指示詞、終助詞などに適用して説いている。B&L とともに賞味期限切れ？の部分もあるが、日本語語用論の参考書としてはお手頃だろうか。

📖 **滝浦真人 (2013)『日本語は親しさを伝えられるか』岩波書店**：手前味噌で申し訳ないが、日本語が遠隔化一辺倒で“距離音痴”な言語になってしまった経緯を、標準語の制定・定着過程と近隣諸言語との対照によって説き、これからの日本語の姿を考えようとした。

利用コーパス

『国語研日本語ウェブコーパス』https://bonten.ninjal.ac.jp/

『現日研・職場談話コーパス』https://www2.ninjal.ac.jp/conversation/shokuba.html

『BTS による多言語話し言葉コーパス』http://www.tufs.ac.jp/ts/personal/usamiken/corpora.htm

引用例出典

Ford, M. and P. Legon（2003）*The How to be British Collection*. Hove, GB: Lee Gone Publications.

第5章 ｜ 指示語用論

本章のポイント

- 発話場面依存的な特性を有する言語現象をダイクシス（直示）という。
- ダイクシスには、人を指示する人称ダイクシス、空間内の事物や場所を指示する空間ダイクシス、時点を指示する時間ダイクシスなどがある。

1 指示語用論とは

何か（人や物）を指示するという行為は、私たち人間の根源的な社会行動の1つである。**指示**とそれに関連する機能に注目して言語表現の使用を考察する分野が、ここで言う**指示語用論**である。この章では、**ダイクシス**（直示；deixis）と呼ばれる言語現象を中心に、指示語用論のテーマを概観する。

2 ダイクシス表現

言語表現の中には、**発話場面**を抜きにしては意味解釈が成立しない表現が存在する。たとえば、(1) のように書かれた紙切れの入ったボトル（容器）を海上で見つけたところで、「私」とは誰なのか、「ここ」とはどこなのか、「明日」とはいつなのか、「これくらいの大きさの棒」とはどれくらいの大きさの棒なのかといった発話場面の情報がわからないため、解読のしようがない。

(1)　Meet me here at noon tomorrow with a stick about this big.

(Fillmore 1997: 60)

同様に、隣の部屋から次のような声が聞こえてきたとしても、発話がなされている場に居合わせていないため、「君」「彼」「これ」「あそこ」が具体的に誰／何／どこを指しているのかを理解することは困難である。

(2) 君は彼と一緒にこれをあそこまで運んでくれ。

me/here/tomorrow/this や「君／彼／これ／あそこ」のように、発話場面に依存して解釈が決まる言語表現（発話場面の情報を抜きには解釈できない言語表現）を**ダイクシス表現**（直示表現；deictic expressions）という。ダイクシス（直示）は、「指し示す」を意味するギリシャ語に由来する。

ダイクシスの基本カテゴリーとして、(i) **人称ダイクシス**（person deixis）、(ii) **空間ダイクシス**（space deixis）、(iii) **時間ダイクシス**（time deixis）の 3 つがある。それぞれ、「話し手（私）」、「発話場所（ここ）」、「発話時（今）」を指示・描写の原点に据える。人称ダイクシスの表現には、**人称代名詞**（例：「私」「あなた」「彼／彼女」）などがある。空間ダイクシスの表現には、**指示詞**（例：「これ」「それ」「あれ」）や**空間表現**（例：「前」「後ろ」）、**直示動詞**（例：「行く」「来る」）などがある。時間ダイクシスの表現には、**時間表現**（例：「昨日」「今日」「明日」）や**時制**（テンス）**形式**などがある。

直示用法と照応用法

ダイクシス表現の中には、人称代名詞や指示詞のように、現場の中に存在する事物を指示する**直示用法**（現場指示用法）以外に、談話の中で言及された語句（先行詞）を指示する**照応用法**（文脈指示用法）を持つものがある。次の he,「そこ」は、a 文では直示用法、b 文では照応用法である。

(3) a.（指をさして）He's not the Duke, he is. He's the butler.
b. John came in and he lit a fire.　　（a, b ともに Levinson 1983: 65, 67）

(4) a.（指をさして）そこで降ろしてください。
b. もう少し先にスーパーがあるので、そこで降ろしてください。

照応用法は、先行詞が指示表現よりも先に出ているか後に出てくるかで、さらに**前方照応**（anaphora）と**後方照応**（cataphora）に分けられる。日本語の指示詞では、前方照応は (4b) や (5) のように、ソとコに認められる。

(5) 次は市立高校前、市立高校前です。炭火焼肉、手打ち冷麺の京城園にお越しの方はここでお降りになると便利です。　　（バスのアナウンス）

後方照応はコで実現するのが通例であるが、稀にソで実現することもある（(6) のコはソに変えられないが、(7) のソはコに変えられる）（澤田淳 2016: 55）。

（6）こちらは、よく知られたジョークである。豪華客船が沈み始めた。脱出を促そうと、船長は英国人に「飛び込めばあなたは紳士です」と言い、ドイツ人には「飛び込むのが規則となっています」と訴えた。日本人にはこうだった。「みんな飛び込んでますよ」

（「天声人語」『朝日新聞』2017 年 10 月 28 日、朝刊）

（7）今もそう言うのだろうか。サッカー少年だった昔、高く浮いて派手に外れたシュートを「宇宙開発」と言ってからかい合った。

（「天声人語」『朝日新聞』2014 年 11 月 4 日、朝刊）

次のようなアも、ソと同様、照応用法と見る立場もあるが、この種のアは、先行談話内の要素ではなく、話し手の記憶内の要素を参照している。ここでは**観念用法**（**記憶指示用法**）として、照応用法とは区別しておく。

（8）A: 太郎は馬鹿で困ります。
　　B: 本当に {そんなに／あんなに} 馬鹿では困りますね。

（久野 1973: 188）

日本語のコソアと各用法との対応関係を示すと次のようになる。

表１　指示詞の３用法

直示用法（現場指示用法）	コ、ソ、ア
照応用法（文脈指示用法）	コ、ソ
観念用法（記憶指示用法）	ア

ジェスチャー用法とシンボリック用法

上で、現場の中に存在する事物を指示する直示用法を見たが、直示用法はさらに、**ジェスチャー用法**（gestural usage）と**シンボリック用法**（symbolic usage）

とに分けることができる（Fillmore 1971: 223）。ジェスチャー用法は、指差しなどの身体的動作を伴うため、聞き手は、指示対象の位置を特定するために話し手の身体的動作（指差しの方向など）をモニターする必要がある。一方、シンボリック用法では、聞き手は、発話場面の状況（発話場所はどこかなど）が理解できていれば、指示対象の同定が可能である。

次の a 文はジェスチャー用法、b 文はシンボリック用法の例である。

(9) a.（患者が一本の歯を指差して）この歯が痛むんです。
　　b.（町を歩きながら）この町は風情がありますね。

次の a 文の「ここ」は、ジェスチャー用法、シンボリック用法のどちらにも解釈できる。ジェスチャー用法の場合、「ここ」は話し手が指差す場所（たとえば、話し手が指差す地図上の一地点）を指しており、シンボリック用法の場合、「ここ」は話し手が今いる場所を表す。一方、b 文の「ここ」はジェスチャー用法にのみ解釈され、シンボリック用法には解釈できない。後者の用法の「ここ」は「行く」との間に意味的な不整合をきたす。

(10) a. 明日もここに来てください。
　　b. 明日もここに行ってください。

以上の用法を整理すると次のようになる。

(11)

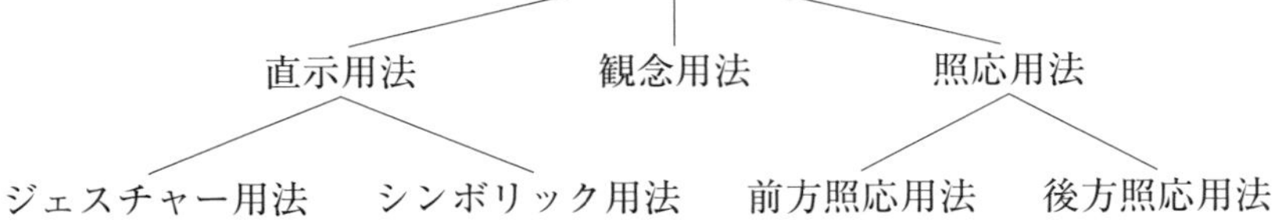

以下、人称ダイクシス、空間ダイクシス、時間ダイクシスの順に、それぞれのダイクシス表現（直示用法）の特徴を具体的に見ていこう。

3 人称ダイクシス

人称代名詞は、(i) **人称** (person) (一人称・二人称・三人称)、(ii) **数** (number) (単数・複数)、(iii) **性** (gender) (男性・女性・中立)、(iv) **格** (case) (主格・対格・所有格) などによって体系づけられる。英語の人称代名詞はこれらの要素を反映した次の語形を持つ (主格形式のみ挙げる)。

表 2　英語の人称代名詞

一人称代名詞		二人称代名詞	三人称代名詞		
I	we	you*	he/she	it	they

(*単数形 thou は通常用いない → 第 12 章)

日本語では、文法的には通常の名詞と区別されないことから、独立した品詞として「人称代名詞」を認めない (または人称代名詞という用語を使わない) 立場もあるが (たとえば、三上 1975: 34–35 参照)、次のように人称と固定的に結び付いた表現は存在することから、少なくとも意味的には日本語でも人称代名詞は認められてよい (Fillmore 2003: 406 も参照)。

(12) 一人称代名詞：わたくし／わたし／ぼく／おれ／わし、等
　　 二人称代名詞：あなた／きみ／おまえ／きさま／おたく、等
　　 三人称代名詞：彼、彼女、やつ、等

日本語では、一人称・二人称代名詞に多様性が認められる。殊に一人称代名詞は話し手の人物像と深く結びついており、**役割語**の重要な供給源ともなっている。役割語とは、話し手の人物像とステレオタイプ的に結びつけられた話し方 (語彙、語法、言い回し、音声・音韻的特徴等) のパターンを言う (例：[老人] おお、そうじゃ、わしが知っておるんじゃ／[女性、特にお嬢様] あら、そうよ、わたくしが存じておりますわ) (金水 2015: 224)。

人称代名詞の使用においては**対人配慮性** (**(イン) ポライトネス**) (→ 第 4 章) が深く関わる。また、**人称と語形の対応関係**の面で柔軟な運用も見られる。英語を例に、語用論的な面から見た場合の人称代名詞の注目すべき用法をいく

つか採り上げてみよう。

一人称複数代名詞 we の用法

we は、聞き手を含むか否かで、**聞き手包含的**（inclusive）**用法**と**聞き手除外的**（exclusive）**用法**とに分けられる。次の A の発話の we はこの 2 通りの用法に解釈できることが、B の 2 通りの答え方からもわかる（Fillmore 1971）。

（13）A: Did we do it right?
B: Yes, {we/you} did. （Fillmore 1971: 240）

we の 2 種の用法の区別を、さらに come/go との関連から考えてみよう。

（14）May we {come/go} in? （Fillmore 1997: 15）

May we come in? という発話文からは、話し手とその同伴者が構外（建物の外）におり、構内（建物の中）にいる聞き手に尋ねている場面が想起される。ここでの we を解釈する上で重要となるのが、**直示移動動詞** come の解釈である。come の基本的な使用場面は次の 4 つである（Fillmore 1997: 18）。

（15）come の基本的な使用場面
a.「発話時（＝今）に話し手がいる位置」への移動
b.「発話時（＝今）に聞き手がいる位置」への移動
c.「参照時（＝その時）に話し手がいる（いた）位置」への移動
d.「参照時（＝その時）に聞き手がいる（いた）位置」への移動

たとえば、次の例の come は、少なくともこの 4 つの解釈に曖昧となる。

（16）John came to the office yesterday morning. （Fillmore 1997: 18）

（14）の May we come in? の come は、話し手が移動主体であり、参照時の言及もない点から、「「発話時（＝今）に聞き手がいる位置」への移動」を表すと解釈される。この come の解釈は、we が聞き手除外的用法に解釈されることにつながる。そのうえで、May we come in? は、さらに 2 通りの解釈が可能である。第 1 に、聞き手（たとえば、建物の中にいる守衛）に「私たち、入っても構いませんか？」と入講の許可を求めている解釈がある。第 2 に、聞き手（たとえば、たまたま建物の中にいた人）に「私たちは入っても構わないんでしょうか？」と入講の可能性を尋ねている解釈がある（Fillmore 1997）。

一方、(14) の May we go in? では、少なくとも次の 3 通りの解釈が可能となる。第 1 に、聞き手（たとえば、建物の外にいる守衛）に「私たち、入っても構いませんか？」と入講の許可を求めている解釈がある。この場合の we は、聞き手除外的用法に解釈される。第 2 に、聞き手（たとえば、建物の外でたまたま居合わせた人）に「私たちは入っても構わないんでしょうか？」と入講の可能性を尋ねている解釈がある。この場合の we も聞き手除外的用法に解釈される。第 3 に、聞き手（話し手の同伴者）と建物の外で「私たちは入っても構わないんだろうか？」と入講の可能性を確認し合っている解釈がある。この場合の we は、聞き手包含的用法に解釈される（Fillmore 1997）。

二人称代名詞 you の一人称指示

次の例は、話し手が自身の生い立ちをインタビューで語っている場面であるが、話し手は自身のことを二人称代名詞 you で指示している。

(17) When you're a kid in school, about twelve and thirteen, the questionnaire would say: What's your name? You'd say: Sadlowski. What does your dad do? You'd put down: steelworker. The counsellor would put you into industrial arts.
（学校へいってるころ、つまり十二か十三のとき、質問アンケートがまわってきたことがあった。名前は？ そこで、サドロフスキーと書きこむ。父親の職業は？ その欄に製鉄所労働者と書く。すると進級担当が私を工業技術コースにいれる）
(Studs Terkel, *American Dreams: Lost and Found*. p. 237)

一人称指示の you は、主として話し手が自身の体験や境遇を語る場面で出現し、その使用の背景には、自身の体験や境遇を聞き手に共有・共感してもらいたいという動機がある（小森 1992: 190–191）。you が使われることで、聞き手は話し手の体験、境遇に感情移入しやすくなる。

三人称代名詞 he/she の語用論的制約

英語の三人称代名詞 he/she の直示用法（現場内での直接的な指示）には、対人配慮性に関わる語用論的制約がある。英語では、目の前にいる人のことを本人に聞こえる形で he/she を使って直示的に指示することは、その人に対して失礼な言い方となりうる（久野 1977: 312–317, Fillmore 1997: 117–118）。

レストランでの注文場面を例に考えてみよう。店のウエイターが注文を聞きにやってきた。客の男性は、連れの女性の料理も一緒に注文することになった。このとき、次のように、その連れの女性を she によって直示的に言及すると、その女性に対して失礼な言い方となってしまう（Fillmore 1997）。

（18）She's going to have a cheeseburger.　（Fillmore 1997: 117）

この場合、"Let's see, you wanted the cheeseburger with everything, right?"（「ええと、君のほうはトッピングを全部入れたチーズバーガーだよね？」）や、"That'll be two cheeseburgers. No, on second thought, make mine a carrot-and-raisin salad."（「チーズバーガーを２つお願いします。いや、やっぱり、僕のほうはニンジンとレーズンのサラダにします」）などのように、she の使用を回避して注文する工夫が必要となる（Fillmore 1997: 118）。

一方、he/she が照応として使われた場合、指示対象の人物が目の前にいたとしても、直示の場合ほど顕著な語用論的違反は認められないようである（久野 1977: 317）。次は照応 she（her）の例である。

（19）'This lady fell down—right outside our gate, so of course I brought her in.'
'Your wife is very kind, Mr—'
'Badcock's the name.'
'Mr Badcock, I'm afraid I've given her a lot of trouble.'
（「このかたがね、ころばれたのよ——門のすぐまえのところで。だから家へお連れしたの——」
「奥さんに大変お世話になりました、あの……」
「バドコックという者です」
「バドコックさんですの。奥さんにずいぶんご迷惑をかけてしまいまして——」）

（Agatha Christie, *The Mirror Crack'd from Side to Side*. p. 31）

4 空間ダイクシス

空間ダイクシス表現は、**発話参与者**（話し手・聞き手）の空間的位置を基準にして、対象物を指示したり、対象物の位置関係を示したり、対象物の移動を表したりする。空間ダイクシス表現には以下のような表現がある。

（20）this/that, here/there, right/left, come/go, bring/take/fetch, 等
（21）これ／それ／あれ、前／後ろ、向こう、行く／来る、等

空間ダイクシスと視点

空間ダイクシス表現には、話し手の**視点**（viewpoint）が色濃く反映されている。視点とは、事物を見る立場のことを言う。たとえば、「来る」は、到達点側に視点を置いた**求心的移動**を、「行く」は、到達点以外（典型的には出発点側）に視点を置いた**非求心的移動**（**遠心的移動**）を表す。

（22）a. 一艘の小舟がこちら岸へと向かって{*行った／来た}。
　　　b. 一艘の小舟が向こう岸へと向かって{行った／*来た}。

英語のcome/goにも同様の視点が反映される。たとえば、次の例では、goと異なりcomeは不自然となる。移動主体の後ろ姿を捉える後続文の情景描写は、話し手から遠ざかって行くgoの情景描写とは自然に調和するが、話し手に近づいて来るcomeの情景描写とは通例調和しないからである。

（23）He was {going/??coming} up the steps. There was a wad of bubble-gum on the seat on his pants.　　　　（Fillmore 1982: 263）

次のような例であればcomeは自然となる（goも自然となるが、この場合、話し手は彼の移動を正面からではなく横から眺めていることになる）（Fillmore 1982）。

（24）He was {going/coming} up the steps. There was a broad smile on his face. (Fillmore 1982: 262–263)

空間指示詞

英語の指示詞は、**近称**（proximal）の this/here と**遠称**（distal）の that/there の二系列からなる（it は、人称代名詞に含められる）。日本語の指示詞は、近称コ、**中称**（非近称・非遠称；medial）ソ、遠称アの三系列からなる。

空間指示詞（直示用法）を記述する際に利用される主な概念として、**距離**と**人称**がある。すなわち、空間指示詞の体系を、話し手から指示対象までの**距離区分**の反映として記述する整理と、指示対象が話し手の領域内と聞き手の領域内のどちらにあるかといった**人称区分**の反映として記述する整理である。英語、日本語の指示詞ともにこの 2 つのシステムが関与する。

日本語の空間指示詞は、距離区分と人称区分から次のように整理できる。

(25) **距離区分**：

　　コ：話し手の近くにある対象を指す。

　　ソ：話し手からやや離れたところにある対象を指す。

　　ア：話し手から遠くにある対象を指す。

　人称区分：

　　コ：話し手の勢力範囲（なわばり）内に属する対象を指す。

　　ソ：聞き手の勢力範囲（なわばり）内に属する対象を指す。

　　ア：話し手・聞き手の勢力範囲（なわばり）外の対象を指す。

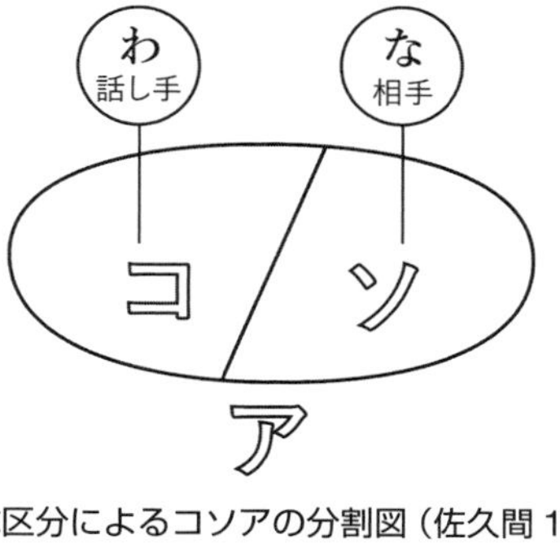

図 1　人称区分によるコソアの分割図（佐久間 1951: 35）
（※「わ」は「我」、「な」は「汝」を表す）

コとアの特徴づけについて、距離区分と人称区分とで本質的な違いはないが、ソの特徴づけは大きく異なる。ソには、距離区分を反映する**中距離指示**のソ（＝26）と、人称区分を反映する**聞き手領域指示**のソ（＝27）がある。

(26)［乗客がタクシーの運転手に］そこの十字路を右でお願いします。
(27)［刑事が逃走犯に］そこから動くな。その銃をゆっくり下に置け。

英語の空間指示詞 this/here, that/there もまた、対象が話し手から近いか遠いかという距離区分による使い分け以外に、対象が話し手と聞き手のどちらのなわばり（勢力範囲）に属するのかという人称区分による使い分けを持つ。英語は日本語のソに相当するような聞き手領域を印しづける中称の指示詞を持たないが、話し手からごく近距離にある対象でも、聞き手が触れるなど、その対象に対して話し手よりも聞き手のほうが優位に関与しているとみなされる場合は、聞き手領域指示として that/there が使われうる。

that/there の興味深い用法の 1 つに、話し手が自身の手に触れている対象や場所を、**聞き手の視点**に立って that/there で指示するというものがある（Fillmore 1997: 123, 澤田淳 2013: 9–18）。聞き手の視点に立った指示という点は、you の一人称指示の現象（＝17）にも当てはまる。次は映画『オズの魔法使い』（*The Wizard of Oz*）からの例である。魔女が離れた場所にある大きな砂時計を取りに行き、そこから砂時計の残り時間を少女ドロシーに見せる場面である。魔女は自身が手にした砂時計を that で指示している。

(28) *The Wicked Witch moves toward a big hourglass.*（中略）*She picks up the hourglass, turning it upside down and pointing to it.*
WICKED WITCH: Do you see that? That's how much longer you've got to be alive! And it isn't long, my pretty.
（『オズの魔法使い』p. 130–132）（澤田淳 2013: 11）

この種の that（there）は、**聞き手の視覚的注意**を指示対象へと向けさせる場面で現れる。(28) の that は this に置き換えることもできるが、その場合は話し手自身の視点を反映した指示となる。聞き手の視点に立った指示を行うことで、聞き手に対して指示対象への**注意喚起**を強めることが可能となる（澤田淳 2013)。日本語では、話し手が触れる対象や場所を聞き手の視点からソで指示するといったことは不可能であり、常にコで指示される。

空間表現

前後左右を表す空間表現は、話し手の視点に基づいて対象物の位置関係を表す場合と、話し手の視点とは無関係に、参照物 (例：「X の前／後ろ／右／左」と言った時の X) 自体に内在する前後左右の方向軸に基づいて対象物の位置関係を表す場合とがある。前者は**直示用法**、後者は**非直示用法**である。

写真の中に Sue と Mark と Dave が次のような並びで写っていたとしよう。

図 2　写真の中にいる 3 人の並び (Grundy 2008: 30)

この写真の中の並びを次の表現で述べた場合、X は誰になるだろうか。

(29) a. X is to the left of Mark.
b. X is on the left of Mark.
c. X is on Mark's left.

Grundy (2008: 274) によれば、X は、a 文では Sue, b 文では Sue か Dave, c 文では Dave になるという。a 文の left は直示的である。「話し手から見て」Mark の左側にいるのは Sue である。b 文の left は直示的にも非直示的にも解釈できる。「話し手から見て」Mark の左側にいるのは Sue であるが、「Mark から見て」Mark の左側にいるのは Dave である。c 文の left は非直示的である。「Mark から見て」Mark の左側にいるのは Dave である。

日本語では、上の例はすべて「X はマークの左隣りにいる」となり、英語のように構文形式の選択により曖昧性を解消するということはできない。

5 時間ダイクシス

時間ダイクシス表現には次のような表現があるが、そこには発話時を基準に解釈される**発話時基準性**が認められる。時制形式（たとえば、日本語の**ル形**（＝非過去形）と**タ形**（＝過去形））も、その基本的使用において発話時基準性が認められる点で、時間ダイクシス表現に含められる。

(30) now/then, yesterday/today/tomorrow, {last/next} week, ago, 等
(31) さっき／今／今度、昨日／今日／明日、先週／今週／来週、等

たとえば、yesterday や「昨日」は、「発話日の前日」を指す点で、典型的な時間ダイクシス表現である。これらと似て非なる表現に the previous day や「前日」がある。これらは「発話日の前日」ではなく、「ある特定の日の前日」を指す点で、通例、時間ダイクシス表現からは除外される。

時間ダイクシス表現による先取り

次の例は、Thursday や「木曜日」が発話日の翌日を指す場合、使用しにくい。時間ダイクシス表現 tomorrow,「明日」の使用が優先されるからである。

(32) I'll see you on Thursday. (Levinson 1983: 75)
(33) 木曜日に研究室に来てください。

英語の yesterday/today/tomorrow や日本語の「昨日／今日／明日」は、その使用が曜日表現の使用に優先される。この現象は、時間ダイクシス表現による**先取り**（優先；pre-emption）現象と呼ばれる（Levinson 1983: 75）。

next Thursday には、「次（今度）の木曜」と「来週の木曜」の解釈がある。では、次の発話が週のいずれかの曜日になされた場合、next Thursday はどちらの解釈となるであろうか（Fillmore 1971: 232, Levinson 1983: 76）。

(34) I'll see you next Thursday.

発話日が月曜か火曜の場合、next Thursday は「次の木曜」と「来週の木

曜」に解釈が曖昧となり、聞き手はコンテクストからどちらの解釈であるかを見定める必要がある。発話日が水曜の場合、next Thursdayは、tomorrowによる「先取り」により「次の木曜」の解釈は除外され、「来週の木曜」に解釈が絞られる。発話日が木曜、金曜、土曜の場合、next Thursdayは「次の木曜」と「来週の木曜」が結果的に一致した解釈となる（次の木曜＝来週の木曜）。最後に、発話日が日曜の場合を考えてみよう。この場合、「週が日曜から始まる」と認識する者と、「週が月曜から始まる」と認識する者とで、next Thursdayの解釈は異なる。「週が日曜から始まる」と認識する者にとっては、日曜に発話されたnext Thursdayは、「次の木曜」と「来週の木曜」に解釈が曖昧となりうる。一方、「週が月曜から始まる」と認識する者にとっては、日曜に発話されたnext Thursdayは「次の木曜」と「来週の木曜」とが結果的に一致した解釈となる（次の木曜＝来週の木曜）。

このような解釈の複雑性は、last（例：last Thursday）の場合でも生じる。

時空間メタファー

時間概念を把握する方法の1つとして、空間概念を利用するということが挙げられる。時間の経過を空間移動に喩えて捉える**時空間メタファー**（spatio-temporal metaphors）の主要なモデルに、**自己移動**（moving ego）と**時間移動**（moving time）のモデルがある（メタファーについては→第8章）。前者では、**自己**（観察者）が時間軸上を過去から未来に向かって移動するものとして捉えられ、後者では、**時間**（出来事）が、未来から過去に向かって自己（観察者）が位置する現在を通って移動するものとして捉えられる（Lakoff and Johnson 1999: 141など）。以下のaの例は自己移動、bの例は時間移動を反映する。

（35） a. We're coming up on Christmas.
b. Christmas is coming. （Lakoff and Johnson 1999: 148）

（36） a. 来し方／行く末
b. 行く年／来る年 （渡邊 2017: 231）

移動動詞「行く／来る」は、テ形補助動詞「ていく／てくる」へと変化する中で、事象の漸次的変化を表す**アスペクト用法**を発達させている。この「変化」の「ていく／てくる」にも上記の時空間メタファーが関与する。

(37) これからイチョウの葉が色づい{ていく／てくる}だろう。

いずれもイチョウの葉の色の変化を予測する発話であるが、「ていく」は「現在 → 未来」への時の流れを示す自己移動を、「てくる」は「現在 ← 未来」への時の流れを示す時間移動を反映している。

時空間メタファーの研究では、言語普遍的に、**未来は自己の目前**にあり、**過去は自己の背後**にあると認識されているとする見方が一般的であった (Lakoff and Johnson 1999 など)。しかし、近年、アイマラ語 (南米ボリビア、ペルー、チリなどで話されているアメリカ先住民言語の１つ) やベトナム語においては、**未来は自己の背後**、**過去は自己の目前**にあると認識されているという興味深い事実が、言語とジェスチャーの両方の証拠により報告されている (Núñez and Sweetser 2006, Sullivan and Bui 2016)。

次は、ベトナム語の時間移動の例である (1SG＝一人称単数代名詞、CL＝類別詞、PROG＝進行アスペクト)。

(38) ***Sau lưng tôi,*** *mùa xuân ấm đang về*
behind back 1SG CL spring warm PROG return
'**Behind my back**, a warm spring is coming.'
(Sullivan and Bui 2016: 214)

自己移動では、自己が過去をあとにして未来に向かって進むのであるから、どの言語でも自己は未来を向いている (過去に背を向けている) と認識されていると言える。一方、時間移動では、自己は現在に定位する存在にすぎず、前後の方向は、自己の向きではなく、時間の移動方向によって決まるため、原理的には、自己は未来と過去のどちらを向いていても構わない。時間移動で自己の向きに言語差が生じうるのはこのためと言える。

練習問題

次の例はＡ・クリスティの『そして誰もいなくなった』の一節である。年齢も職業も様々な面識のない 10 人の男女が孤島の邸宅に集められた。そこで次々と人が殺されていき、残っているのは５人だけとなった。夕方になってヴェラが台所に行ってお茶でも入れようかと申し出る。するとウォーグレイヴ判事は彼女がお茶を入れるのを見たいと言う。

(1) Vera rose. She said:
"I'll go and make it. You can all stay here."
Mr. Justice Wargrave said gently:
"I think, my dear young lady, we would all prefer to come and watch you make it." (Agatha Christie, *And Then There Were None*. p. 215)

問 1 同じ場所（台所）への移動を表すのに、なぜ最初は go が、二番目は come が使われているのだろうか。

問 2 下線部の we は、聞き手包含的用法、聞き手除外的用法のどちらだろうか。come の用法（第 3 節（15）参照）と関連づけて説明してみよう。

問 3 英語の come と日本語の「来る」の使われ方の違いを調べてみよう（たとえば、上の用例中の come は日本語で「来る」と言えるだろうか）。

文献案内

📖 Fillmore, Charles. J. (1997) *Lectures on Deixis*. Stanford: CSLI Publications：ダイクシス研究の礎を築いた古典的名著。自己を名のる表現（例："It's me", "I'm Chuck Fillmore", "This is Chuck Fillmore", "My name is Chuck Fillmore"）が表現ごとで異なる使用制約を有する点など、著者の鋭敏な洞察に基づく分析で満ち溢れている。

📖 鈴木孝夫 (1973)『ことばと文化』東京：岩波書店：親族名称の子供中心的用法（例：妻が夫を「パパ」と呼ぶ）（→ 第 1 章）など様々な興味深い現象を取り上げつつ、独自の視点から日本語の人称の問題に切り込んでいる。

引用例出典

Christie, Agatha (2002) *The Mirror Crack'd from Side to Side*. London: Harper Collins Publishers.（橋本福夫（訳）(2004)『鏡は横にひび割れて』早川書房）

Christie, Agatha (1994) *And Then There Were None*. New York: Harper Collins Publishers.

Terkel, Studs (1980) *American Dreams: Lost and Found*. New York: The New Press.（中山容ほか（訳）(1990)『アメリカン・ドリーム』白水社）

曽根田憲三（監）(2009)『名作映画完全セリフ集　スクリーンプレイ・シリーズ　オズの魔法使　改訂版』株式会社フォーイン.

第6章 言語行為論

本章のポイント

- ことばを発することは現実と関わる「行為」と見なされる。
- 「言語行為」の中心には「発話内力」があると考える。
- 言語行為論は哲学的な考察から言語学的な枠組みへと整備されてきた。

1 言語行為とは

言語を発するとは何かという根源的な問いを立てると、声帯の振動を空気振動に転じること（音声言語）、紙などにインクで決まった形のしみをつけること（文字言語）、手や指で特定の形と動きをつくること（手話）、のように答えても十分な答えにならない。一方で、言語は、おおむね文の形で発するものであり、単純な文は真か偽かを決められる命題を表す、という考え方がある。たとえば、外に出た瞬間に発した「雨？」ということばは、文の形をしていないが、意味を考えれば、「雨が降っているのか」のような文に仕立て直すことができる（これは、関連性理論（→第7章）でいう表意に相当する）。これは、降雨の有無で真偽が判定できそうである。しかし、「窓を閉めてくれ」「ここで寝るな」のような命令文ではある種の要求を課していることはわかるが、真偽は定めることはできない。ゆえに、言語を「真偽が判定できる命題」とする見方も十分とはいえない。

言語行為論は、私たちがことばを発することは必ずしも真理値（truth value）のある命題（真か偽かが決められるとき真理値を持つといい、真理値のある平叙文が命題である）を述べているわけではないという考えから始まる。次の例を見てみよう（【　】内は発話の状況説明を示す）。

(1)　【上司Aが部下Bに向かって辞令を読み上げながら言う】
　　A「Bを本日付でC支店支店長に昇任させる」
(2)　【友人DとEがSNSで連絡し合う】

D「明日朝9時にF駅の北口改札で会おうよ」 E「わかった」

このような発話は、ただことばを発しているだけではなく、発話を通して現実に働きかけているとみることができる。(1) は、B氏の役職の昇任という社会的地位の変更を宣言しており、発話時点以降の未来の現実が変化する。(2) は、Dの提案をEが受け入れることで2人の間で約束が成立し、それが翌日という未来の行動に義務を課すことになる。

2 言語行為論の成立

言語の問題が哲学において重要となることは、19世紀のうちからG. フレーゲ (Gottlob Frege)、B. ラッセル (Bertrand A. W. Russell)、L. ウィトゲンシュタイン (Ludwig Wittgenstein) などの考察を中心に認識が深められていた。これらの分析哲学の中では、人間が発することばは、意味を伝達するための表示であり、多少の工夫をすれば論理的な表示として扱えると考えられていたので、論理学で人間のことばを取り扱う方向で研究がなされていた。この姿勢は、言語を理論的に純化できる理想的なものと見ていることから**理想言語学派** (ideal language school) と呼ぶこともある。

これに対して、人間の発話は完全な論理表示として扱うべきでなく、発話を通じて人間は自分の周囲の世界 (聞き手も含む) に働きかける「行為」をしていると見る考えが、20世紀半ばごろに現れた。これは、**日常言語学派** (ordinary language school) と呼ばれる言語哲学者 (オックスフォード大学を中心とする) の推進した考え方であった。中でも、J. オースティン (John L. Austin) は**言語行為** (speech act) 理論と呼ばれる考えを提唱した (なお、「発話行為」「スピーチアクト」などいくつかの訳語が混在しているが、本書では speech act を「言語行為」、後述の locutionary act を「発話行為」とする)。

それまでは、文は事態を記述しており、それは真か偽かが決められる (=真理値を持つ) と考えるのが主流だったが、現実世界に働きかける発話ではそのような説明が成り立たない。たとえば、「2に3を加えると5になる」は事態を記述しており、真だが、「2に3を加えると7になる」は偽である。これに対して、「早く家に帰りなさい」は聞き手に対する命令・助言で、真偽を決められない。文の中には、**事実確認的** (constative) な文と**行為遂行的** (performative)

な文があるとオースティンは述べ、「記述も報告も事実確認もせず」「真・偽のいずれでもなく」「その文を述べることが行為の遂行そのものであるか、その遂行の一部分をなす」場合、それは行為遂行的な文（以下、**遂行文**と呼ぶ）であるとした。私たちの発話には遂行文が思いのほか多いが、オースティンは、*Bill argues that the earth goes round the sun.* なども言明的遂行（expositive performance）と呼び、発話全体に遂行性を見ていたようだ。

遂行文には「命令する・宣言する・依頼する」や order / declare / request などを用いて、動詞の語彙的意味によって遂行性を明確にしているものがある。(3)–(6) は動詞がほぼ遂行文を形成しているが、このような動詞をオースティンは**遂行動詞**（performative verb）と呼び、遂行動詞の分類がそのまま遂行文の分類になると考えた（Austin 1962）。

(3) “I advise you to leave.”
(4) 「あなたに札幌支社への転勤を命じます」
(5) “I sentence you to six months’ imprisonment.”
(6) 判事「被告人を 6 ヶ月の懲役に処す」

表 1　オースティンによる遂行動詞と遂行文の分類

遂行動詞型	主な例
言明解説型 (expositives)	主張する、否定する、強調する、説明する、結論する、報告する／assert, deny, emphasize, explain, answer, report, argue, conclude, admit
行為拘束型 (commissives)	約束する、挨拶する、契約する、保証する、誓う／promise, vow, contract, undertake, intend, plan, agree, assure, swear
権限行使型 (exercitives)	指定する、拒否する、宣告する、警告する／appoint, dismiss, direct, order, grant, nominate, advise, pray, recommend
判定宣告型 (verdictives)	計算する、描写する、分析する、評価する、見積もる／convict, find, calculate, estimate, value, rate, describe, understand, analyze
態度表明型 (behabitives)	謝罪する、感謝する、嘆く、祝福する／apologize, thank, deplore, congratulate, resent, criticize, welcome, bless, curse

遂行動詞は、一人称を主語とし、二人称を目的語とする、能動の現在時制肯定文で用い、「ここにおいて」(hereby) という表現が追加可能とされている。最後の条件は、遂行動詞かどうかを見分けるテストとして使われ、hereby test と呼ばれる。(3)–(6) はこのテストをクリアするので、いずれも遂行動詞だと言える。オースティンは遂行動詞を表 1 (前ページ) の 5 種類に分け、それが遂行文の分類になると考えた。

しかし、遂行動詞の分類がそのまま遂行文の分類になるわけではないことは、後の研究により指摘されており、現在では、動詞分類をもって遂行文や言語行為の分類とすることはない。ただ、このように遂行タイプを分けることはいまでも行われている。

オースティンの最大の貢献は、言語行為が以下の 3 つの側面 (行為としての性質) から捉えられるとした点である。

①**発話行為** (locutionary act)…ことばを用いること、言語形式を用いて発話による表現行為を行うこと
②**発話内行為** (illocutionary act)…発話を通して、ある種の機能を持つ意図伝達行為を行うこと
③**発話媒介行為** (perlocutionary act)…発話の目標あるいは結果

発話行為はことばを発する行為を単に指すが、発話内行為は言語形式が行為を遂行し、働きかける力がことばの中に秘められていると見て、その機能を果たすことを指している (「内部の」の意の接頭辞 in- を locutionary に付したとき音韻同化して illocutionary となる)。発話媒介 (「〜によって」の意の per を接頭辞にした perlocutionary) 行為は発話意図と結果状況を指す。

たとえば、A が B に対して (7) (8) を言うとしよう。

(7) 「宿題を手伝ってもらえますか ?」
(8) “Could you help me with my homework?”

これらの文を話し手が発すればそれが発話行為に当たる。もちろん、ことばではないうめき声を出すだけでは発話行為にならないし、また聞き手が言

語形式の意味を十分に理解できなければ聞き手にとっての発話行為は成立していないことになる。(7) (8) の発話はいずれも疑問文ではあるが、単に回答を求めているだけではなく、実質的に依頼をしていると解釈するのが普通である。依頼は話し手が聞き手にある動作や行為を要請することであり、(7) (8) ではこの「依頼」という発話内行為がなされたと解釈できる。発話内行為では、このようにある種の力が働きかけており、これを**発話内力** (illocutionary force) という。発話媒介行為は発話媒介目標と発話媒介結果に区分されるが、(7) (8) の発話でいうと、聞き手が宿題を手伝うことが発話媒介目標である。発話媒介結果は発話媒介目標と一致することもあるが、一致しないこともある。

これらのうち最も重要なのは、発話内行為である。オースティンの考えの根底には、発話の文字通りの意味が発話の真意に一致するとは限らないということがあり、発話内力は発話の実質的な機能が何かを表すことになるので、発話の要点は発話内力にあると見る。グライスの「言われた事柄」と「推意」や、その後導入された言内の意味と言外の意味という対比も、同様の対立軸と言えるだろう。

3 言語行為論の現在

オースティンの考えは 1950 年代に発表された先駆的なものだったが、現在の発話研究から見ると精密さを欠く点もある。それを発展させたのが J. サール (John R. Searle) である。現在の語用論における言語行為論の基盤はサールによるところが大きいが、サールは、人工知能や意識、合理性、社会的現実など様々なテーマを論じる哲学者で、言語行為は彼の初期の成果の一部にすぎない。サールは、オースティンの区分や考えを修正する提案を行っているが、それも後続の研究者によって批判され、再修正案が示されている。

発話と遂行

ことばを発することは命題を提示する場合もあるが、行為遂行であることが多く、命題や情報の提示もある種の行為性を持つと見るのがオースティンの考えの核であった。遂行文は、意味的に真偽を決めることはできないが、実際に使用してみると発話が適切か不適切か、遂行が有効か無効かは判断できる。言語行為として成立させるために満たすべき条件を、オースティンは**適切性条件**（felicity condition）と呼ぶ。この条件を満たさず適切に成立しない発話をオースティンは、①（必要な条件が満たされず、意図した結果が得られない）**誤発動**（misinvocation）、②（誤りのため意図した遂行に失敗する）**誤執行**（misexecution）、③（何らかの欠落・不足・不備のために正当な言語行為にならない）**濫用**（abuse）、という3つの類型に分けた。

（9） "I promise to graduate from university next spring."

（10）A「明日午後16時にX駅前に集合しましょう」

　　B「午後4時？ 午後6時？ まさか午前4時じゃないよね？」

（11）A「これから21番教室を使いたいので許可を下さい」

　　B「時間があるときに考えておきます」

たとえば(9)を仮に新入生が言ったとすると、日本の大学では1年で卒業することはできないので、実現不可能な約束をしていることになる。発話時点で実現不可能だとわかっていることは約束できず、発話として成立しない。これが①誤発動の例である。

また、私たちは、常に誤りのない完璧な発話をしているとは限らず、(10A)のように言い間違えることがある。これを文字通り正確に解釈しようとしても「午後16時」は特定できない（(10B)はその点を問い返している)。これが②誤執行の例に当たる。

(11B)の「考えておきます」は、(11A)の願望表明の発話（これは「許可求め」の発話内力を持つ）に対して諾否を明示していない。しかも、直後の教室使用の申し込みに対して「時間があるとき」に結論を出していては間に合わない。「考えておく」は婉曲的な拒絶の意味になることはあるが、この場合は必要な条件の欠落があるので③濫用と見なされる。

これらはいずれも適切性条件を満たしていないので、発話が適切にならないが、現実に存在しないわけではなく、ふざけて冗談を言う場合や意図的に意地悪を言う場合ならありうる。しかし、発話による行為の遂行は成功しない（たとえば、(5)(6)は判決を宣告できる裁判官や判事が被告人に対して法廷で発話したものでなければ、判決の宣告という発話内行為にはならない)。

オースティンの適切性条件をサールはさらに精密化し、日常の発話において正当な発話内力が生じるには9つに下位区分された適切性条件を満たす必要があるとしたが、以下では特に重要とされる4つのみを掲げる（Searle 1969: 112ff.）。

表2　サールによる主要な適切性条件

条件の種類	条件の内容
命題内容条件（propositional content condition）	発話の命題内容を適切なものにするための条件
準備条件（preparatory condition）	会話の参加者や会話の状況に関する条件
誠実条件（sincerity condition）	発話者の意図が誠実かに関する条件
本質条件（essential condition）	発話によって生じる条件

これらの条件は、そのまま規則として設定することができ、命題内容規則・準備規則・誠実規則・本質規則として記述できるという。この枠組みに従えば、発話行為が適切かどうかを説明しやすい。

「彼が手伝うことを私は君に約束する」は、話者以外の人物の行為を約束しているので、話者の将来の行為に関することという命題内容規則に違反する。I promise to marry you. と言っても、相手がそれを望んでいなければ、聞き手の一方的な願望となり、（約束しなくても自然に実現するような）当然の行為ではないという準備規則にも違反する。「A社は貴君の採用を約束する」と言っても、話者がA社の採用権限を持っていなければ、話者は実現の能力と意思を持つという誠実規則に違反して不適切になる。約束という発話は話者が義務を負うという本質条件が生じるので、義務を履行しなければ本質規則に違反し、約束を果たせないことになってしまう（本質条件は発話によって生じるものなので、発話内目的や発話媒介行為の観点から捉えることもできる）。

言語行為の種別と特性

言語行為にはどのような種類があるのだろうか。オースティンは遂行動詞のタイプがそのまま言語行為の類型に対応するとして区分を考えたが、サールはそれを棄却し、新たに5つの発話内行為の分類を立てた。これは言語を問わない普遍的分類とされ、発話内目的・適合方向性・誠実条件によって区別されている（Searle 1975 と Searle 1979 では若干の違いがある。以下は後者に Peccei（1999）も加味して筆者がまとめたもの）。

表 3　サールによる主要な発話内行為の分類

種類	発話内行為の発話内目的・適合方向性・誠実条件	
描出型（representatives）	発話内目的	何かが事実であることを話者に表明させる
	適合方向性	ことばが「外的」世界に適合［主体は話者］
	誠実条件	（命題についての）信念
行為拘束型（commissives）	発話内目的	話者が将来何かすることを約束させる
	適合方向性	世界がことばに適合［主体は話者］
	誠実条件	（話者がある行為をするという）意図
行為指示型（directives）	発話内目的	話者が聴者に何かをさせる
	適合方向性	世界がことばに適合［主体は聴者］
	誠実条件	（聴者にある行為をさせるという）欲求
感情表出型（expressives）	発話内目的	命題内容について感情や考えを表現する
	適合方向性	ことばが「心理状態」に適合［主体は話者］
	誠実条件	（聴者あるいは話者に関わる）心理状態
宣言型（declaratives）	発話内目的	宣言することにより新しい事態をもたらす
	適合方向性	ことばが世界を変える［主体は話者］
	誠実条件	なし

この区分でサールが重視したのは、**発話内目的**（illocutionary point）という概念であった。発話内目的は、発話行為を通じて働きかけることで遂行しようとしている意図や目的のことで、たとえば、「命令」も「要請」も聴者に何かをさせるという点では同様の発話内目的を持つ。発話の意図は、発話が働きかける力としての発話内力に深く関わるので重要であるが、この概念は発話

媒介行為と重なるところもあり、発話内行為の領域が拡張したとも言える。

サールの独自性がよく表れているのは**適合方向性**（direction of fit）である。これは「ことば」と「（自分の周囲の現実）世界」がどのような働きかけの関係にあるかによって、発話内行為型がうまく区分できるとするものだ。たとえば、行為指示型の「命令」「要請」と行為拘束型の「約束」は、言語化した命題内容に世界を適合させるという方向性を持っている点では共通しているが、前者は聴者（聞き手）が行為者になるため実現の責任が聴者にあるのに対して、後者は責任主体が話者である点で異なる。これによって両者を区別できる。また、「陳述」や「描写」などの描出型も、ことばを現実世界に一致させると見れば 1 つのカテゴリーになる。適合方向性を導入することで、言語行為は言語を通じて人間が世界と関わる行為と見ることができるので、遂行性によって言語行為を規定しなくてもよくなった。

オースティンとサール以外にも、Z. ヴェンドラー（Zeno Vendler）やバック & ハーニッシュ（Kent Bach & Robert M. Harnish）などによる区分案がある。以下に見るように exercitives や verdictives を二分するような違いはあるが、おおむね区分案は重なっている（Proost 2006: 995–1000）。

表 4　主な発話内行為区分の考え

<table>
<tr><th>Austin (1962)</th><th>Vendler (1972)</th><th>Searle (1979)</th><th>Bach and Harnish (1979)</th></tr>
<tr><td>Expositives
言明解説</td><td>Expositives
言明</td><td>Representatives
描出</td><td>Constatives
陳述</td></tr>
<tr><td>Commissives
行為拘束</td><td>Commissives
行為拘束</td><td>Commissives
行為拘束</td><td>Commissives
行為拘束</td></tr>
<tr><td rowspan="2">Exercitives
権限行使</td><td>Interrogatives 質問</td><td rowspan="2">Directives
行為指示</td><td rowspan="2">Directives
行為指示</td></tr>
<tr><td>Exercitives 権限行使</td></tr>
<tr><td rowspan="2">Verdictives
判定宣告</td><td>Operatives 実効宣告</td><td rowspan="2">Declarations
宣言</td><td>Effectives 実効宣告</td></tr>
<tr><td>Verdictives 判定宣告</td><td>Verdictives 判定宣告</td></tr>
<tr><td>Behabitives
態度表明</td><td>Behabitives
態度表明</td><td>Expressives
感情表出</td><td>Acknowledgements
挨拶</td></tr>
</table>

このほかにLeech (1983) は、「質問」(rogative) というタイプを提案しており、Culpeper and Haugh (2014) などはサールの5区分にこれを加えて6区分にしている。また、これとは別にLevinson (1979) は、**活動類型** (activity type) という概念を提案しているが、これは私たちが送る社会的生活の日常における活動（依頼・命令・情報提供・情報収集・宣言・約束など）のタイプによって、発話内力や会話的推意（→ 第2章）が制約を受けるとするものである。この考えは少数の発話内行為で言語行為を網羅するという考えをとらないので、必要な活動類型を適宜加えることができる（この点では山岡 (2008) と近い）。また、活動類型の形式性が発話内力の解釈に作用する点を重視している点では、発話内行為を**伝達的発話内行為** (communicative illocutionary act) と**慣習的発話内行為** (conventional illocutionary act) に二分するBach and Harnish (1979) とも通底する。後者には、裁判官による判決、神父による結婚の宣言などがあるが、社会制度や儀礼など状況や環境による慣習性があって成立するもので、文化的な相違も大きくなる。

言語行為論の位置づけと展開

オースティンからサールに至る言語行為論は、もちろん現在でも有効な概念を含んでいるが、哲学的な研究であったこととその後さまざまな知見が追加されたこともあって、現在では「古典的な」あるいは「伝統的な」言語行為論と呼ばれることがある。しかし、これはもう古びてしまったということではなく、オースティン、サールの理論を発展させ、より拡張して用いる段階に入ったことを意味している。現在の枠組みでの言語行為を指すときには、古典的な言語行為論と区別して、**語用行為** (pragmatic act) と呼ぶこともある。

4 言語行為論の広がり

サールは、発話内力を表示する形式を**発話内力表示装置** (IFID: illocutionary force indicating device) と呼んだが、これは文型や活用形などを含む広義のモダリティ的形式に相当するものの、今ではそのまま使うことはあまりない。たしかに形式と発話内力の関係が単純に決められる場合もあるが、それほど単純ではないことも多いためである。

(12) Finish your homework!
(13) 僕に500円貸せ。

命令文は、英語の場合には命令法 (imperative mood) という法 (mood) を用いてつくり、日本語では動詞の命令形という活用形を使ってつくる。命令文は常に「命令」といった動作要求を表すとは限らない。子どもに向かって「背が高くなれ」と言っても、それは命令ではなく、実質的には祈願文であって、英語では “Be tall!” は不自然な発話になってしまう。命令は実現可能な動作について行うという条件があり、適切性条件に違反するからだ。また、“Let me help you.” は文法的には命令法だが、意味は命令とは言えず、「いずれにしろ」「いずれにせよ」は口語と文語の命令形を使っているが、全体として「いずれにしても」といった譲歩の意味に相当する。

発話行為の直接性

文型と言語行為にずれが生じうることは、形式と機能、あるいは文法論と語用論のミスマッチの問題でもあるが、サールはある言語行為が別の言語行為となる場合にこれを**間接言語行為** (indirect speech act；間接発話行為とも言う) と呼び、文型や動詞が言語行為をそのまま表す直接言語行為 (direct speech act) と区別した。直接か間接かに二分できるようなものではないことから、現在では連続的な尺度で捉え、直接性 (directness) あるいは明示性 (explicitness) の度合いの違いと見なすことが多い。たとえば、(14) は疑問文だが、「宿題がまだなら、やりなさい」という趣旨と解釈すれば、(12) と同じ働きかけをしているとみることができる。(15) も疑問文だが、話し手に500円を貸すよう求めていると解すれば発話内行為として (13) にかなり近い。(16) は形式上平叙文だが、手助けを求めていると解釈すれば依頼という発話内行為とみることができる。

(14) Have you finished your homework?
(15) 僕に500円貸してくれないか。
(16) I was wondering if you could give me a hand.

間接言語行為だとしても、(14)–(16) は「宿題を終えること」「500円貸すこと」「手助けすること」など、指示や依頼の内容が命題部分の意味に含まれている。しかし、以下のように含まれていない場合もある。

(17)（開いている窓のそばにいる人に）「雨が吹き込んでくるね」

たとえば (17) の発話者が聞き手に窓を閉めて欲しいと思っていても、発話の中に「窓を閉める」という表現は含まれていない。これは慣習性のない間接言語行為で、相手に示唆を与えるだけで相手の判断を待っていると言える。「ハサミ、持ってる？」など準備状況確認の質問などは依頼の間接言語行為として慣習化されているので、間接言語行為としての解釈は容易であるが、(17) のように慣習性が低いものは「窓を閉めろ」という意味に解釈されない可能性もある。

このような語用論的直接性（あるいは明示性）は、①発話内目的、②対象、③意味内容に左右されると考えられている (Culpeper and Haugh 2014)。①発話内目的を、文型が直接示したり、論理関係から容易に復元したりできれば、よりその透明性が高まる。パーティーに誘われて “I am so busy today.” と答えて拒絶を示すのは、応じる場合には特に理由が要らないが、拒絶には理由を述べるのが妥当だという慣習的な論理性があるからである。「手伝って欲しいんだ」よりも「君に手伝って欲しいんだ」のように、発話内力の作用する②対象が明確であればやはり透明性が高い。③意味内容による明示性は、慣習性の影響を受けるので文化差があるが、日本語では「500 円なんとかして」よりは「500 円貸して」のほうが明示的で透明性が高く、英語では “Be noiseless.” よりも “Be quiet.” のほうが明示性も透明度も高い。

間接言語行為の慣習性

間接言語行為の中でも、「この部屋、寒いなあ」と言って相手に暖房を入れてもらうといったことは、寒いという自分の主観を陳述する発話内行為によって、暖房を入れることを依頼する発話内行為を実現しているので、2 つの発話内行為が分離している。

Blum-Kulka et al. (1989) では、間接言語行為を慣習的なものと非慣習的なものとに区分している。依頼といった行為要求の非慣習的間接言語行為では、(18) のような強い示唆もあれば、(19) のような弱い示唆もあるという。日本語でも（20）は強い示唆になるが、（21）は弱い示唆になる。（18）–（21）は聞き手が手伝ってくれることを求めてはいるものの、聞き手は「大変だね」と苦労をねぎらう程度の対応しかしない可能性もある。これらの発話を聞いて話者は手伝うよう求めていると解釈する場合、推意（→第2章）を引き出すことが必要になるが、推意なので取り消すことが可能な解釈である（「一人じゃできそうにないけど、頑張ってみる」「すごく時間がかかりそうだけど独力でやり遂げてみせる」のように取り消すこともありうる）。

（18）This would be easier if somebody gave me a hand.
（19）This is going to take me ages to do.
（20）一人じゃできそうにないんだよね。
（21）私がやるとかなり時間がかかりそうで。

命令文「〜しろ」や遂行文「〜するよう求める」は行為要求の直接言語行為であるが、「〜するよう求めてもいいか」「あなたは〜しなければならない」「あなたに〜して欲しい」なども派生的な直接言語行為と見ることができる。Blum-Kulka et al.（1989）は、“Why don't you...?” や “Can you...?” などの疑問文を慣習的な間接言語行為に含めているが、表現の慣習性は言語によって異なる。たとえば、日本語では「私を手伝えますか？」は依頼として自然ではなく、「手伝って{もらえ／くれ}ますか」のように受益性（benefactivity）を表す授受動詞を使うほうが自然である（このときは「もらえますか」のような可能形でなければならず、「もらいますか」では意向確認になってしまう）。

能力の疑問文を依頼などの行為要求に転用することは、通言語的に見られる現象である。「明日のパーティー、来られる？」や “Can you come to the party tomorrow?” などは、「可能であれば実現して欲しい」が「不可能であれば実現を求めない」という意味になり、準備状況あるいは事前条件の確認をしていることになる。また、Wierzbicka（2003）は、“Give me a hand.” のような命令文と非人称構文 “It is necessary to give me a hand.” を比べると、英語では前者のほうがきつい言い方で後者がゆるい言い方に感じられるが、ポーランド語では逆であることを述べている。これは、対照語用論のテーマにもなりうる（→第13章）。

言語行為論の拡張

間接言語行為は、直接性が弱まることによって、一種のヘッジ機能（あいまいに婉曲的に表現することで、発話内力を弱める働き）を持つことがあるため、ポライトネスに関わる機能を担うことがある。上司が部下に「私の代わりに明日の打合せに出席しろ」（命令文・直接的）と言うのではなく、「私の代わりに明日の打合せに出席できますか」（疑問文・間接的）ということもでき、「私は明日の打合せに出席できないんだ」（平叙文・間接的）のように示唆する方法もある。上司が業務上の決定権を持っていても、日本語の共同体では、直接的な命令文を使うことは少なく、配慮を示すために間接化することが多い。これは対人語用論・社会語用論と関わる。

発話内行為のうち、質問には疑問文を使うのが普通だが、宣誓や宣言には原則として平叙文を使う。もちろん、“I would like to ask about...” のように平叙文で質問することも可能だ。文のタイプと発話内力には一定の対応関係があり、文タイプによって使える機能が潜在的に決まっている（発話内力可能性（IAP: illocutionary act potential）と呼ぶ。Sadock and Zwicky 1985, Sadock 2004 参照）。

発話の機能や力には複合的な面があり、一義的に機能を特定して、限定するべきとは言えないケースがある。たとえば、(22)–(25) はいずれも疑問文であるが、(22) は勧誘、(23) (24) は非難（表出）、(25) は感情の表出、の発話内力をそれぞれ帯びる。

(22) 明日、映画を見に行きませんか。
(23) What (on earth) are you talking about?
(24)（一体全体）何の話をしているの。
(25)【下降調のイントネーションで】うまく行かなかったか。（無念だ）

疑問文は、そもそも相手に回答や反応を要求する機能を持っており、(22) では諾否の応答を聞き手は示す義務を課される。(23) (24) では何の話か理解できないことを話者は述べているが、これは、私たちは相手が理解できるように伝達する義務を負っており、それに違反している点を非難していると解釈できる。もちろん非難が妥当でないと考えるなら、「私は…の話をしているのだ」と具体的に説明して応じることもできるので、疑問文としての力は残存している。(25) は独り言でも使うことができ、「うまく行かなかった」

という事実を知ってもまだ納得して受容できない心理状態を表出しているだけで、回答を求める疑問文の力は消失している。加藤（2015）では、疑問文という文の形式によって聞き手に回答や反応の義務を課す力は発話内力と異なり、発話そのものに由来する「発話的な効力」（locutionary force）であり、この発話的な効力が個々の発話の中で持つ発話内力（＝発話内的な効力）とは区別して分析されるべきだと主張している。

5 まとめ

オースティンによって、発話は言うこと（saying）よりも行うこと（doing）として見るべきだという転換がなされたことは、語用論において重要な意味を持っている。また、発話が働きかける力（聞き手への働きかけとは限らず、世界への働きかけや、世界とことばの一致なども含む）を持つとみて、発話内力という概念を整理したことは、のちにサールが発展させた発話内目的などの概念、発話の適切性条件などの枠組みとあわせて、分析に深みを増すものとなった。

オースティンやサールの枠組みは、半世紀以上前に提唱されたこともあって、古典的語用論と見なされる場合もある。だが、「推意」という観点からの説明や、文脈要素を含めて分析すること、文型やモダリティといった文法との関係、個別言語の現象と言語普遍の現象の整理など、まだまだ発展させるべきテーマは数多く残っている。その広がりは、言語行為論の研究が、現代的語用論や先端的語用論へと展開していくことを期待させる。

練習問題

下記の（1）の一節は、イギリスの小説家K. エイミスがあるパーティーで当時のイギリス首相M. サッチャーに、その日上梓したばかりの小説*Russian Hide-and-Seek*を謹呈した際のやりとり、（2）は内田百閒「無恒債者無恒心」の一節で、百閒が森田草平（文中では「大人《たいじん》」）に借金を申し込む場面（表記は一部変更）である。

（1） ‘What’s it about?’ she asked after thanking me.
‘Well, in a way it’s about a future Britain under Russian occupation,’ I said.
‘Huh!’ she cried. ‘Can’t you do any better than that? Get yourself another crystal ball!’…
（Kingsley Amis, *Memoirs*, p. 318）

(2)「いらっしゃい」と大人《たいじん》は妙な顔をしている。惘《もう》然たる裡《うち》に、警戒の色を蔵す。「今日《こんち》は。どうも怒られそうだけど」「何です」「お金を貸して下さいませんか」「金はありませんよ」「度度《たびたび》の事ですみませんが、大家が八《や》釜《かま》しいもんですから」「大家がどうしたんです」…

(『ちくま日本文学全集　内田百閒』p. 353)

問 1　(1) の下線部はサッチャー首相から筆者への発話である。この発話を、言語行為として発話内力に着目しながら分析してみよう。

問 2　(2) の下線部は理由の接続助詞「から」で終わっている従属節で、主節のない形式（いわゆる言いさし文）になっている。この部分を、言語行為として発話内力に着目しながら分析してみよう。

問 3　(2) の下線部の直前（波線部）では、百閒の借金の申込みを森田は拒絶しているが、にもかかわらず百閒はそれを受け入れていない。このやりとりから 2 人の関係を推定してみよう。

文献案内

📖 Austin, John L.（1962）*How to Do Thing with Words*. Oxford: Oxford University Press（坂本百大（訳）（1978）『言語と行為』大修館書店／飯野勝己（訳）（2019）『言語と行為：いかにして言葉でものごとを行うか』講談社）: 1955 年にオースティンが行った講演をもとに、死後に刊行された論文集。言語行為論はここから始まったと言って過言ではない。言語行為・発話内行為・発話媒介行為などの基本的枠組みやアイデアなどが荒削りではあるが示されている。

📖 Searle, John. R.（1969）*Speech Acts: An Essay in Philosophy of Language*. Cambridge: Cambridge University Press（坂本百大・土屋俊（訳）（1986）『言語行為：言語哲学への試論』勁草書房）: J. サールの初期の論考である。言語行為論の枠組みを知る上では重要な一冊で、発話内行為を中心にオースティンの理論を精緻化したところがある。その後の *Expressions and Meaning: Studies in the Theories of Speech Acts*（1979）や、*Foundations of Illocutionary Logic*（1985, Daniel Vanderveken との共著）などを読むと、変遷と変異がわかりやすい。

引用例出典

Kingsley Amis（1991）*Memoirs*. London: Penguin Books.

内田百閒（1991）『ちくま日本文学全集　内田百閒』東京：筑摩書房.

第7章 関連性理論

本章のポイント

- 関連性は認知効果と処理労力によって定義される。
- 不十分な情報しか記号化していない発話から、聞き手は関連性を求めて話し手が伝えようと意図した意味（明意・暗意）を推論する。

1 関連性理論とは

次の文 (1) の意味を考えてみよう。

(1)　これはかえないな。

日本語が理解できるなら、(1) の「これ」は「何か物や事」を指し、「かえない」を見れば「買えない／飼えない／変えない／替えない」などのいずれかの意味であるということは簡単にわかるはずだ。しかし、「これ」が具体的に何を指していて、「かえない」が複数の意味のうちのどの意味で使われているのかは、この文を見ただけでは判断のしようがないだろう。

それでは (1) に対して (2a, b) の文脈が与えられたらどうだろうか。

(2)　a. 文脈$_{\mathrm{i}}$：息子の太郎が 10 万円もする自転車をねだっている。
　　 b. 文脈$_{\mathrm{ii}}$：娘の花子が子猫を拾ってきた。

そうすると、(2a) の文脈では「10 万円の自転車」を「買えない」、(2b) では「子猫」を「飼えない」と (1) の話し手は言っているのだとすぐに理解できる。さらに、(2a) では「もっと安いのにしなさい」、(2b) では「拾った所に戻してきなさい」といったことも暗に伝えているのではないかと想像できるだろう。またこれが実際の発話であれば、声の調子から、「10 万円の自転車は買えないと困っている」、「子猫を飼えなくてすまないと思っている」のような話し手の気持ちまで読み取れるかもしれない。

この例が示すように、実際に話し手が伝える意味という観点からすれば、発話が言語的に記号化する意味は非常に不十分なものでしかない。しかし (2) のように文脈が与えられると、私たちは話し手の意図した意味を自然に解釈することができるのである。Sperber and Wilson (1986/1995[2]) が提案する**関連性理論** (Relevance Theory) は、そういった普段私たちが行っている発話解釈のしくみの解明を目指した理論である。言い換えれば、不十分な情報しか記号化していない発話から、聞き手はどのように話し手の意図した意味を推論しているのかを説明しようとしているのである。

2 関連性と発話解釈

それでは関連性理論の中核をなす**関連性** (relevance) という概念について見ていくことから始めよう。Sperber and Wilson (1986/1995[2]) は、関連性理論における「関連性」を認知効果と処理労力によって定義している。

認知効果

認知効果 (cognitive effect) は、発話によって聞き手の想定 (≒考え) が改善されるときに生じる。その改善には、ある発話が聞き手の (i) 既存の想定を支持し強化する場合、(ii) 既存の想定と矛盾しその想定を放棄させる場合、(iii) 既存の想定と結びついて**文脈含意** (contextual implication) を導く場合がある。それぞれについて見ていこう。

まず授業の前に友人から (3) の噂を聞いたとする。

(3) 友人：来週テストがあるらしいぞ。

この発話から得られた新情報「来週テストがあるらしい」は、噂レベルの話なので確定的なものではないが、聞き手の想定の一部となる。そして授業が始まり先生が「来週テストをします」と言ったとしよう。そうするとその先生の発話は、聞き手が持っている「来週テストがあるらしい」という不確かな想定を確定的なものに変えてくれるだろう。このように聞き手が持っている想定を強化する発話には、認知効果があるとされる。

それでは (3) の噂を聞いたあとに、先生が「これからテストをします」と言ったとしたらどうだろうか。今度は聞き手が持っている「来週テストがあるらしい」という想定が、先生の発話内容と矛盾することになる。しかしどちらがより確かな情報かといえば、テストに関することなので、もちろん先生の言うことの方だろう。そのため聞き手は「来週テストがあるらしい」という想定を放棄することになるのだ。このように聞き手が持っている想定と矛盾し、その想定を放棄させる発話には、認知効果があるとされる。

または (3) の噂を聞いて、「来週テストがあるなら、週末は遊びに行けない」と考えたとしよう。そして授業中に先生が「来週テストをします」と言ったとすると、聞き手はその発話と自分が持っている「来週テストがあるなら、週末は遊びに行けない」という想定を結びつけて、「週末は遊びに行けない」という結論を引き出すだろう。このように発話と聞き手の持っている想定が結びついて引き出される結論を文脈含意と言い、文脈含意を導く発話には認知効果があるとされる。

以上のように、ある発話が聞き手の持っている想定と相互作用して認知効果を生む場合、その発話はその文脈において関連性があり、認知効果が大きければ大きいほど関連性は高いと定義される。

処理労力

上で認知効果を生む発話には関連性があるとしたが、認知効果の面だけで関連性を捉えたのでは不十分な場合がある。(3) の発話から得られた「来週テストがあるらしい」という想定との相互作用の観点から、以下の発話 (4a-d) を比較してみよう。

(4) a. 先生$_{i}$：来週テストをします。
b. 先生$_{ii}$：これから 168 時間後にテストをします。
c. 先生$_{iii}$：来週テストをしないということはありません。
d. 先生$_{iv}$：来週テストをしますが、今日は息子の誕生日です。

(4) のいずれの発話も、(3) から得られた想定を強化するので認知効果があると言える。つまり認知効果の面では (4) のどの発話の関連性も等しいことになるのだ。しかし聞き手としては、これらのうち (4a) のような言い方をしてもらえると最もありがたいはずである。

こういった違いを説明するために、関連性の定義に**処理労力** (processing effort) という概念が導入されている。処理労力とは発話を処理する際に要する心的な労力のことで、処理する発話の言語的・論理的な複雑さや、解釈に用いる文脈を呼び起こす容易さなどが影響する。そうすると (4) の発話はどれも同じ認知効果を持つが、処理労力は (4a) が一番小さいと言えるだろう。なぜなら (4a) に比べ、(4b, c) は言語的・論理的に複雑であり、(4d) には (3) から得られた想定とは相互作用しそうにない「今日は先生の息子の誕生日である」という余計な情報が含まれているからである。

以上の認知効果と処理労力から、関連性は次のように規定される。

(5) a. 他の条件が同じであれば、認知効果が大きければ大きいほど関連性は高い。
b. 他の条件が同じであれば、処理労力が小さければ小さいほど関連性は高い。

関連性の原理と解釈手順

ここまで見てきた認知効果と処理労力に基づき、関連性理論では、不十分な情報しか記号化していない発話から、聞き手は関連性を求めて話し手の意図した意味を推論すると考えている。それでは、どの程度の関連性を期待して聞き手は推論を行うのだろうか。もちろん最小の処理労力で最大の認知効果を生むような、最大の関連性のある解釈が得られるならそれに越したことはない。しかし実際の発話からはそういった解釈は望めないだろう。なぜなら発話には、話し手の「能力」と「選択」という２つの要因が関わってくるからである。つまり、聞き手に対して話し手が、最もわかりやすいように伝えることができる (＝能力) とは限らないし、最大の関連性のある情報を与えられないような状況 (＝選択) もありえるのだ。

そこで関連性理論では、聞き手は発話から最大の関連性は期待できないかもしれないが、「発話は聞き手がそれを処理する労力に見合うだけの関連性を持っている」、「発話は話し手の能力と選択が許す範囲内で最も高い関連性を持っている」という**最適な関連性の見込み** (presumption of optimal relevance) は期待できるとする。そしてこの見込みに基づき、発話解釈を支える原理として（6）の**関連性の伝達原理**（Communicative Principle of Relevance）が提案されている（Sperber and Wilson 1995: 260）。

（6）　すべての発話は、それ自身の最適な関連性の見込みを伝達する。

この原理が明らかにしているのは、発話をするということはそれ自体、聞き手にとって認知効果のある情報が、解釈のために不必要な処理労力を払うことなしに得られますよ、と言っていることにほかならないということである（今井 2015: 62）。そういった保証があるので、聞き手は発話解釈の際に少ない処理労力で注意を払うのに値する関連性を求めて推論を始め、そして処理労力に見合う関連性が得られたところで解釈をストップし、その解釈が話し手の意図したものだと判断するのである。このことから、話し手の意図した意味を見つけるために聞き手がたどる手順としてまとめられたのが、（7）の**関連性理論に基づく解釈手順**（relevance-theoretic comprehension procedure）である。

（7）　a. 認知効果を計算するのに処理労力が最小になるような道をたどり、接近可能な順序で解釈を吟味する。
　　　b. 関連性の期待が満たされたら（または満たされなければ）、そこで解釈を打ち切る。

ここで重要なのは、この手順は無意識的・自動的に、そして瞬時に機能し、発話の明示的意味・非明示的意味を解釈するための推論や、文脈の選択といった発話解釈のすべての側面に適用されると関連性理論は考えているという点である。それではこの手順に沿って、どのように話し手の意図した意味が復元されるのか、明示的意味の解釈から見ていくことにしよう。

3 明意の解釈

関連性理論では、「発話によって話し手が伝えようと意図した明示的意味」を**明意**（explicature）と呼ぶ。明意は「言語的に記号化された意味を推論によって発展させたもの」とされるが、聞き手はどのように「発展」させるのだろうか。明意の解釈に関わる4つの推論作業（曖昧性の除去・飽和・自由拡充・アドホック概念形成）について見ていこう。

明意解釈のための4つの推論作業

以下の例で、明示的意味がどのように解釈されるのか考えてみよう。

(8) a. He went to the bank.
 b. Flying planes can be dangerous.
 c. I met her the previous day, just here. (Allott 2010: 4)

まず（8a, b）の発話には、複数の意味を持つ言語形式が含まれているという点に注目してもらいたい。たとえば（8a）のbankという語には「銀行／土手」という2つの意味があり、（8b）のFlying planesは「飛んでいる飛行機／飛行機を飛ばすこと」という2通りの解釈が可能なのである。こういった曖昧な表現がどちらの意味で用いられているのかを確定しないと、話し手の意図した明示的意味を理解したことにはならないだろう。そのため聞き手は、その文脈で関連性のある解釈を求め、（7）の解釈の手順に沿って複数の意味から1つの意味を選ぶことになるのである。この推論作業を**曖昧性の除去**（disambiguation）と言う。

ただし（8a）では、bankの意味を確定しただけでは明意が完全に解釈できたとは言えない。なぜならHeが誰なのかわからないからである。したがって聞き手は、Heが具体的に誰を指すのか**指示付与**（reference assignment）も行わなければならない。指示付与が必要となる代表例として、（8c）にあるような、人（I, her）、時（the previous day）、場所（here）などに関する指示表現が挙げられる。この指示付与のための推論も発話の関連性を求めて進められるのである。

グライス語用論（→ 第2章）では、発話によって記号化された意味に、曖昧性の除去と指示付与さえ行えば、その発話の明示的意味（グライスの用語では**言われた事柄**（what is said））が得られるとしている（Grice 1989）。この主張は以下のような例にも当てはまるだろうか。

(9) a. 彼女の大学のレベルは高い。［彼女とどういった関係にある大学か？]

b. それ同じだよ。[何と同じか？]

c. He is too young. [for what?] (Carston 2002: 22)

グライスの主張に反して、これらの例では「彼女」、「それ」、He に指示付与するだけでなく、[　] 内に示した情報を補わなければ話し手の意図した明示的意味が理解できたことにはならない。たとえば (9a) では、話し手が言いたいのが「(彼女) の通っている大学／教えている大学／運営している大学…」なのかも把握しなくてはならないのだ。(9b, c) についても同様に、たとえば「(それ) は私が持っている服と同じだ」とか、「(彼) は学部長になるには若すぎる」といった内容を文脈から補う必要があるだろう。関連性理論では、(9) の [　] 内に挙げたような内容を確定するための推論と、指示付与の２つをあわせて**飽和** (saturation) と呼んでいる。両者に共通するのは、真偽を問える命題を完成するために、発話で使用されている言語表現が求める要素を推論によって充填するという点である。

明意解釈のための推論作業として、「曖昧性の除去」と「飽和」があることを述べたが、必要なのはそれだけではない。たとえば次の (10) では、明意を解釈するためには何らかの要素を補う必要がある。どういった内容をなぜ補うことになるのか考えてみよう。

(10) a. あの授業の予習には時間がかかる。

b. あそこはお城以外に見るところはないよ。

たとえば (10a) の「あの授業」に「語用論の授業」、(10b) の「あそこ」に「愛媛県松山市」と指示付与 (飽和) だけを行って得られる意味では、話し手は、当たり前のこと (＝10a) であったり、明らかに偽であること (＝10b) しか明示的に言っていないことになってしまう。なぜなら、授業の予習をするには (たとえ１分であっても) 時間がかかるのは当然のことであるし、松山市にはお城以外にも見て回る場所はたくさんあるからだ。そうすると、そういった解釈では聞き手にとって関連性があるとは言いがたいだろう。そのため聞き手は、その文脈で関連性のある解釈を求めて推論を行い、たとえば (10a) では「語用論の授業の予習には思っている以上に／他の授業に比べて時間がかかる」、(10b) では「お城以外に見る価値のあるところはない」といった明意を復元するのである。この推論プロセスを**自由拡充** (free enrichment) と言う。飽和も自由拡充も (7) の手順に基づく推論によって何らかの要素を文脈から補うことであるが、飽和では言語表現が求める要素を補うのに対し、自由拡充は関連性のある解釈を得るためという語用論的な理由のみによって行われるというところに違いがある。

明意を解釈するための 4 つ目の推論が**アドホック概念形成** (ad hoc concept construction) である。これは発話で用いられた語の意味を解釈する際に行われる推論で、記号化された語彙概念が文脈に合うように語用論的に調整されることを指すのだが、詳しくは第 5 節で扱うことにする。

高次明意

上で挙げた 4 つの推論作業が、基本的には明意解釈のための「発展」に含まれるのだが、話し手がそれ以上のことを明示的に伝えようとする場合もある。次の (11b) と (13) の例で考えてみよう。

(11) a. Peter: Can you help me?
　　 b. Mary (sadly): I can't. (Wilson and Sperber 1993: 5)

(12) a. Mary can't help Peter to find a job.
　　 b. Mary is sad / regrets that she (=Mary) can't help Peter to find a job.

(13) John: I will give up. (Allott 2010: 73)

(14) a. John will give up smoking.
　　 b. John is promising that he (=John) will give up smoking.

(11b) が仕事を探しているピーターに対する発話だとすると、メアリーは (12a) の明意だけでなく、(12b) のように「手伝えなくて悲しい／残念に思う」といったことも伝えようとしているかもしれない。また、禁煙を決意したジョンが妻に (13) を言ったのなら、妻は (14a) の明意に加え、(14b) のように「禁煙すると約束している」のだと受け取るだろう。

それではこれらの解釈はどのように捉えればよいだろうか。(12b) と (14b) を見れば、それぞれ Mary is sad / regrets といった命題態度や、John is promisingのような言語行為を表す表現の下に、明意（12a）と（14a）が埋め込まれているのがわかるだろう。関連性理論では、命題態度や言語行為の記述に明意を埋め込むことも、明意の定義にある「発展」に含まれるとし、そういった内容を話し手が伝達しようと意図しているのであれば、それらを**高次明意**（higher-level explicature）と呼ぶ。そして、曖昧性の除去・飽和・自由拡充・アドホック概念形成の４つの推論作業によって復元される明意と高次明意を区別する場合、前者は**基礎明意**（basic-level explicature）と呼ばれる。つまり、（11b）は基礎明意（12a）と高次明意（12b）を、（13）は基礎明意（14a）と高次明意（14b）を伝達しているのである。

高次明意が解釈に適用される例に**アイロニー**（irony）がある。伝統的にアイロニーは、言っていることと反対の意味を伝える修辞表現とされてきた。たとえば、親友だと信じていた佐藤一郎に裏切られた話し手が、一郎に（15）のように言ったとしよう。

（15）お前は本当にいい奴だよ。
（16）佐藤一郎（＝お前）は本当にいい奴だ。
（17）佐藤一郎は本当にいい奴だと主張する／考えるのは馬鹿げている。

（15）にある「お前」に「佐藤一郎」と指示付与（飽和）をすれば、（16）のような内容が得られる。しかし話し手が伝達しようとしているのは、（16）に対してあざけるような乖離的態度を表した（17）のような高次明意であって、（16）ではないという点に注意が必要である。そのため（16）は（15）の**表出命題**（proposition expressed）であるが基礎明意ではない。なぜなら本節の冒頭で述べたように、明意は話し手が伝えようと意図した意味でなければならないからだ。

4 暗意の解釈

発話によって話し手が伝える意味には非明示的なものもある。関連性理論では発話の非明示的意味を**暗意**（implicature）と呼び、「話し手が伝えようと意図した意味のうち、明意以外のもの」と定義している。グライス語用論でも非明示的意味に対してimplicatureという同じ用語（訳語としては「推意」→ 第２

章）が使われるが、グライス語用論と関連性理論では非明示的意味の捉え方が異なるため、ここでは「暗意」という訳語を用いることにする。

暗意された前提と暗意された結論

次の例で、大学生の太郎は何を非明示的に伝えようとしているだろうか。

(18) a. 花子：今晩、飲み会があるけど来ない？
　　b. 太郎：俺、明日テストがあるんだよ。

(18b) で太郎は、飲み会に参加するともしないとも言っていない。しかしこの発話を聞いた花子はすぐに (19) のように推論し、太郎はテスト勉強をするため飲み会に参加しないと理解するだろう。つまり、(18b) から復元される明意 (19a) と、テストに関してすぐに思いつくような想定 (19b) を前提に、結論として (19c) を引き出したのである。

(19) a. 太郎（＝俺）は、8 月 9 日（＝明日）にテストがある。
　　b. テストの前日は勉強をするため飲み会に参加しない。
　　c. ∴ 太郎は今晩の飲み会に参加しない。

太郎は (18b) の返答でことばにはしていないが、(19c) だけでなく、参加できない理由 (19b) も花子に伝えようと意図しているだろう。このことから関連性理論では両者とも (18b) の暗意と捉え、(19b) を**暗意された前提** (implicated premise)（第 2 章の「前提」とは異なる）、(19c) を**暗意された結論** (implicated conclusion) と呼ぶ。前節で見た通り、明意は言語的に記号化された意味を推論によって発展させたものであるが、この例が示すように、暗意は推論のみによって得られるところに明意との違いがある。

暗意を解釈するための推論も (7) の手順に沿って関連性を求めて進められるが、ここで重要なのは、発話解釈の際には明意・暗意・文脈想定の**相互並行調整** (mutual parallel adjustment) が行われていると関連性理論は主張しているという点である。つまり、聞き手は関連性のある解釈を求めて推論するのであって、まず記号化された意味から明意を復元し、そして暗意を引き出すという順序で必ずしも解釈を行うわけではないのである。これは、明意よりも先に暗意が解釈されたり、それらが同時に復元されたりするということを意味する。たとえば（18b）を聞けば、（19a）の明意よりも（19c）の暗意のほうが先に頭に浮かぶのはそのためである。

上で挙げた暗意された前提（19b）は、大学生なら誰でも持っているような想定であり、知識や記憶から呼び起こすことができるものだろう。一方、暗意された前提がその場で新たに作り出されることもある。次の（20）が、次郎は鈴木先生が本を書いたのを知っているが、どんな本かは知らないという文脈での会話だとしよう。そういった場合でも、次郎は良子の発話を聞いてその明意を復元するとともに、関連性のある解釈を求めて暗意された前提（21a）をその場で作り出し、暗意された結論（21b）を導くだろう。

（20）a. 次郎：鈴木先生が書いた本読んだ？
　　 b. 良子：私、自叙伝は読まないの。
（21）a. 暗意された前提：鈴木先生が書いた本は自叙伝である。
　　 b. 暗意された結論：良子は鈴木先生が書いた本を読んでいない。

暗意の強弱

ここまで見てきた暗意には、話し手が意図したものだと特定できるようなものとそうでないものとがある。この違いを見るために、次の（22）がある詩人Xに対する批評だとして、その話し手が伝えようとする暗意と、上で見た（18b）の太郎の発話の暗意を比較してみよう。

（22）His ink is pale.　　(Sperber and Wilson 1986/1995[2]: 237)
（23）a. X's writing lacks contrasts.
　　 b. X's writing may fade.
　　 c. There is something weak about X's poetry.
　　 d. X's writing will not last.
　　 e. X does not put his whole heart into his work.

（22）は（23a-e）に挙げるような複数の暗意を伝達している可能性があり、どれか1つだけを話し手が意図したものだと特定することはできないだろう。こういった暗意を**弱い暗意**（weak implicature）と言う。一方（18b）が伝える暗意の解釈はさほど難しくない。「テストの前日は勉強をするため飲み会に参加しない」というごく一般的な想定に基づく前提と、「飲み会に参加しない」という結論が暗意として解釈され、それ以外の暗意を話し手が伝えている可能性はほぼないからである。このように1つに特定できるような暗意は**強い暗意** (strong implicature) と呼ばれる。

5 アドホック概念形成

第3節でも触れたが、関連性理論は語の意味の解釈にも推論が関わるとし、関連性を求めた (7) の手順を通して、明意解釈の一部として記号化された語彙概念が調整されると考えている。そういった語用論的調整には、文脈に応じて記号化された概念を縮小して解釈する**語彙概念の狭め** (lexical narrowing) と、拡張して解釈する**語彙概念の緩め** (lexical broadening) があり、その結果としてその場その場で (= ad hoc) 形成される概念を**アドホック概念** (ad hoc concept) と呼ぶ。さらに、語彙概念の語用論的解釈を扱う領域として**語彙語用論** (lexical pragmatics) も提案されている。

なお以下の説明では、記号化された概念と区別するために、アドホック概念を、英語の例では CONCEPT* / CONCEPT** のように概念を大文字にしてアスタリスクを付け、日本語の例では [概念]*／[概念]** と表記する。アスタリスクの数の違いは異なるアドホック概念であるということを示す。

語彙概念の狭め

それでは語彙概念の狭めから見ていこう。次の (24) は、発話で用いられた語の意味が、より特定的な意味に狭められて解釈される例である。

(24) a. I want to meet some *bachelors*. (Carston 2002: 324)
b. カーテンを／ドアを／口を／ボトルの栓を／箱を開ける。
c. 太郎は男だ。 (井門 2017: 112)

たとえば (24a) が結婚を考えている女性の発話だとすれば、「誰でもいいから独身の男性に会いたい」ということではなく、「結婚相手としてふさわしい独身の男性に会いたい」と話し手は言っているのだと聞き手は理解するだろう。つまり、bachelor という語が記号化する「独身の男性」の意味を、文脈に合わせて「結婚に適した年齢で、話し手の好みに合うような独身の男性」といった意味にまで狭めて解釈するのである。なぜならその狭められたアドホック概念 BACHELOR* を含む明意が、たとえば聞き手の持っている「話し手は結婚したがっているようだ」という想定を強化したり、「話し手は BACHELOR* の特性を備えた人を紹介してほしいと思っている」といった文脈含意を導くことで、関連性のある解釈となるからである。次の (24b) からは、動詞「開ける」を用いて様々な開け方を表すことができるのがわかる。これらの解釈についても、何に対して「開ける」という語が使われているのかによって、それぞれの文脈に合った特定的な開け方へと狭められたアドホック概念が形成されていると考えられるだろう。最後の (24c) にある「男」という語を記号化された意味のままで解釈すると、話し手は「太郎は男性である」というわかり切ったことしか言っていないことになってしまう。そういった自明な解釈では関連性があるとは言えないだろう。そのため聞き手は関連性のある解釈を求め、文脈に応じてある特定の性質を持つ [男]* に狭めて解釈することになる。その結果、「太郎は決断力のある男／勇気のある男だ」といった明意が復元されるのである。

語彙概念の緩め

概念が狭められる (24) とは対照的に、以下の (25) では、ある語がその記号化する意味には本来含まれないような意味で用いられている。

(25) a. 丸い団子／三角の屋根／楕円形の皿
　　b. I am *starving*. (Allott 2010: 88)
　　c. He *Houdinied* his way out of the closet. (Wilson 2004: 346)

「丸／三角／楕円」といった幾何学用語は、厳密な定義を持った概念である。しかしそれらが (25a) では、大まかな形を表す**概略表現** (approximation) として用いられている。これと同じような例として、たとえば「日光は東京の北 150 キロのところにあり、新宿から電車で 2 時間かかります」と観光案内にあれば、これらの方角・距離・時間は大まかなものだと考えるのが普通だろう。つまりこういった例では、厳密な定義を持つ概念が、その周辺部へわずかに緩められて解釈されるのである。次の (25b) の発話は、本当に飢え死にする人が言うことももちろんありえる。しかし餓死するほどではないが、それに近い状態の人が言っているのであれば、記号化された starving の概念を少しだけ拡張した概略表現の STARVING* として解釈されるだろう。または、ちょっとお腹がすいた程度の状態を大げさに言っているだけなら、さらに拡張された STARVING** が復元される。そうするとこの発話は、文脈によって、文字通りの意味、概略表現、**誇張法** (hyperbole) のいずれにも解釈できるということになる (この点については以下で (27) の例を通してさらに検討する)。(25c) では、奇術師の名前である Houdini (フーディーニ) が動詞として用いられている。もし聞き手が「脱出王」として有名な奇術師のフーディーニを知っているなら、この**新造語** (neologism) の意味を理解するのはさほど難しくないはずである。聞き手は文脈に合わせて元の意味を拡張し、「うまく抜け出した」といった動詞としての新たな意味を推論することができるだろう。

アドホック概念形成と修辞表現

アドホック概念形成という推論作業は、(26) のような**メタファー** (metaphor) (→ 第 8 章) をはじめとした修辞表現の解釈にも適用される。

(26) 三郎は王様だからなぁ。 (井門 2017: 116)

この発話が、あるサッカーチームの中心選手として、自己中心的なプレーをする三郎を批判してなされたものだとしよう。その場合、実際には王様でない三郎に対して「王様」という語がメタファーとして用いられているので、「国王」や「君主」といったその文字通りの意味を緩めて解釈されるだろう。それに加え、この例では概念の狭めも同時に行われていると考えられる。なぜなら、王様の中には権力を持たない象徴的な存在の王様や、国民のことを思って尽力してくれる心優しい王様もいるが、この文脈ではそういった意味で三郎のことを「王様」に喩えているわけではないからだ。そうすると、王様が持つ特性の中でも特に「絶対的な権力を持つ」や、「自分のやりたいように権力を行使する」といったものに狭められていると言えるだろう。つまり「王様」の概念の絞り込みを行いながら、文字通り「王様」ではない人も含むようにその概念を拡張することによって、「チーム内で絶対的な権力を持つ選手」や、「自分のやりたいようにプレーする選手」といった意味を表す［王様］*が形成されるのである。この例が示すように、メタファー解釈の際には、1つの語彙概念に対して狭めと緩めの両方が適用されることになる。そうして構築されたアドホック概念を含む明意の解釈と並行して、「試合中は三郎の指示通りに動かなくてはならない」や、「三郎のやり方には口を出せない」といった暗意も引き出されるのである。

さらに、これまで個別の表現方法として扱われてきた、文字通りの意味、概略表現、誇張法、メタファーについて、アドホック概念の観点から統一的な説明が可能になることも指摘されている。次の（27）が（28a-d）の文脈で発話されたとしよう。そうすると、（28a）の文脈ではboilingという語が文字通りの意味で用いられているが、（28b-d）の文脈ではその意味が緩められ、それぞれ異なったアドホック概念として解釈されるだろう。

（27）The water is boiling. （Wilson and Carston 2007: 248）

（28）a. 文脈$_{\mathrm{i}}$：熱湯に温度計を入れてみると100℃を指した。
b. 文脈$_{\mathrm{ii}}$：火にかけたやかんから湯気が出始めた。
c. 文脈$_{\mathrm{iii}}$：風呂に入ろうとして湯船に足をつけた。
d. 文脈$_{\mathrm{iv}}$：会議で議論が白熱してきた。

つまり、（28b）では「100℃に近い温度」を表す概略表現としてわずかに緩められたBOILING*が、（28c）では「風呂の温度としては熱すぎる」という誇張表現としてのBOILING**が、（28d）では白熱した議論をお湯が沸き立つ様子に喩えたメタファーとしてさらに拡張されたBOILING***が形成されるのである。このことから、文字通りの意味、概略表現、誇張法、メタファーは、それぞれ個別の用法ではなく連続体を形成していると考えられる。つまりこれらの意味や用法の違いは、それぞれの文脈で関連性のある解釈を求めた結果として生じたものだと捉えることができるのである。

練習問題

問１　以下の例（1, 2）に対してそれぞれ文脈を設定し、その文脈で話し手がどのような明意や暗意を伝達しようとしているのか考えてみよう。

問 2　［問 1］で答えた明意や暗意が、それぞれの文脈でどのように関連性があるのか考えてみよう。

問 3　［問 1］で答えた明意や暗意の解釈過程にはどのような推論作業が関わっているのか考えてみよう。

（1）The north island is some distance from the south island.

（Carston 2002: 26）

（2）あいつは怪物だ。

文献案内

- Sperber, Dan and Deirdre Wilson（1986/1995[2]）*Relevance: Communication and Cognition.* Oxford: Blackwell（内田聖二ほか（訳）（1999）『関連性理論：伝達と認知』研究社）：関連性理論の基盤をつくったバイブル的な本であり、関連性理論の基本的な考え方が詳しく解説されている。
- Carston, Robyn（2002）*Thoughts and Utterances: The Pragmatics of Explicit Communication.* Oxford: Blackwell（内田聖二ほか（訳）（2008）『思考と発話：明示的伝達の語用論』研究社）：関連性理論の観点から、発話の明示的意味の語用論的解釈を中心に、and 連言文、否定、アドホック概念形成といったテーマを扱っている。
- 今井邦彦（編）D. ウィルスン・T. ウォートン（著）（2009）『最新語用論入門12章』大修館書店：関連性理論の創始者の 1 人である Deirdre Wilson がロンドン大学で行った講義の講義録をもとにした入門書。グライス語用論との比較から語彙語用論まで、関連性理論での議論が取り上げられている。

第8章　認知言語学と語用論

本章のポイント

- 言語の特性を一般的認知能力の面から説明する言語学を認知言語学という。
- 認知言語学は、いくつかの点で語用論と共通点があり、研究上の接点も多い。

1 認知言語学とは

言語の特性を一般的認知能力の面から説明する言語研究の枠組みを**認知言語学**(cognitive linguistics)という。私たちは、様々な物や出来事を知覚して分類したり対比させたり、それらを互いに関連づけて理解したり、関係を推理したりする。認知言語学では、そのような一般的な知覚、認識、思考の特性が、言語の語彙や文法に反映していると考える。これは1980年代に主に意味の研究に基づいて登場した言語研究の流れであり、現在では、音韻論、形態論、文法論、意味論など多くの分野にわたって研究が進められている。その中でも特に意味論(認知意味論)は、語用論研究と多くの共通点や接点がある。

言語が一般的認知能力の反映と考える認知言語学は、言語を一般的認知から独立したものとして捉えるN. チョムスキー(Noam Chomsky)らの生成文法の考え方と対立する形で始まったものである。語用論も、文脈から独立した文を研究対象とするチョムスキーの言語観と対立的な立場を取って発展してきた。その意味で、認知言語学と語用論は、異なる側面からチョムスキー理論に代わる言語研究を提案してきたことになる。

本章では、認知言語学とはどのような研究分野かを概説し、語用論との共通点や、研究上の接点について解説する。

2 認知言語学の考え方

認知言語学においては、意味論と語用論を明確に区別しない。この両者の関係について伝統的に言われてきたのは、意味論では、語や文という表現形式が表す意味を文脈から独立した形で研究するのに対して、語用論では、語や文などの表現形式を使って、文脈の中で話者がどのような意味を聴者に伝えようとしているかを研究するということである。つまり、伝統的な意味論は形式と意味の関係のみを考察するのに対して、語用論は話者と聴者、そして文脈を考察しつつ、形式と意味を考えるというのである。

しかし、認知言語学では、意味論をそのように狭くは捉えない。特定の状況の中で、概念化者（認識主体）である話者が（ほぼ）共通の認識を持つ聴者に対して、描写対象をどのように捉えて描き出すかを考察する。認知言語学における意味研究は、従来の意味論の狭い領域を超えて、語用論の領域とされていた領域にまで広がっている。

認知言語学は、言語だけ、あるいは言語と指示世界だけを見ることでは言語表現は理解できないと考える。語彙や文法の性質を理解するためには、それらの表現が指している対象について概念化者がどのような認識を持っているのかを考えなければならないと考えるのである。この概念化者の役割を重視することこそが、認知言語学の大きな特徴である。

では、言語において概念化者はどのような役割を果たしているのであろうか。まず、言語表現の意味は概念化者の行う**概念化**（conceptualization）に基づいている。これは次のことからわかる。同じ出来事に接しても、それをいくつかの異なる表現で言い表すことができる（Langacker 1987, 1990）。たとえば、火山の爆発という出来事は、英語で（1a）のような文でも、（1b）のような名詞句でも表現できる。

（1） a. The volcano erupted.
　　 b. the eruption of the volcano

（1a）では爆発をプロセスとして捉えて表現しており、（1b）ではその出来事をモノとして捉えて表現している。このように、同じ出来事を複数の表現で表すことができるという事実は、言語表現の意味が、客観的な状況を反映しているのではないことを示している。概念化者がどのように出来事を捉えているかによって、表現が変わるのである。

以下では、このような認知言語学の研究の中から、単語などの表現の意味に関する研究と文法に関する研究を紹介し、語用論研究との関連性を見ていく。

3 カテゴリー化とプロトタイプ

認知言語学において重要な概念に**カテゴリー化**（範疇化；categorization）がある。たとえば、私たちが生きる世界には様々な動物がいるが、私たちはそれらの間に類似性と差異を見出して、様々な種類にまとめたり分けたりしている。このまとめたり分けたりするという作業によって、カテゴリーを作っているのである。1 つひとつの語の意味は、このカテゴリー化の産物であり、それによって、語彙の体系が成立している。

認知言語学では、このようなカテゴリー化がどのような性質を持っているかを考察する。その中で明らかになっているのが、カテゴリーは典型性を持ち、**プロトタイプ**（典型例；prototype）を中心に構成されているという点である（Lakoff 1987）。

たとえば、bird という語のカテゴリーを考えてみよう。bird と呼べるものには、典型的な bird とそうでないものがある。もし、英語話者に何が最も bird らしい bird かと聞くなら、一番多く得られる答えは、アメリカではコマツグミ、イギリスではコマドリである。それに対して、ダチョウやペンギンは bird らしくない bird と判断される。つまり、bird という語のカテゴリーのメンバーには典型的なものとそうでないものがあるのである（Rosch 1975）。

では、何がその典型性を決めているかというと、それは〈空を飛ぶ〉〈木の枝に止まる〉〈きれいな声で鳴く〉などの要因である。これらは、bird であることにとって必須の特性ではない。空を飛ばなくても、木の枝に止まらなくても、きれいな声で鳴かなくても、bird と呼べるものは存在する。先ほどのダチョウやペンギンがそうである。しかし、これらの要因は典型性を決める重要な役割を果たしている。

プロトタイプのもう 1 つの例として、日本語の**類別詞**の 1 つである「台」を考察してみよう。類別詞とは、事物を数えるのに使われる「2 本」「3 台」

「4匹」などの「本」「台」「匹」などである。この1つひとつの類別詞は典型例を中心としたカテゴリーを作っている（松本 1991）。

様々な物体を「台」で数えられるかどうかを考えてみると、容認度に程度差があることに気がつく。たとえば「自動車一台」は表現として問題ないが、「壁時計一台」は完全にだめとはいえないものの、かなりおかしい。このような調査から、何が「台」の代表例かを考えると以下のようになる。「台」は自動車、バスなどの乗り物をプロトタイプとする。次に典型的なものはテレビやコンピューターなどの高度な機械類である。乗り物でも、船や飛行機では「台」の容認度が落ちる。また機械類の中でも卓上ライトなど、あまり複雑ではないものは「台」の容認度がやや低い。このほか、ベッドなど、機械でなくてもある程度「台」を使うことができるものもある。

このような状況から、台は〈人・物を載せる〉〈高度に機械的である〉〈（地面や床などの）平面上にある〉の3つが典型性に貢献する条件であり、その3つを兼ね備えたものが最も典型的であると分析できる。〈高度に機械的〉であることは重要な要因で、テレビのように平面上に置く物であれば、〈人・物を載せる〉を満たしていなくても「台」の容認度が非常に高い。船や飛行機は平面上性を持っていないためにプロトタイプから外れる。平面上性は他の機械類にも関係する。機械類のうち、卓上ライトのほうがシーリングライトよりも、また卓上の時計のほうが壁時計よりも「台」と言いやすいことに、それが表れている。ベッドは機械的ではないが、〈人・物を載せる〉ものであり、〈平面上に置かれる〉ことから、ある程度「台」が容認されるものと思われる。図1はこのことを示したものである。一番真ん中の最も黒い領域がプロトタイプである。なお、「台」の意味には、大きさなどほかの要因も関わる可能性もある。

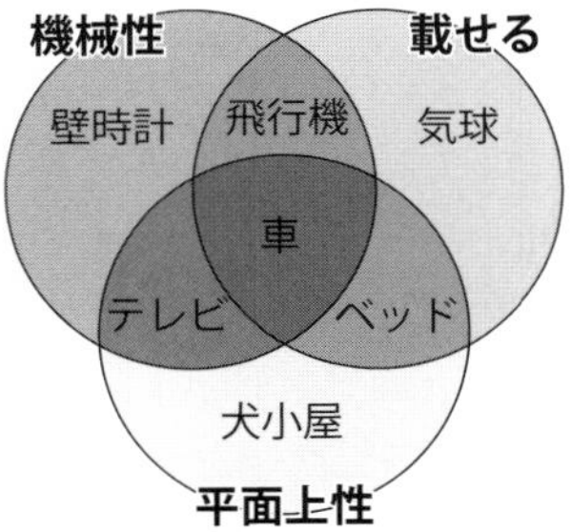

図1 「台」の典型性

プロトタイプの考え方は語の**多義性**（polysemy）の考察にも使われる。多義性とは、単語が複数の意味を持つことを指す。たとえば、英語の hand という語は多くの意味を持つが、その一部を（2）に示す。

（2） a. Raise your hand.　手を挙げなさい〈人間の手〉

b. the minute hand　(時計の) 分針〈差し示す細長い物〉
c. Many hands make light work.　人手が多いと仕事が楽〈労働者〉
d. Put it in the hands of the police.　警察の手に委ねよ〈支配〉

このうち、(2a) の意味〈人間の手〉が最も基本的、具体的であり、プロトタイプ的意味である。ほかの意味は、手に似たものや、手と関連することを表していて、(2a) の意味からの派生であると考えられる。

プロトタイプと語用論

単語の意味のプロトタイプ的性質は、語用論的な課題と関連する。たとえば**トートロジー** (tautology) と呼ばれる表現を考えてみよう。「鳥は鳥だ」は論理的に当然のことを言っており、トートロジーと呼ばれる。ところがこのような文は、文脈の中である種の意味を伝えるために使われる。(3a) を考えてみよう。

(3)　a. ペンギンでも鳥は鳥だ。
　　 b. ?カナリヤでも鳥は鳥だ。

(3a) が伝えるのは、ペンギンは鳥らしくないが、鳥であることに間違いはない、という意味である。ここではカテゴリーの典型性が問題にされている。これが可能になるのは、「～でも」が非典型的なカテゴリーメンバーである場合である。したがって、(3b) は多くの話者がおかしいと判断する。

もう 1 つ、プロトタイプが語用論的原則と関わる例を挙げよう。先に、どのような人工物が「台」で数えられるかを考察した。興味深いのは、様々な人工物は「1 つ」の「つ」や「1 個」の「個」を使って数えようと思えばできないわけではないということである。「つ」「個」は幅広い範囲の無生物に使われる。しかし、自動車などには普通「つ」ではなく「台」を使う。「自動車 3 つ」などというと、子どもに話しているか、おもちゃの車の話をしているという印象を持つ人が多い。カメラなどでは条件的に「つ」のほかに「個」も使えそうだが、「個」を使うと機械でないかのようである。これはなぜかというと、類別詞の選択には、より情報量が高いものが選ばれる傾向があるからと思われる (→ 第 2 章)。そのため、「自動車 3 つ」「カメラ 4 個」などというと、より情報量が高い「台」が使えないような物体であるという意味合いが語用論的に生じる。ただし、「台」が使えるものでもプロトタイプ的ではない物、たとえば壁時計やベッドを「3つ」というのはさほどおかしくない。これはこれらが典型的な「台」の例ではないので、「「台」が使えないような物だ」という意味合いが生じても、さほどおかしいとは感じられないからであろう。

4 表現の意味と背景知識

概念化者の百科事典的知識

概念化者は、現実世界に関して様々な知識を持っている。そのような知識は、言語の体系や使用に大きな役割を果たしている。認知意味論以外の意味論者の中には、「ことばの意味」と「その指示対象に関する知識」には明確な区別があると考える人がいる。そのような考え方に従えば、たとえば、motherという語の意味は〈直系の一世代上の女性〉というような意味であり、その人が家族の中でどのような役割を果たすか、どのような行動を取るか、どのような感情を子どもに対して持つかといったことは語の意味ではなく、母親というものについての知識であると考える。

これに対して、認知意味論においては、語の意味と、その指示対象に関する知識との間には明確な区別がないと考える(Haiman 1980, Langacker 1987, 籾山 2010)。たとえば、「母親というものについての知識」であるとした内容は、名詞motherから派生した動詞motherや形容詞motherlyのような表現の中に登場する。

(4) a. He needs someone to mother him. 〈彼にはいろいろ世話をしてくれる人が必要だ〉
b. motherly love 〈母のような愛〉

これらの表現においては、母親とはどのような行動を取るのか、子に対してどのような愛情を持つのかといった知識が、言語表現の意味の中に表れている。

このような語の背後にある指示対象に関する知識は、**フレーム**(frame)(Fillmore 1982, Fillmore and Baker 2010）と呼ばれる**百科事典的知識**（encyclopedic knowledge）である。ここで「百科事典的知識」というのは、事物に関して誰でも知っているような一般的な知識を言う。たとえば、先に見た mother のケースであれば、母親とはどのような人であるかとか、「犬」のケースであれば、犬はどのように鳴くか、どのような姿をしているか、どのような行動をするかなどである。出版されている百科事典には、多くの人が知らないことが書かれているが、そのような内容はここでいう百科事典的知識ではない。

語の意味においては、このような背景的知識の中で、特定の部分に焦点を当てて**前景化**（foregrounding）している。このことを**イメージスキーマ**（image schema）と呼ばれる表示方法を用いて示そう。イメージスキーマとは、表現の意味を図式的に示すものであり、概念化者の具体的経験を抽象化して示したものである。R. ラネカー（Ronald W. Langacker）らによれば、「弧」は〈円〉という背景を持つ。その上で、円の一部を前景化している。図 2 に示す通りである。ラネカーは、背景を**ベース**（base）、前景化されている部分を**プロファイル**（profile）と呼ぶ（Langacker 1987）。プロファイルはイメージスキーマにおいては通例黒塗りか太い線で囲んで示される。

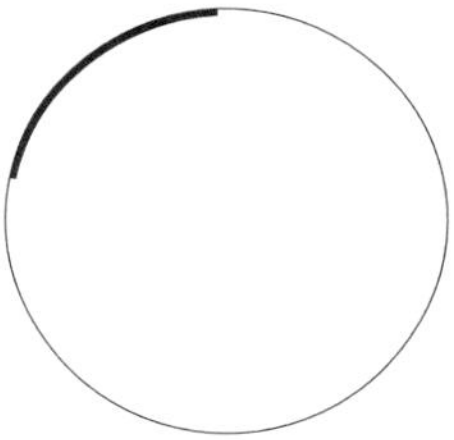
図 2 「弧」

語の多義性はしばしば、同じフレームの中でどの部分をプロファイルするかという観点から説明される。たとえば、「学校」は、(5) のように異なる意味で使われる（国広 1994 参照）。

(5) a. 学校（＝校舎）が燃えた。
　　b. 今日は学校（＝授業）がない。

学校とは、校舎の中に（典型的には）複数の教室があり、そこに先生と生徒がいて、授業などが時間割にそって行われる場所である。このような学校に関するフレームの中で、(5a) では建物が、(5b) ではその中で行われる活動がプロファイルされているのである。プロトタイプ的意味から、それと関連する内容に意味が派生するときは、このような**プロファイルシフト**による場合が多い。

表現の背景と語用論

フレームは、それぞれの言語社会における習慣を反映する場合がある。これは挨拶の表現に顕著に見られる。日本語の「おはよう」などの挨拶表現は、人がどのような生活を送っているかを背景として存在している。「おはよう」は、朝起きて家族と顔を合わせたときや、そのあと外出して知っている人に会った場合に使われる。この例を見ると、〈朝〉が条件であるかのように思われるかもしれないが、実際にはそうとも限らない。たとえば、何らかの理由で昼過ぎに起きた人に対して「おはよう」と家族が言うこともあるだろう。このように、「おはよう」の使用状況には〈起床後まもなく〉という側面もある。また、朝でなくても、午後や夕方に大学や職場に行って初めて顔を合わせたときに「おはよう」が発せられることもある（この用法は世代差が大きい）。その意味で、「おはよう」には、〈朝〉〈起床後まもなく〉〈出社・登校時〉の3つの時間帯が関与している。「おはよう」が使われる典型的な状況は、朝で起床後まもなくの時間帯か、朝の出社・登校時であるが、〈起床後まもなく〉と〈出社・登校時〉のどちらかのみが満たされる状況でも、場合によっては使用が可能である。それでは、どうして〈朝〉と〈起床後まもなく〉、あるいは〈朝〉と〈出社・登校時〉が結びついて典型的状況を作るのかというと、朝という時間帯がほとんどの人にとって起床の時間帯であり、また出社・登校する時間帯だからである。このように、挨拶表現は一般的な生活習慣を前提にして成り立っている。

生活習慣についての理解は、その言語の話者にとってはあまりに日常的なものであるがゆえに、特に意識されない。しかし、異なる文化における異なる生活習慣に接すると、生活習慣の理解が挨拶表現の背後にあることがはっきりする。たとえばスペインでは、昼食の時間が2時頃から始まり、午後の仕事時間が4時頃から8時頃まで続く。挨拶の表現もそれを反映するかのように使われる場合がある。スペイン語では一般にはBuenos díasが朝の挨拶、Buenas tardesが午後の挨拶とされるが、地域や人によっては2時の昼食前までBuenos díasを、また、8時頃の夕食前までBuenas tardesを用いるという。このように、各言語の挨拶表現は、その言語社会での生活習慣に関する理解抜きには語れない側面がある。

フレームは談話的な推論にも使われる。次の文を考えてみよう（Minsky 1986: 261）。

(6) Mary was invited to Jack's party. She wondered if he would like a kite.
(マリーはジャックのパーティーに呼ばれた。マリーは、ジャックは凧なら気に入るだろうかと考えた)

この第 2 文における kite はパーティーとどう関係するのだろうか。アメリカ英語の話者であれば、kite は誕生日プレゼントしての凧を指していると考える。なぜかといえば、アメリカ社会の習慣に関する一定の知識をもとにそのように解釈されるからである。アメリカで行われるパーティーの代表的なものは誕生日パーティーであり、誕生日パーティーに行く人は、プレゼントを持っていくのが普通だということである。(6) の第 1 文にある party という語の背後にはそのような知識があり、それが喚起されることで、kite がどのようなものとして言及されているのかがわかる。

私たちは言語表現によってすべてを表現するわけではない。表現の背後にあるフレームを利用して、聴者が表現されていない部分を補足して理解してくれることを前提に、話者は表現活動を行うのである。このように、語の背後にあるフレームは、言外にある意味の解釈、つまり表現の語用論的な解釈にも重要な役割を果たしている。

5 メタファー表現

レイコフとジョンソンの概念メタファー

認知言語学の中で重要なトピックとして扱われてきたのは**メタファー** (metaphor) の問題である。メタファーとは、一般には文学作品などで使われる特殊な技法 (修辞) であるかのように考えられてきた。そのような理解に基づいて、メタファーは、言語社会の中で慣習化された言語の一部というよりも個人の言語使用の問題であり、意味論というよりも語用論の問題だと考える人もいた。

しかし、G. レイコフ (George Lakoff) らの概念メタファー論では、これとは異なる考え方をする (Lakoff and Johnson 1980, 1999, Lakoff 1987, Grady 1997)。レイコフらはメタファー表現を特殊な表現であるとは見なさない。メタファー表現とは日常的な言語表現の中に満ちているものであり、言語学的な意味論、さらには認知科学の研究対象だと考えるのである。認知科学の研究対象だというのは、メタファー表現が人間の外界の見方、捉え方の反映であるということである。このメタファー表現の背後にある人間の認識を**概念メタファー**（conceptual metaphor）と呼ぶ。レイコフらは、概念メタファーとは２つの概念領域（conceptual domain）の間の関係づけであると考える。(7)（8）に見るような日本語のメタファー表現を考えてみよう。

(7) a. 彼女は生きる方向性を見失った。
b. 人生の岐路に立っている。
c. 卒業は人生の新しい船出だ。
d. 彼は超特急で大学時代を駆け抜けた。
e. 彼女は社会に認知される段階にたどり着いた。

(8) a. 彼はカッとなった。
b. 私は、はらわたが煮えくりかえっている。

(7) では人生を旅にたとえて表現している。これらの表現の背後には〈人生は旅〉という概念メタファーがあり、〈旅〉という概念領域によって〈人生〉という概念領域を理解して表現している。(8) の表現は〈怒りは熱〉という概念メタファーの表れである。

１つの概念メタファーに基づいた個々の表現は、１つの体系をなしている。〈人生は旅〉においては、旅行者が生きる人に、旅行の仕方が生き方に、旅の起点や再出発点は人生の開始点や新たな段階の開始点に、旅の到着点は人生の目標に対応している。このように２つの概念領域は体系的に対応関係をなす。また、メタファーは身体的経験に基づくものであるとされる。たとえば、〈怒りは熱〉は人間の身体的経験にその基盤がある。怒ると体温が上昇する。その経験に基づいてこの概念メタファーが成立しているというのである（Lakoff and Johnson 1980, 1999, 鍋島 2016 も参照）。

概念メタファーが結び付けている２つの概念領域は、それぞれ起点領域（元領域）と目標領域（先領域）と呼ばれる。目標領域は起点領域を通して理解・表現されるのである。

このようなメタファーの研究は、ジェスチャーの研究とも結びつく。しばしば私たちは、メタファーをジェスチャーで演じることがある。「彼はカッとなっている」と言うときに、手を使って火が燃えさかる姿を演じたりする。

また、マンガの世界でも怒りを表すのに頭から湯気が立ち上る絵を書く場合がある。このことは、概念メタファーが単に言語の問題ではなく、その背後にある世界認識の問題であることを示している。それが言語やジェスチャーや絵に現れるのである（Forceville and Urios-Aparisi 2009）。

概念メタファーと詩的テクスト

先に、メタファー表現は日常的な言語表現であると述べた。それでは、詩的テクストの中で使われるメタファーは、どのような性質を持つのだろうか。詩的テクストの中でのメタファー表現も、日常的な表現と同様に概念領域間の対応関係に基づくと言える。しかしながら、しばしば新しい概念メタファーの創造が行われたり、複数の概念メタファーの組み合わせが行われたり、すでに存在する概念メタファーが通常は適用されない領域にまで広げられて使われることがある（Lakoff and Turner 1989 参照）。

旧約聖書にある詩的テクスト「詩篇 23 篇」を、この観点から見てみよう。

ダビデの賛歌
1　主は私の羊飼い。
　私は乏しいことがありません。
2　主は私を緑の牧場に伏させ
　いこいのみぎわに伴われます。
3　主は私のたましいを生き返らせ
　御名のゆえに　私を義の道に導かれます。
4　たとえ　死の陰の谷を歩むとしても
　私はわざわいを恐れません。
　あなたが　ともにおられますから。
　あなたのむちとあなたの杖
　それが私の慰めです。
5　私の敵をよそに　あなたは私の前に食卓を整え
　頭に香油を注いでくださいます。
　私の杯は あふれています。
6　まことに　私のいのちの日の限り
　いつくしみと恵みが　私を追って来るでしょう。

私はいつまでも　**主**の家に住まいます。

この詩の前半部（1–4節）は、God’s care is shepherding〈神の養いは羊飼いの行為〉という概念メタファーを用いている。冒頭で、その概念メタファーの中心である、神と羊飼い、および、詩作者（人の代表）と羊の対応づけが行われている。このような形で一旦神の養いと羊飼いの行為が対応づけられると、後者の概念領域に属する様々な要素が前者の概念領域の中で理解される。そうなると、「乏しいことがない」は、〈食べ物がない〉ことではなく、〈霊的な不足がない〉ことを指し、「緑の牧場」や「いこいのみぎわ（憩いの水際）」が〈たましいが満たされる場〉を指すと理解できる。またこれに加えて、このテクストでは「伴う」「義の道に導く」「歩む」などの表現によって、〈人生は旅〉の概念メタファーが喚起されている。そうすると、「死の陰の谷」は、そこを通る羊の姿が〈人生は旅〉のメタファーの中で解釈され、〈人生において経験する苦境〉などの解釈を生む。羊飼いが使う「鞭」「杖」は、人への指導や叱責を表すと解釈できる。羊飼いがどのような役割を果たし、何を使ってどのようなことを行うのかが理解できている読者には、羊飼いという人間の具体的な行為によって、神についての理解が具体的な形で得られたり、確かめられたりすることになる。

神と羊飼いを結び付けて考えたことがない読者は、この新しい概念メタファーによって、目標領域である神についての理解が深められることになる。また、このテクストに含まれる〈人生は旅〉のメタファーは新しい概念メタ

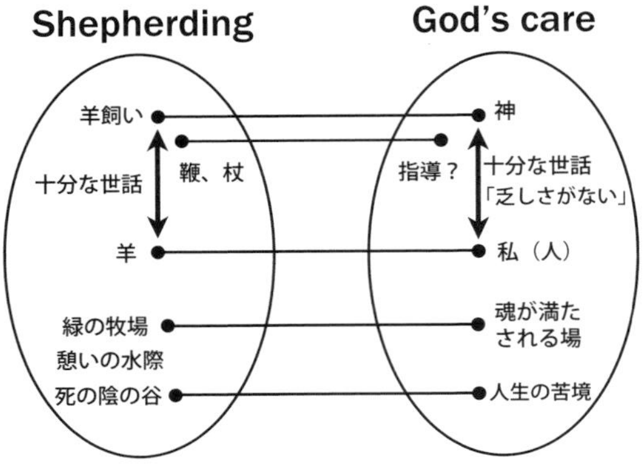

図3　詩篇23篇における概念メタファー

ファーではないが、〈神の養いは羊飼いの行為〉と組み合わされることで、このテクストならではの表現を生んでいる。

6 文法

構文文法論

認知言語学では文法についても研究が進んでいる。その中では、文法形式やその意味についても、認知的な原理に基づいて分析が行われている。認知言語学的な文法研究としてはラネカーの**認知文法論**（Langacker 1987, 1990 など）と C. フィルモア（Charles J. Fillmore）らの**構文文法論**（Fillmore, Kay and O'Connor 1988, Goldberg 1995, 2006, Iwata 2008 など）がある。ここでは後者を中心に解説するが、認知文法にも若干触れる。

フィルモアらは文法の理解において、**構文**（**コンストラクション**；construction）という概念を重視する。構文とは、言語形式と意味とのペアリングである。形式と意味のペアというと、単語あるいは形態素が思い浮かぶであろう。たとえば seat という語では、/si:t/ という音声（形式）に特定の意味が結びついている。フィルモアらはこのような形式と意味のペアが、文法的単位においても見られるとする。

たとえば、英語には The more, the more 構文、あるいは比較相関構文と呼ばれる構文がある。以下がその例である。

(9) The higher you go, the colder it becomes.
（高いところに行くにつれて、寒くなる）

この構文はいくつかの点で特異である。まず、2 つの節があるのに、接続詞がない。また、2 つの節の最初は the＋比較級の形容詞か副詞で始まる。これは語順的に特殊なだけでなく、the が修飾する名詞がないのに使われている点も（ほかに例がないわけではないが）やや特殊である。この構文が表す意味は、そのような形式上の特性を反映した独特の意味になっている。比較級が使われた 2 つの節が並行しているのを反映して、その意味も、2 つの節が表す内容が比例的（正の相関を持つ）であることを表している。つまり、(10) に見るような形式と意味のペアリングが存在することになる。形式上特異な現象が合わさって、1つの構文を形成しているのである。

（10）形式：［The 比較級 1 …］$_{\text{節}1}$,［the 比較級 2 …］$_{\text{節}2}$
意味：比較級 1 の程度と比較級 2 の程度が正の相関を持つ

同様の考え方は、他動詞構文、二重他動詞構文など、動詞が取る要素（項）に関わる構文（項構造構文と呼ばれるもの）にも適用される（Goldberg 1995, 2006 など）。たとえば、二重目的語構文について考えてみよう。この構文には、そこに含まれている要素（動詞など）の意味に還元できないような意味がある。

（11）Susan baked her sister a cake.

この文は、スーザンが妹にケーキをあげるという意図を持ってそれを焼いた場合にのみ使われる。妹の代わりにケーキを焼いたとか、手本を見せるためにケーキを焼いた場合には、(11) を使うことができない。似たような制約は、throw, buy など多くの動詞がこの構文に使われたときに見られる。これは、二重目的語構文そのものに〈意図的な譲渡〉という意味が含まれているからであるとされる。

一方で、そのような意味以外で二重目的語構文が使われる場合もある。

（12）a. Peter denied me the entry into the building.
（ピーターは私が建物の中に入るのを拒否した）
b. Forgive us our debts.
（我らの罪を許し給え）

A. ゴールドバーグ（Adele E. Goldberg）らは、二重目的語構文のような構文が単語と同じように多義性を持ち、その多義性には単語の多義性と同じような特性があると考える。たとえば、構文の多義性においてもプロトタイプ的意味があり、ほかの意味はその意味と何らかの意味的な関係を持つとされる。先の二重目的語構文では、〈意図的な譲渡〉がプロトタイプ的な意味であり、(12) では派生的な意味が実現しているということができる（Goldberg 1995）。

このほか、構文間の関係についても考察がなされる。(13) の 2 文を考えてみよう。

(13) a. Bill sent a package to me.
b. Bill sent me a package.

この2つの文は、複合的なイベントの記述において、そのどの側面に焦点を当てているかが異なるとされる。ここで表されているのは、物体を移動させる行為だが、それに所有権の変化が伴っている。(13a) ではその移動を引き起こすこと（使役移動）に焦点が当てられており、(13b) では所有権の変化に焦点が当てられている。ラネカーの認知文法では、2つの構文の違いはプロファイルの違いであると考える (Langacker 1987, 西村 2018)。これは先に見た「学校」の多義と似ている。

構文と語用論

構文文法の枠組みでは、構文の持つ語用論的な特性も記述対象になる。たとえば、二重目的語構文では、2つ目の名詞句が**新情報**であるという語用論的特性がある。また、(12b) のような例は、聖書の中の有名な祈祷文で使われていることから、それを暗示するような文として使われることが多い。このような語用論的な特性は、動詞など、構文を構成する要素の特性ではなく、構文全体の特性と言える。

7 まとめ

以上のように、認知言語学は語用論と親和性が高く、重なり合う分野もある。互いに学ぶ合うことで、さらなる発展が期待される。

練習問題

問1 類別詞「本」はどのようなカテゴリー構造をなしているだろうか。以下の物に対する「本」の容認度を判断した上で考察しなさい。
鉛筆、棒、松の木、奥歯、輪ゴム、筋雲、ホームラン

問2 今日の朝日新聞の『天声人語』を読んで、そこに含まれているメタファー表

現を探してみよう。さらに、それがどのような概念メタファーに基づいているかを考えてみよう。

文献案内

- Lakoff, George (1987) *Women, Fire and Dangerous Things*. Chicago: University of Chicago Press (池上嘉彦ほか (訳) (1993)『認知意味論：言語から見た人間の心』紀伊國屋書店)：初期の認知意味論の代表的な著作。カテゴリー論やメタファーについて議論されている。
- 松本曜 (編) (2004)『認知意味論』大修館書店：認知意味論の幅広い分野の研究が紹介されている。
- Lakoff, George and Mark Johnson (1980) *Metaphors We Live By*. Chicago: University of Chicago Press (渡部昇一・楠瀬淳三・下谷和幸 (訳) (1986)『レトリックと人生』大修館書店)：メタファーに関する考え方を大きく変えた著作。
- Goldberg, Adele E. (1995) *Constructions: A Construction Grammar Approach to Argument Structure*. University of Chicago Press (河上誓作ほか (訳) (2001)『構文文法論：英語構文への認知論的アプローチ』研究社)：構文文法に関する基本的文献。様々な項構造構文が、多彩な例文によって議論されている。

引用例出典

詩篇 23 篇：『聖書　新改訳 2017』(新日本聖書刊行会)

第９章　文法研究と語用論

本章のポイント

- 文法現象の中には、語用論的要因が深く関わるものが存在する。
- 文法現象の容認性は、コンテクスト（場面）によって変わりうる。
- 文法現象が、副次的に語用論的な方略として利用されることがある。

1 文法研究と語用論

文法研究は、形式と意味との間の直接的な関係を記述し、両者を関係づける規則を明らかにする分野である。文法研究と語用論は切り分けて論じられることもあり、実際、特段、語用論を持ち出さずとも説明可能な文法現象は存在する。しかし、文法現象の中には、**背景知識**、**推論**、**視点**、**推意**（第２章）、**前提**（第２・３章）、**情報構造**（第３章）、**ポライトネス**（第４章）、**ダイクシス**（第５章）、**言語行為**（第６章）などの語用論的要因を考慮に入れることで自然な説明が可能となる現象も多く存在する。Fillmore (1996: 54) は、「文法研究と語用論研究は必然的に重なり合う」ものであり、「語用論的機能を文法記述の自然な次元の１つと見なす文法理論ではこのような「重なり」は何ら戸惑いを覚えるものではない」とする。

文法研究に語用論が関わる一例として、**背景知識に基づく推論**をとり上げてみよう。発話の理解に際して、背景知識に基づく推論が重要な役割を果たしていることはよく知られている。たとえば、次の例は、関西から上京してきた知り合い同士が偶然に出会った場面での対話であるが、山梨 (2017: 26–27) によれば、「伊丹からです」という相手の応答発話は、〈伊丹には空港がある〉、〈上京する交通手段の１つとして飛行機が使われる〉といった背景知識に基づく推論を介することによって理解が可能となるという（伊丹は兵庫県南東部の市）。

(1)　「午後の新幹線？」

「伊丹からです」　（三浦浩『京都大学殺人事件』p. 84）（山梨 2017: 26）

（1）における背景知識に基づく推論は、特定の文法現象とは関わっていないが、文法現象の中には、このような背景知識に基づく推論を考慮に入れることで自然な説明が可能となる現象が存在する。たとえば、逆接表現「のに」は、「ある属性を持っているから、別のある属性を持っていることが予想されるのに、その予想が成り立たないことを示す」という「属性間の逆接関係」を表しうるが（例：彼は、金持ちなのに、けちだ）（益岡・田窪 1992: 196）、属性間の逆接関係が直ちには読み取りにくい例もある。

（2）［女性靴の新商品の見出し］履き心地いいのに、おしゃれ映え

（『くらしと生協　季節のくらし　2019 早春号』）

（2）では、一見、「履き心地いい」と「おしゃれ映え」の間の逆接関係が見いだしにくく感じられるが、〈一般に、履き心地のいい女性靴はおしゃれ映えしないものだ〉という背景知識に基づく推論を働かせることで、「履き心地いい」と「おしゃれ映え」の間の逆接関係が自然に理解可能となる。

本章では、**〈形式〉—〈意味〉—〈コンテクスト〉の三項関係**の中で文法現象を捉える**語用論的な文法研究**の立場から、具体的な文法現象を考察する。

2 語用論的な文法研究の歴史

文法現象を語用論の観点から説明しようとする語用論的な文法研究の試みは、主として、1960 年代後半から 1970 年代前半に隆盛を極めた**生成意味論**（generative semantics）においてなされた（日本国内では、**場面論**（または**場の理論**）に基づく文法研究が敬語論などと結びつく形で独自の発展を遂げていた）（→ 第 1 章）。統語現象も「意味」（意味論・語用論）を通して説明されるべきであると見なした生成意味論は、**統語論の自律性**をテーゼとして掲げる N. チョムスキー（Noam Chomsky）率いる主流派の**生成文法**（特に Chomsky 1965）を批判していく過程の中で、**言語哲学**の中で研究が進められていたダイクシス、前提、言語行為、推意などに注目した。さらに、ポライトネスや**ジェンダー**（および、性差別）などの対人的・社会的現象が、文法の中に深く根ざしている点にも注目した。

生成意味論の枠組みは、のちに発展的に解消されるが、その理念や成果は、現代の語用論、**認知言語学**（→ 第 8 章）、**社会言語学**などの中で「遺産」として受け継がれている（→ 第 1 章）。

3 文法の中に潜む語用論

Taavitsainen and Jucker（2010: 4）は、「言語構造の適切な研究は、言語構造がどのように使用され、解釈されるのかを考慮に入れなければならないという点で、言語使用の研究は、音韻論、形態論、統語論、意味論と同程度に、ことによるとそれ以上に重要な領域であるとみなされている」と述べている。この指摘は、語用論的要因が、運用の適切性（＝**容認性**（acceptability））のみならず、文法的な適格性（＝**文法性**（grammaticalness））にも影響を与えうることを示唆している。以下、語用論的要因にコントロールされる文法現象（語用論が侵入している文法現象）を見ていこう。

照応の島の制約と話題性

照応の島（anaphoric island）の制約とは、語が、いわば「離れ小島」となっており、「語の中の一部要素のみを先行詞として、それと照応詞（代名詞など）が照応関係を持つことは許されない」などの制約を指す（Postal 1969）。たとえば、Postal（1969）によれば、orphan という語は ‘a child whose *parents* have died’ という意味内容を表す語であるが、次のように、この意味内容に含まれる parents のみを先行詞として照応詞と照応関係を持つことはできない。

（3）（them が（Max の）parents を指すという解釈で）
*Max is an orphan and he deeply misses <u>them</u>.
(cf. Max’s parents are dead and he deeply misses <u>them</u>.)　(Postal 1969: 206)

照応の島の制約は純粋な統語現象とみなされていたが、その後、照応の島の制約に対する反例が指摘されるようになった。次の例を見てみよう。

（4）‘That depends on whose mother she is,’ Fitz told him. ‘Mine has brown hair—hardly a bit of grey in it. Your mother’s hair probably turned white in a night long ago.'

'I haven't got a mother,' said Johnny pathetically, staring at his ham sandwich. 'I'm an orphan.'

'Why, that's terrible, Johnny, when did it happen? You never told me you were an orphan.' Fitz was deeply concerned.

'I'm getting sort of used to it. They died when I was three.'

(Elswyth Thane, *Ever after* (1945: 155). New York: Hawthorn Books; noted by Beth Levin) (Ward, Sproat and McKoon 1991: 467)

この例に現れている照応詞（代名詞）they は、先行文脈の orphan が含む（喚起する）parents を指していると解釈される。Ward, Sproat and McKoon（1991）は、語の中の一部要素であっても、その要素が談話文脈上で際立ちを与えられていれば、照応詞による指示が可能であり、照応の島の制約は**話題性**（topicality）といった語用論的要因により破られうることを指摘している。

再帰代名詞と視点

文法研究の中で**視点**（viewpoint）が本格的な議論の的となったのは、1970 年代頃からである。その先駆的研究に、**代名詞・再帰代名詞**の分析を行った Cantrall（1969）がある。Cantrall（1969）によれば、先行詞が主語であり、それによって束縛される代名詞／再帰代名詞が文中に存在する時、視点が話し手の側にある場合には代名詞が選択され、主語の側にある場合には再帰代名詞が選択されるとされる（さらに、Kuno 1987、澤田治美 1993、Levinson 2000 などを参照）。たとえば、次の例を見てみよう（i は同一指示の標識。以下同様）。

(5) The adults_i in the picture are facing away from us, with the children placed behind {them_i/themselves_i}. (Cantrall 1969: 149)

ここでは、視点が写真（または絵）を見ている話し手の側にある場合には、代名詞 them が選択される。この場合、子供達は「話し手から見て」大人達の向こう側にいる（それゆえ、この場合の空間表現 behind は**直示用法**である）。一方、視点が主語の大人達の側にある場合には、再帰代名詞 themselves が選択される。この場合、子供達は「大人達から見て」大人達の後ろ側にいる（それゆえ、この場合の空間表現 behind は**非直示用法**である）（空間表現における直示用法と非直示用法の違いについては → 第 5 章）。

次の例では、代名詞の場合、太陽が「話し手から見て」大人達の向こう側、つまり東から昇っているため適格だが、再帰代名詞の場合、太陽が「大人達から見て」大人達の後ろ側、つまり西から昇っていることになるため不適格となる。

（6） The adults$_i$ in the picture are facing east, away from us, with the rising sun behind {them$_i$/*themselves$_i$}. （Cantrall 1969: 150）

次の come の文と go の文の適格性の違いも、視点の観点から説明できる。come は視点を到達点側に、go は視点を到達点以外（典型的には出発点側）に置く動詞である（→ 第 5 章）。再帰代名詞 himself は視点を主語（先行詞）の John の側に置くため、come の視点とは合致するが、go の視点とは合致しない。同様の現象は日本語にも認められる（Kuroda 1973, 澤田治美 1975, 久野 1978 など）。

（7） John$_i$ is happy that Anne has {come/??gone} so far to see himself$_i$.
（Levinson 2000: 321）

（8） ジョン$_i$は十年前にメアリーが自分$_i$を訪ねて{来た／＊行った}家で今は幸福に暮らしています。 （Kuroda 1973: 141）

補文と前提

前提（presupposition）とは、「話し手（および聞き手）が発話に先んじて事実だと想定している事柄」を指す（Yule 1996: 25 参照）。たとえば、「太郎がたばこを吸うのをやめた」という発話は「太郎が以前たばこを吸っていた」という前提を含む。Kiparsky and Kiparsky（1970）は、**事実的前提**（factive presupposition）と称するタイプの前提を指摘し、**補文**（complement sentence）をとる動詞が**事実的述語**（factive predicates）と**非事実的述語**（non-factive predicates）に大別できることを示した。事実的述語（例：「認める」「隠す」）は、話し手が補文内容を事実と認めていることが前提とされるのに対して、非事実的述語（例：「思う」「言う」）では、表面上は類似しているものの、必ずしもそのような前提を持たない。次の a 文と異なり b 文では、話し手は山田が犯人と会ったことが事実であるとは必ずしも前提としていない。

(9) a. 山田は自分が犯人と会ったことを {認めている／隠している}。
b. 山田は自分が犯人と会ったと {思っている／言っている}。

日本語では、述語に前接する**補文標識**（「こと／の／と」）によって、当該の述語が事実的述語か非事実的述語かをある程度見分けることができる。大まかな傾向として、「こと／の」をとる述語は事実的述語、「と」をとる述語は非事実的述語と対応する。「と」は引用標識であり、補文は主語の発言や思考を引用した内容にすぎないため、話し手は補文内容を事実と認定しているとは限らない。「なげく」のように、補文標識に「と」「こと（の）」の両方をとることができる（すなわち、事実的述語にも非事実的述語にもなりうる）動詞もあるが、どちらの補文標識を用いるかで意味が異なる（久野 1973）。

(10) a. 太郎は花子が馬鹿なことをなげいた。
（話者は花子が馬鹿なことを前提としている）
b. 太郎は花子が馬鹿だとなげいた。
（話者は花子が馬鹿だとも利巧だとも言っていない）　（久野 1973: 138）

事実的前提の観点から、さらに、願望表現「たい／たがる」を分析してみよう。一人称主語の言い切りの単文・平叙文の場合、通例は「たい」が使われ、「たがる」は不自然となる（例：私は会社をやめ {たい／*たがっている}）。同様の現象は、非事実的述語の補文の中でも見られる。一方、事実的述語の補文の中では、一人称主語であっても「たがる」が自然となりやすい（澤田治美 1993, 2014）。

(11) a. 最近、私は [会社をやめ {たい／*たがっている}] と思うことが多い。（非事実的述語）
b. 私は [前々から（自分が）会社をやめ {??たい／たがっている}] ことを内緒にしておいた。（事実的述語）　（澤田治美 2014: 247）（一部改）

事実的述語の補文内容は、話し手が事実と認めていることを前提とする事柄である。「事実」とは外的で客観的な命題である。それゆえ、事実的述語の補文は、たとえ一人称主語の願望を表す内容であっても、「たがる」によって外的に描写することが可能となる（澤田治美 2014）。

倒置と視点、焦点

倒置文の 1 つに、**場所句倒置**（locative inversion）と呼ばれる倒置文がある。場所句倒置構文では、場所や方向などを表す前置詞句が文頭に**前置**される一方、主語が動詞のあとに**後置**され、全体で前置詞句―動詞句―主語という語順をなす。次の a 文は通常の語順の文、b 文は場所句倒置の文である。

（12） a. My friend Rose was sitting among the guests.
b. Among the guests was sitting my friend Rose. （Bresnan 1994: 75）

場所句倒置構文は一般に、認知主体が、前置詞句によって導入された場面（場所や方向）に存在する事物に視覚的注意を向け、その事物を談話的な焦点（新情報）として直示的に提示する構文と言える（Bolinger 1977, Bresnan 1994 など）。

次の例では、Michael が父親の家の居間に入り、そこでの光景を眺めている場面で、場所句倒置構文が使われている（視覚動詞 see の使用にも注目）。

（13） The house seemed to be full of men he didn't know, until he went into the living room. There Michael saw Tom Hagen's wife, Theresa, sitting stiffly on the sofa, smoking a cigarette. On the coffee table in front of her was a glass of whiskey. On the other side of the sofa sat the bulky Clemenza. （Mario Puzo, *The Godfather*. p. 112）

Bolinger（1977）によれば、次の（14a）の there を用いた構文と（14b）の場所句倒置構文は、事物の存在を示す点では共通するが、話し手は、（14a）では雑貨屋を意識にのぼらせているだけであるのに対し、（14b）では雑貨屋を眼前の場面に直示的に提示しているという。すなわち、（14a）、（14b）は、それぞれ、（15a）、（15b）のような状況と適合しやすい（Bolinger 1977）。

(14) a. Across the street there's a grocery.
b. Across the street is a grocery. (Bolinger 1977: 93)

(15) a. As I recall, across the street there's a grocery.
b. As you can see, across the street is a grocery. (Bolinger 1977: 94)

さらに、Bolinger (1977: 95) によれば、話し手が、前方に向けて差しだした右手の上には鉛筆をのせ、背中の後ろに回した左手の中には消しゴムを握っていたとすれば、各々の事物は次のように表現されるという。

(16) In my right hand is a pencil, and in my left there's an eraser.
(Bolinger 1977: 95)

最後に、代名詞の観点から次の (17) を比較してみよう。場所句倒置構文で後置された主語は (定 (definite) でも不定 (indefinite) でもいいが)、a 文のような**直示代名詞**と異なり、b 文のような**照応代名詞**としては使えない (a 文の大文字 HER は強勢が置かれていることを示す) (Bresnan 1994) (代名詞における「直示」と「照応」の違いについては → 第 5 章)。

(17) a. Among the guests of honor was sitting HER [pointing]. (直示)
b. *Rose$_i$? Among the guests of honor was sitting she$_i$/her$_i$. (照応)
(Bresnan 1994: 86)

直示代名詞と異なり、照応代名詞は、対象物を眼前の場面に直示的に提示する場所句倒置構文が有する**提示的焦点** (presentational focus) の機能にそぐわないのである (Bresnan 1994: 86)。

4 容認性を変えるコンテクスト

文法現象の容認性は、使用されるコンテクスト (場面) によって変わりうる。どのようなコンテクストの下で使用されるかによって、当該の文法現象の容認性は上がる場合もあれば、下がる場合もある。

敬語の運用とコンテクスト

「申し上げる」「頂く」は、ともに、非主語に敬意が向かう**謙譲語**である。次の a 文では（省略された）非主語の聴衆、b 文では社長に敬意が向かう。

(18)（会社のパーティーにおける司会者の発話）
　a. 社長からご挨拶を申し上げます。
　b. 社長からご挨拶を頂きます。

現代日本語（共通語）の**敬語**は、聞き手を顧慮に入れた敬語使用を行う**相対敬語**であり、聞き手がソトの人である場合や聞き手の中にソトの人が含まれている場合、話し手は、ウチの人（身内）を高めてはならないという語用論的な制約がある。そのため、パーティーの参加者の中に社外（ソト）の人が含まれているコンテクストの下では、a 文が自然で、b 文は不自然となる。一方、パーティーの参加者が社内の人に限られているコンテクストの下では、b 文が自然で、a 文は不自然となる（菊池 1997: 260–262 も参照）。

並列助詞の運用とコンテクスト

次の (19) では、「は」のほうが「も」よりも自然に響く。通常、「医者」と「看護師」は異なるカテゴリーに属する成員とみなされるからである（野田 2012）。一方、(20) では、「は」よりも「も」のほうが自然に響く。後続文が示すコンテクストによって、「医者」と「看護師」が〈医療関係者〉という同一カテゴリーに属する成員とみなされるからである（野田 2012）。

(19) 姉は医者です。兄 {は／も} 看護師です。　（野田 2012: 174）
(20) 姉は医者です。兄も看護師です。だから、体の具合が悪くなっても、安心です。　（野田 2012: 174）

類例として次の例を見てみよう。殺人容疑で逮捕され死刑判決を受けた兄の無実を信じて九州から上京した柳田桐子は、高名な弁護士大塚欽三の事務所を訪れ、調査を懇願する。次は大塚の事務員と大塚との会話である。

(21)「依頼者は柳田桐子というんですが、K 市の小さい会社のタイピストをしているんだそうです。今度、被疑者にされた兄も教員でして、兄弟二人だけの暮らしだそうです。もっとも叔父がいるということですが、これは金を出して貰えないんだそうです」

「規定の弁護料を話したのかね？」

大塚欽三は、首筋を揉むのもやめて、指で机の端を軽く敲いた。

（松本清張『霧の旗』p. 11）

柳田桐子はタイピスト、兄は教員であり、2 人の職業は異なるが、下線部で「兄も教員でして」と「も」が使われている。ここでの並列助詞「も」の使用は、当時は、（タイピスト同様）教員も給与待遇の低い職業であったという背景知識（世界知識）に支えられている（教員の給与の引き上げが図られたのは、「学校教育の水準の維持向上のための義務教育諸学校の教育職員の人材確保に関する特別措置法」の制定（1974 年）以降であり、『霧の旗』刊行当時（1961 年）、教員の給与待遇は低かった）。しかし、このような背景知識を共有していない人にとっては「兄も教員でして」の「も」の使用は不自然に感じられるかもしれない（新潮文庫版『霧の旗』（2014 年、55 刷、新潮社、p. 16）では、問題の箇所が「兄は教員でして」に変えられている）。

（21）では、異なる職種のタイピストと教員が〈給与待遇の低い職業〉という点で同一カテゴリーに属する成員とみなされている。このような、特別なコンテクストの下で一時的に形成されるカテゴリーを**アドホック・カテゴリー**（ad hoc category）と呼ぶ（Barsalou 1983: 211, 楠見 1988: 12）。

背景知識に基づく推論と間接照応

背景知識を考慮に入れることで自然な説明が可能となる文法現象は多い。ここではさらに**間接照応**（indirect anaphora）を取り上げてみよう。次のように、先行文脈で活性化された背景知識に含まれる要素が非明示的な先行詞となって、後続する照応詞と照応関係を持つ現象を間接照応と呼ぶ。

（22）Kaja’s wallet was stolen. I hope they catch that thief.

（23）We drove to Boston twice. These trips took less than 5 hours.

（Gundel, Hedberg and Zacharski 2000: 81）

研究社のオンライン辞書検索サービス・・・・・・KOD

KOD

定評ある18辞典を
自在に検索、引き放題。
毎月最新の語彙を追加。

［ケー オー ディー］

英語に携わるすべてのスペシャリストへ

●『リーダーズ英和辞典〈第3版〉』はじめ、定評のある研究社の **17辞典＋「大辞林」**（三省堂）が24時間いつでも利用可能。毎月、続々と追加される新項目を含め、オンラインならではの豊富な機能で自在に検索できます。

●オプション辞書として、『Oxford Advanced Learner's Dictionary 9th edition』（英英辞典）、**『羅和辞典〈改訂版〉』**、**『露和辞典』**、**『和露辞典〈改訂版〉』**、**『英米法律語辞典』**、**『新カトリック大事典』**も収録。

●**300万語**の圧倒的なパワーをぜひ体感してください。

スマートフォンや
タブレット端末
にも対応しました。

検索種別は標準検索の完全一致、
前方一致、後方一致のみ

新会員募集中！

＊6ヶ月3,000円（税別）から
＊オプション辞書は別途料金がかかります。

http://kod.kenkyusha.co.jp

◎図書館や団体でのご加入・公費対策など、お問い合わせはお気軽にどうぞ。

●この出版案内には2020年2月現在の出版物から収録しています。
●表示価格は本体価格です。別途消費税がかかります。●重版等により本体価格が変わる場合がありますのでご了承ください。●ISBNコードはご注文の際にご利用ください。

〒102-8152 東京都千代田区富士見2-11-3 TEL 03(3288)7777 FAX 03(3288)7799［営業］

次の照応詞 this money の出現は、先行文脈で活性化された Rockefeller に関する背景知識（大富豪家）と、それに関わる推論（ド・クエバスはロックフェラーの孫娘との結婚によって財力を得た）によって保証されている（Apothéloz and Reichler-Béguelin (1999) は、フランス語の例を挙げているが、その対訳例として挙げる英語の (24) でも間接照応が成り立つ）。

(24) The Marquis de Cuevas had married Rockefeller's grandchild. With this money, he created a ballet.

(Apothéloz and Reichler-Béguelin 1999: 371)

山梨 (2017: 56–57) は、次の (25) では、先行文脈の「野菜をつくる」から「その野菜を売る」が推論され、そこからさらに「お金が手に入る」が推論されることで、照応詞「そのお金」の出現が保証されているとする。

(25) 結婚して、一年分の野菜をつくつて、そのお金を貯金するつもりなのかと、るい子は、その男の職業が、銀行員である事が、因果關係があるやうな氣がした。 （林芙美子『女家族』p. 10）（山梨 2017: 56）

5 語用論的な方略として利用される文法

文法現象が有する文法的な特性が（副次的に）**語用論的な方略**として利用されることがある。次の**過去形**が使われた例を見てみよう。

(26) A: Did you want me?
B: Yes, I hoped you would give me a hand with the painting.

(Leech 2004: 15)

Leech (2004: 15) によれば、B は過去形を使うことで、必ずしも当該の依頼行為に対して今現在こだわっているわけではないことをほのめかし、丁寧さを出しているという。"I hope you will..." のように現在形でも言えるが、この場合、ぶっきらぼうに響き、相手に断る余地を与えにくくしてしまう。A の発話も現在形 "Do you want me?" に置き換えられるが、この場合、"Oh, it's you, is it? You always want something."（おや君かい。君はいつも頼みごとがあるんだね）のように横柄な発話に響くという。(26) のように、時制を現在から過去にスイッチする「距離を置く視点操作」により、対人的な距離化（ネガティブ・ポライトネス）(Brown and Levinson 1987: 204–205) が実現可能となる（→ 第4章)。Comrie (1985: 20) は、過去形の基本的意味は過去であり、丁寧さは副次的な意味（用法）であるとする。

以下、文法が語用論的な方略として（副次的に）利用される現象として、さらに**指示追跡システム** (reference-tracking systems) を見ていく。指示追跡システムとは、談話の中で聞き手・読み手が指示対象を追跡・同定するための手がかりとなる言語的装置を指す (Van Valin 1987, Comrie 1989 など)。

再帰代名詞と指示追跡機能

はじめに、指示追跡機能の最も典型的な現象の1つである再帰代名詞から見てみよう（→ 本章第3節)。澤田治美 (1975, 1993, 2014) では、次の原則が提示されている。

(27) 照応に関する視点の原則 (Viewpoint Principle on Anaphora)：
語り手が場面の中に導入された登場人物に言及する場合、視点が、語り手の側にあれば人称代名詞（「彼」、「彼女」など）またはその人物の固有名詞が用いられ、（意識主体としての）登場人物の側にあれば再帰代名詞「自分」が用いられる。
(澤田治美 2014: 221)

たとえば、次の例では、複数の登場人物名が出ているが、上の原則により、「自分」の先行詞は意識主体の「宗十郎」であることが同定できる（澤田治美 1993: 289)。

(28) ふもとへとつづく急な小径を下りながら、宗十郎は新之助や左近のことを思った。
同じ坊で暮らし、ともに苦しい修行に耐えてきた者たちだ。互いに助け合い励まし合った仲間であり、時には手ごわい競争相手だった。二人は夕方坊に帰った時、自分が去ったことに気付くだろう。
(安部龍太郎『彷徨える帝』p. 37)

交替指示、および、その類似現象と指示追跡機能

指示追跡機能を有する現象としては、**交替指示**（switch reference）の現象も知られている。交替指示とは、複数の節からなる文において、先行する節と後続する節の主語（の指示対象）が同一（SS）なのか、異なる（DS）のかを、動詞接辞によって区別する現象を指す（古賀 2015: 87）。次はパプアニューギニア島北岸の都市マダンで話されているハーウェイ語（Harway）（非オーストロネシア諸語（パプア諸語）に属する言語）の交替指示の例である（SS：同一主語、DS：非同一主語、PRES：現在形、3SG：三人称単数、DEC：叙述）（Comrie 1989）。

（29）a. Ha　döyw　nwg^{w}-**ön**,　bör dw-a.
　　　child　rat　see-SS　run go:PRES:3SG-DEC
　　　‘The child saw the rat and he ran away.’
　　b. Ha　döyw　nwg^{w}-**mön**,　bör dw-a.
　　　child　rat　see-DS　run go:PRES:3SG-DEC
　　　‘The child saw the rat and it ran away.’　（Comrie 1989: 41）

この例では、動詞接辞 ön と mön の形態的区別が、後続節の主語の指示対象を特定する（追跡する）唯一の手がかりとなっている。

日本語では、接続助詞の種類の違い、および、「は」と「が」の係り方の違いにより、交替指示に近い現象が生じる（大堀 2002, Nariyama 2003 など）。

（30）a. 太郎が上着を脱いで、ハンガーにかけた。
　　b. 太郎は上着を脱いで、ハンガーにかけた。
（31）a. 太郎が上着を脱ぐと、ハンガーにかけた。
　　b. 太郎は上着を脱ぐと、ハンガーにかけた。　（三上 1970: 11）

（30）の接続助詞「て」の場合、節の結合度が強いため、「が」と「は」の違いに関わらず、後続節の主体は先行節の主体と同一と解釈される。一方、（31）の接続助詞「と」の場合、接続助詞「て」に比べ節の結合度が弱いため、後続節の主体は先行節の主体と異なるという解釈も生じる余地が出てくる。特に、（31a）のように、先行節の主体が「が」で標示された場合、「が」は「と」節に収まる傾向が強いため（野田 1986）、後続節の主体は太郎以外の

誰かと解釈されやすくなる（三上 1970）。一方、「は」は従属節を飛び越え、後続節まで係っていく特性を有するため、（31b）の後続節の主体は「太郎」であると解釈される（三上 1970）。

では、次の例を考えてみよう。

（32）a. 太郎$_{i}$は一着でゴールインしたとき、皆が{自分$_{i}$／*彼$_{i}$}に拍手をしてくれていることに気づいた。

b. 太郎$_{i}$が一着でゴールインしたとき、皆が{?自分$_{i}$／彼$_{i}$}に拍手をしてくれていることに気づいた。（澤田淳 2007: 96）

「皆が拍手をしている」状況に気づいた主体は、a 文では「太郎」、b 文では語り手であると解釈される。（27）の「照応に関する視点の原則」によれば、視点が意識主体としての登場人物の側に置かれている場合は再帰代名詞が、語り手の側に置かれている場合は人称代名詞が選択されるが、上の例の「皆が拍手をしている」状況に気づいた主体の解釈の相違は、再帰代名詞「自分」と人称代名詞「彼」の選択関係からも裏づけられる。

敬語、授受表現、方向表現と指示追跡機能

敬語は、話題の人物や聞き手に対する敬意や丁寧さを表すが、副次的に指示追跡の機能を持つ（Van Valin 1987: 519）。古典の解釈において敬語が重要な役割を果たすことはよく知られている。次の古典語の例では、述語が尊敬語、謙譲語・無敬語のどちらで標示されているかにより、省略されている動作の主体が「帝」か「橘の良利」のどちらであるかが判別できる（小田 2018: 221–222）。

（33）帝、おりゐたまひて、またの年の秋、御ぐしおろしたまひて、ところどころ山ぶみしたまひて行ひたまひけり。備前の掾《じょう》にて、橘の良利《よしとし》といひける人、内におはしましける時、殿上にさぶらひける、御ぐしおろしたまひければ、やがて御ともに、かしらおろしてけり。人にも知られたまはで歩きたまひける御ともに、これなむおくれたてまつらでさぶらひける。（大和物語・二　旅寝の夢、p. 253–254）

敬語の指示追跡機能は現代敬語にも認められる。次の例の「かばんを持つ」主体は、a文では尊敬語が使われているため聞き手（客）、b文では謙譲語が使われているため話し手（フロント係の者）であると理解される。

(34)（ホテルのフロントで。フロント係の者から客への発話）
　　a. お客様、おかばん、お持ちになりますか。
　　b. お客様、おかばん、お持ちしますか。

ただし、近年、b文のような謙譲語を尊敬語と取り違える誤用も見られる（例：［郵便局の印刷物］ご利用してますか、レタックス）（菊地 1997: 293）。

授受表現や**方向表現**も指示追跡機能を持つ（Nariyama 2003, 山田 2004）。

(35) a. 恋人と毎晩電話する約束をしている。今日も9時頃、電話を{かけてあげた／かけた}。声を聞いて安心した。
　　b. 恋人と毎晩電話する約束をしている。今日も9時頃、電話を{かけてくれた／かけてきた}。声を聞いて安心した。

「てあげる」は話し手が**主語側の視点**から述べる表現であるため、a文の「電話をかけた」主体は（省略されている）話し手であると解釈される。動詞単独形の場合も、話し手が目的語側の視点よりも主語側の視点から述べるのが普通であるため、通例、「電話をかけた」主体は話し手であると解釈される。主語側の視点は後続文でも引き継がれ、a文の「声を聞いて安心した」主体は、「電話をかけた」主体と同一と解釈される。一方、「てくれる」「てくる」は話し手が**非主語側の視点**から述べる表現であるため、b文の「電話をかけた」主体は、話し手ではなく（省略されている）恋人であると解釈される。非主語側の視点は後続文でも引き継がれ、b文では、「声を聞いて安心した」主体は「電話を受けた」主体と同一と解釈される。

類型論的に、日本語は**代名詞脱落言語**（pro-drop languages）（Fillmore 1986: 95）に部類され、**省略**（ゼロ代名詞化）の多い言語として知られているが、日本語の中には、指示追跡機能を（副次的に）果たす様々な言語装置が組み込まれており、省略された参与者を特定する手がかりが用意されている。

6 まとめ

本章では、〈形式〉—〈意味〉—〈コンテクスト〉の三項関係の中で文法現象を捉える語用論的な文法研究（語用論的文法）の立場から、(i) 文法現象の中には語用論的要因が深く関わるものが存在する、(ii) 文法現象の容認性はコンテクストによって変わりうる、(iii) 文法現象が副次的に語用論的な方略として利用されうる点を論じた。このような語用論的な文法研究のアプローチは、主として生成意味論の研究（特に「問題解決者」の研究（Ariel 2010）（→ 第 1 章））にその萌芽を見ることができる。また、語用論的な文法研究のアプローチは、**一般的認知能力**や**談話機能**から言語現象を説明する**認知言語学**や**機能言語学**とも親和性を有している（両者は、**認知・機能言語学**と総称されることもある（大堀 2011: 393–396））。

語用論的な文法研究のアプローチは、統語論偏重の形式文法では説明不可能な文法現象に、語用論的な観点から説明を与えることで、文法記述のさらなる精緻化と文法研究のスコープの拡大化に貢献することが可能であると言える。

練習問題

次の文章は、川端康成「伊豆の踊子」における一節である。主人公の「私」（旧制高校生）が伊豆への一人旅で出会った旅芸人一座の幼い「踊子」との別れを、情景豊かに描いている場面である（榮吉は踊子の兄）。

(1) 榮吉が船の切符とはしけ券とを買ひに行つた間に、私はいろいろ話しかけて見たが、踊子は掘割が海に入るところをじつと見下したまま一言も言はなかつた。私の言葉が終らない先き終らない先きに、何度となくこくりこくりうなづいて見せるだけだつた。（中略）

はしけはひどく搖れた。踊子はやはり脣をきつと閉ぢたまま一方を見つめてゐた。私が繩梯子に捉まらうとして振り返つた時、さよならを言はうとしたが、それも止して、もう一ぺんただうなづいて見せた。はしけが歸つて行つた。榮吉はさつき私がやつたばかりの鳥打帽をしきりに振つてゐた。ずつと遠ざかつてから踊子が白いものを振り始めた。

（川端康成「伊豆の踊子」p. 322–323）

問 1 「さよならを言はうとしたが、それも止して、もう一ぺんただうなづいて見せた」主体（主語）は、「私」と「踊子」のどちらだろうか。

問 2 問題の省略された主体を、指示追跡の観点から分析してみよう。

文献案内

- **澤田治美（2014）『現代意味解釈講義』開拓社**：「視点と意味解釈」、「モダリティと意味解釈」、「コンテクスト・情報構造と意味解釈」などのテーマを通して、意味解釈の奥深さと豊かさを味わうことができる。
- **加藤重広・滝浦真人（編）（2016）『語用論研究法ガイドブック』ひつじ書房**：特に第 6 章「統語語用論」（加藤重広）は、本章の内容と深く関連しており、創見に富んだ研究事例の分析（例：助動詞の過去形の推意）とともに、語用論的な文法研究の方法論や問題意識の立て方を学べる。
- **Ariel, Mira (2008) *Pragmatics and Grammar*. Cambridge: Cambridge University Press**：文法と語用論の境界を設定（文法はコード（code）、語用論は推論（inference）と想定）した上で、両者の境界域の現象の考察や、語用論を通して文法が形成されるとする議論を展開している。加藤（2009）の書評論文とあわせて読むことで、本書の理解が深まる。

引用例出典

安部龍太郎（1994）『彷徨える帝』新潮社.

林芙美子（1955）『女家族』角川書店.

川端康成（1980）「伊豆の踊子」『川端康成全集　第二巻』新潮社.

松本清張（1961）『霧の旗』中央公論社.

三浦浩（1986）『京都大学殺人事件』集英社.

片桐洋一・福井貞助・高橋正治・清水好子（校注・訳）（1994）『新編日本古典文学全集 12　竹取物語・伊勢物語・大和物語・平中物語』小学館.

Puzo, Mario (2009) *The Godfather*. London: Arrow Books.

第10章 | 会話分析

本章のポイント

- 「会話分析」は、単に会話データを分析することではなく、独自の方法論と枠組みを持つ学問領域を指す。
- 会話分析は、実際の具体的な発話の中に、発話の理解可能性の根拠を突き止める分析手法を編み出した。

1 会話分析とは

私たちは、この世に生まれ落ちて日常生活世界の中で他者と関わりあうことによって、そして、そのことによってのみ、ことばを身につけることができる。どの社会文化に生まれようとも、子どもは、日常生活の中で他者とことばを交わす場面、すなわち、日常的相互行為場面を繰り返し経験することによって次第に相互行為に参加することができるようになり、言語を獲得していくのである。この意味で、**日常的相互行為**は、人間の社会性が顕現し、実践される最も基本的な場 (the primordial site of human sociality) であることは間違いない (Schegloff 1992)。この最も基本的かつ普遍的な社会的場面をフィールドとし、言語使用のあり方を追究する学問の中でも近年目覚ましい発展を遂げているのが、**会話分析** (conversation analysis) である。1つの独立した学問領域・手法の呼び名としての「会話分析」は、単に会話データを分析するということを意味しない。それは、社会学の流れを汲みながらも、従来の社会学的関心のありかや問いの立て方を省みて、それとは一線を画すべく、H. サックス (Harvey Sacks)、E. シェグロフ (Emanuel A. Schegloff)、G. ジェファーソン (Gail Jefferson) らが知性と情熱を結集させた成果として生み出され、彫琢された、相互行為をきわめて深く緻密にシステマティックに分析する手法であり、学問的構えである。

会話分析が問うのは、私たち社会の成員が日常の実生活の中でことばをやりとりすることを通して様々な社会的現実を生み出している (たとえば、約束をする、要求をする、不満を共有する、議論して何らかの結論を導く、など）場面が、いかにして成立しているのか、ということである。ゆえに、その分析対象は常に実際の自然発生的な社会的相互行為場面であり、分析者自身が直観や内省に基づいて作成した例文を分析することはない。

ただ、「いかにして」を問う学問だと言われても、具体的に何を明らかにしようとしているのか、にわかにはわかりづらいだろう。もっともである。会話分析は、私たちが日常的に当たり前にやっていることを改めて問い直す試みであるからだ。日本語母語話者に日本語の文法を説明することを求めても、（言語学者でもない限り）正確には答えられないのと似ているかもしれない。会話分析は、「相互行為の文法」を明らかにしようとしているとも言えるだろう。ただし、頭の中で文を組み立てるための文法と、相手の存在を前提として組み立てる相互行為の文法は、当然ながら同じ水準では語れない。会話分析は、（そもそも社会学的関心から生まれたので当然ではあるが）従来の言語学とはかなり異なる分析の道具立てを用意しているのだ。

以下、本章では、会話分析の視点を実例の分析を通して紹介する。

2 会話分析の方法論

たとえば、次の事例を見てみよう。チホは2歳2ヶ月児で、リビングのテーブルで雑誌を眺めている母親に話しかけている。下掲のような、実際の発話を書き起こしたものを**トランスクリプト**と呼ぶ。会話分析では、実際の相互行為場面を録音録画し、できるだけ精密なトランスクリプトを作成する。トランスクリプト中の（0.2）などの数字は間合いの秒数、下線部は強く発音されている箇所、コロンは音の引き伸ばし、角括弧は発話の重なりの開始位置、発話末尾のクエスチョンマークやピリオドは、発話末尾の音調（クエスチョンマークは上昇調、ピリオドは下降調）を示す。

（1） 01　チホ：ね:, トト- トトロは:?
　　　02　（0.2）
　　　03　母親：う:ん?
　　　04　（0.2）
　　　05　チホ：トトロ.

06 (0.4)
07 母親：トトロ? ［トトロつかへんねん.
08 チホ： ［うん.
09 (1.2)
10 母親：ビデオつかへんねん.

何気ない日常の一場面であるこのやりとりがいかにして成り立っているか、解きほぐしてみよう。

発話の順番

まず、チホと母親の間で、発言の**順番**（ターン；turn）**の交替**が生じている。当たり前のように思えるかもしれないが、そもそも、私たちは会話の中で、自分が順番を取ることができるタイミングがなぜわかるのだろうか？ 相手の発話が「文末」に至ったら自分が発話を開始できる、というように、「文」という文法単位が基準になっているわけではないことは、事例を見れば一目瞭然である。チホの1行目や5行目は「文」という単位では捉えられない。

会話分析では、順番を構成するのは、文法単位とは区別される、**順番構成単位**（turn constructional unit; 以下 TCU）であると考える。TCU が完結したとみなされる時点はすなわち、1つの行為が完結したとみなされる時点であり、そこに至る前に何らかの形でその時点を受け手が予測することを可能にするような構造を持っている。もちろん、文法はその構造を生み出す有効な資源の1つだが、音調や、その他の身体的な資源（視線、手の動き、体の向きなど）も、その発話がどのような行為を構成し、どのように完結するのかを受け手が予測する上で重要な手がかりとなる。

この TCU の概念が従来の言語学的な文法概念と決定的に異なるのは、発話は時間の展開とともに線条的に産出され、受け手はリアルタイムに発話の展開に注意を向けながら TCU の完結点を予測して順番の交替に備えているということが、その概念の核心に組み込まれている点である。会話参加者は、常に、1つの行為が自分に向けて産出され、完結し、その行為に対して自分が何らかの反応を開始することが期待される時点（**順番の移行が適切となる場所**；transition relevance place）を予測しながら、会話に参加しているのである。

上の断片の1行目において、チホは母親に近づいて、母親の顔を見ながら、

「トトロは:?」と産出しつつ、発話末尾で音調を引き上げる。このことによって、ある種の働きかけの行為が自分に差し向けられ、完結し、今や自分がそれに応じて何らかの反応をすることが求められているということが、母親に理解可能となるのである。

発話への反応

さて、自分に差し向けられた行為に適切に反応するには、その向けられた行為を適切に理解しなければならない。上で述べた、その発言順番を構成する言語形式、文法、音調、身体的振る舞いなど様々な資源のほかに、決定的に重要となるのは、その発言が相互行為のどのような時点でどのような順番の連なり（**行為連鎖組織**；sequence organization）の中に位置づけられるか、ということである。

たとえば、上の断片の5行目のチホの発話「トトロ.」は、この発話だけ見ていたのでは、どのような行為なのか全くわからない。しかし、これが、3行目の母親の「う:ん?」という発話に対する反応であり、この母親の「う:ん?」は、その前の1行目の発話の聞き取りもしくは理解に問題があったことを示してそのやり直しを求める発話（**修復の開始**；repair initiation）であることがわかれば、5行目のチホの発話は、そのやり直しの求めに応じて1行目の発話をやり直す行為（**修復**；repair）であるということがわかる。さらに、母親は5行目の発話に対して、7行目で「トトロ?」と聞き返して確認を求めることによってさらなる「修復の開始」を産出し、8行目では、チホがこれに反応して「うん.」と確認を与えることによって修復を完了する、という**修復の連鎖**が繰り返されている。ただ、一方で、母親は、7行目の「トトロ?」の後すぐさま「トトロつかへんねん.」と続けており、チホの確認を待たなければならないほど5行目のチホの発話の聞き取りや理解に問題があったわけではないことも示している。つまり、「トトロ」が聞き取れた時点で、実質的に問題は解決した（すなわち、1行目の発話が理解できた）のだ。

そして、この7行目の「トトロつかへんねん.」、および、10行目の「ビデオつかへんねん.」は、1行目の発話が受け手に求めていることに反応している。つまり、この7・10行目の発話において、母親は、チホの最初の発話が、（「トトロ」の）DVDを再生することを要求する発話であったという理解を示し、「つかへんねん」という言い方で、自分の意思ではなくDVDプレーヤーの不調によって要求に応じられないことを示す反応、つまり、要求に対する拒否の反応を産出しているのである。

このように、「要求」に対しては「拒否」もしくは「受諾」、「質問」に対しては「応答」、「申し出」に対しては「受け入れ」もしくは「断り」というように、いくつかのタイプの行為については、それに対してどのようなタイプの反応が産出されるべきかが明確であり、参加者は、そのような反応を期待することができる（つまり、このような行為のペアは、たとえば、質問に対しては応答が産出されることが多いというような単なる頻度の問題ではなく、規範的な結びつきを持つことを意味する）。このような行為のペアを**隣接ペア**（adjacency pair）と呼ぶ。隣接ペアを構成する2つの行為は、基本的には、その名の通り「隣接して」、つまり、連続して産出されるが、実際には、3・5行目のようなやりとりが挟まれることも多い（このような、隣接ペアを構成する2つの順番の間に挟まれた隣接ペアを**挿入連鎖**（insert sequence）と呼ぶ）。しかし、7・10行目が1行目に応接する行為である、つまり、1行目と7・10行目が隣接ペアを構成し、3・5行目はその間に挟まれた別の隣接ペア（やり直しを求める行為とその求めに応じる行為のペア）である、という構造が見えるのは、まさに隣接ペアの2つの行為が規範的に強く結びついているからこそである。それゆえ、隣接していないからといって「隣接ペア」と呼べないわけではない。重要なのは、隣接ペアを構成する2つの行為のペアが、行為連鎖の構造を可視化する枠組みとなるということだ。

まとめよう。断片(1)の行為の連なりは、母親が、7・10行目の発話において、それを1行目の要求に対する反応（拒否）として産出していることに着目することによって、「挿入連鎖を含む隣接ペア」という構造が見えた。そして、そのような母親の7・10行目の発話が、とりもなおさず、母親が1行目のチホの発話を、（「トトロ」の）DVDの再生を要求する行為として理解したことの証拠となる。

このロジックは、相互行為の参加者自身の視点や志向（行為の産出や理解に関わることとして特定のことに注意を向けること）を掬い取ることをめざす会話分析の手法において重要な役割を担っている。文脈から発話者の意図をどう推論するか、そのメカニズムについてモデルを構築して説明することを目的に展開したのが語用論だとすると、会話分析は、会話参加者が互いに互いの行為をどのように理解しているか、また、それぞれの行為産出においてそうした理解可能性をどのように確保しているか、その証拠を、あくまでも会話参加者の振る舞いの細部に突き止めていく手法として発展したのである。

3 発話を「理解する」ということ

さて、母親が断片（1）の1行目のチホの発話を、「(「トトロ」の) DVDの再生を要求する行為」として理解したことを7・10行目の母親の発話が示していることはわかった。しかしながら、そもそも、なぜ母親は1行目の発話をそのような要求として理解することができたのだろうか？ この問いに答えるのは、実は、簡単ではない。なぜならば、1行目の発話には、「要求」であることを標示する形式は含まれていないからだ。このような発話がなぜ適切に理解されうるのか。これはまさに語用論的な問いでもあるだろう。

言語行為論および談話分析との関わり

発話を行為として捉える視点それ自体は、第6章で述べられているように、**言語行為論**によって確立されたと言えよう。上で、隣接ペアを構成する行為の例として「要求」や「質問」や「申し出」などを挙げることができたのは、発話をそのような行為として見ることを提案した言語行為論的視点が、言語使用の研究において広く深く根付いているからこそである。その言語行為論においては、断片（1）の1行目の発話は、発話の形式それ自体に「要求」と慣習的に結びつく形式が用いられているわけではないという点で、**間接言語行為**として扱われ、その推論モデルが提示されることになろう。

同様に言語行為論の影響を受けつつも、文という単位を超えた、「談話」という水準での規則性や規範性を捉えようとする**談話分析**ではどうだろうか？談話分析は、会話分析と混同されやすいが、基本的には言語学の枠組みを援用するものであり、また、統一された分析手法が存在するわけではない。そのため、研究者のスタンスや手法によって切り口は様々だろうが、たとえば、[名詞句（以後NPと表記する）＋は？] という形式は、しばしば「要求」として用いられるということを、ほかのデータからの事例も取り上げて証明したり、あるいは、[NP＋は？] 形式の発話がどのような機能を担うのか、多くの事例を収集して分類するといった方向性もありうるだろう。

いかにして発話の理解が可能になるのか？

しかしながら、言語行為論と談話分析はいずれも、チホの1行目の発話がいかにして上で述べたような要求としての理解可能性を確保しているかという問題については、答えを与えてくれない。そして会話分析が問うのは、まさにこの点である。この問いに（完全ではないが一定の説得性を含む）答えを出すには、この発話が産出される1分30秒ほど前に遡ったところから分析する必要がある。

まずは、この場面の様子を図1で確認した上で、1分30秒ほど前のやりとりから見ていこう。以下の断片（2）は、断片（1）にその前の部分を加えたものである。

図1　断片（2）の1行目

（2）01　チホ：ちょっとつけて::?（(DVDプレーヤーのリモコンを母親に差し出す))

02　母親：ほら, つかへん.（(DVDプレーヤーに向けてリモコンを操作する))

03　（1.7）

04　母親：ね?

05　（0.5）

06　母親：あかんねん.（(リモコンをチホに返す))

07　（0.3）

08　チホ：にいには::?

09　（0.2）

10　母親：にいにもつけられへん.

11　（1.8）

12　チホ：チーちゃんは:?
13　(0.5)
14　母親：チーちゃんもっとつけられへんなあ.
15　(0.8)
16　母親：おかしいねえ.
((中略：母親がチホの顔についている汚れを取り除く。その後チホはリモコンをDVDプレーヤーの横に戻し、一旦母親のそばを離れるが、再び母親のほうに向きなおって近づく。))
17　チホ：［ね:, トト- トトロは:?
18　兄：　［(　　)
19　(0.2)
20　母親：う:ん?
21　(0.2)
22　チホ：トトロ.
23　(0.4)
24　母親：トトロ?　［トトロつかへんねん.
25　チホ：　　　　［うん.
26　(1.2)
27　母親：ビデオつかへんねん.

断片 (2) の1行目を見れば明らかなように、チホは、先の「トトロは?」という発話を産出する前に、DVDをつけるように母親に明示的に要求しているのである。しかし、このことが直ちに先の問いへの答えになるわけではない。

まず、「トトロは?」という発話が、なぜ、断片 (2) の1行目の発話に関連づけて聞かれるのか、という問題がある。また、そもそも、断片 (2) の1行目が、なぜ、リビングに置いてあるDVDプレーヤーをつけることを要求する行為として理解可能であるのかということについても説明が必要だ (直感的には「当たり前」のように理解できることを、いかにしてその理解が可能なのかを問うのが会話分析だったことを思い出そう)。

たしかに、「ちょっとつけて::?」という発話は、いわゆる動詞の「て形」を用いることによって、言語形式的にはそれが要求であることを標示している。

だが、その発話を通して実現されている行為が「要求」であることさえ理解されれば、その「要求」行為の受け手が現実に具体的に反応できるというわけではない。「今ここ」の状況において、それが誰に対してどのような要求をしているのかがわからなければ、実際にそれに反応することはできない。具体的に反応できなければ、その発話を「理解した」とは言えないだろう（「無視する」ことでさえ、その発話を理解したからこそ可能となる）。

断片（2）の1行目は、実は、すでにチホが自らDVDプレーヤーの横に置いてあるリモコンを取り出し、母親のほうを見てリモコンを見せながら「ちょっとつけて::?」と発したのに対して、母親が「ついてへんねん.」と応じたあとに、再び繰り返されている発話である。つまり、断片（2）の17行目（＝断片（1）の1行目。以下、断片（2）における行番号を使用する）を分析するためには、最終的にその発話まで遡る必要があったのだ。断片（2）の1行目では、チホはその前の発話と同じ言語形式を用いて発話末尾の音調を上昇させているが、リモコンを母親に見せるだけでなく、母親のほうに歩み寄って、リモコンを母親に差し出している（図1）。このような状況において、この発話は、母親に対して実際にリモコンを用いてDVDプレーヤーを「つける」ことを、その前の発話よりも強力に要求していることはもはや明白である。そのようなチホの強い要求に対して、母親は、先の発話に対しては言語的に反応するだけだったのに対し、ここでは、リモコンを受け取りつつ、「ほら」で発話を開始して、先の「ビデオがつかない」という主張は事実であることを「実演的」に示そうとしていることを明らかにする（2行目）。母親は、実際その直後にリモコンの再生ボタンを押すふりをしてリモコン（もしくはプレーヤー）が機能していないかのように振る舞う。そしてチホのほうを見て「ね？」（4行目）と発話することで、チホにこの事態を母親と同様に理解し、受け止めることを求める（実際には、DVDプレーヤーは故障していたわけではなく、母親は、チホが長時間DVDを見続けるという事態を避けようとしていたものと思われる）。さらに6行目では、その事態が自分では如何ともしがたいことを明確にしながらリモコンをチホに返す。

以上のようなやりとりのあとに、8行目と12行目、および、17行目のチホによる[NP＋は？]という形式の発話が産出されていることは、これらの発話を分析する上で決定的に重要である。次節では、その分析を通して、[NP＋は？]という形式の発話はとりわけ言語発達過程にある幼児が多用するという事実と、そのことが何を意味するかについて、考察していこう。

4 幼児による［NP＋は？］型発話の使用

［NP＋は？］型発話をめぐる基本的な問い

筆者が複数の家庭の幼児を参加者に含む相互行為場面のデータを観察した限りでは、まず、多くの子どもは2歳の誕生日を迎える頃に、いわゆる**トピック・マーカー**（主題マーカー）の「は」を用い始める。そしてその多くは、断片(2)の8行目、12行目、17行目に見られるように、［NP＋は？］型発話で出現する。このことが何を意味するのかはあとで議論する。ここでは、ひとまず、この型の発話がどのように使用されているのかを見てみよう。

［NP＋は？］という形式の発話は、**トピック**（主題）の部分が「は」という標識（トピック・マーカー）を伴って出現し、**コメント**の部分が省略されたもの、というような説明が与えられるだろう。また、トピックは**旧情報**もしくは**活性化された情報**であり、情報の焦点はコメント部分にあるため、［NP＋は？］型発話は、旧情報／活性化された情報のNPの指示対象について、何らかのコメントを提示するように求める発話であるということになろう（→第3章）。一方、会話分析的な視点からは、以下のような問いが立てられるだろう。

①［NP＋は？］型発話におけるNPの指示対象は、会話参加者にとっていかなる意味で「旧情報」「活性化された情報」と言えるのだろうか？
②［NP＋は？］型発話が具体的にどのような行為を実現してどのような反応を求めているのかを、受け手はなぜ理解可能なのか？
③子どもは、［NP＋は？］型発話を産出することによって何を達成しているのだろうか？

これらの問いは、これまで言語学の領域で言われてきた様々なことを一旦横におき（必ずしも否定するというわけではなく、広く認知され確立しているとみなされていることに依存した分析をしないということ）、この発話を具体的場面の「今ここ」で産出し、宛てられている参加者自身にとってどのようなものとして産出され、受け止められ、用いられているのか、ひたすらにそこを焦点として理解しようとする会話分析の姿勢から生じるものである。これらの問いは、互いに深く関わり合っているために、1つずつ取り上げて順次議論するのは容易ではないが、以下、できるだけ①〜③の順に取り上げて検討してみよう。

「旧情報」「活性化された情報」とは何か

まず、最初の問いについて考えてみよう。子どもによる［NP＋は？］型発話におけるNPの指示対象は、常に、養育者と子どもの双方にとって**特定的・具体的**な人・モノであり、受け手はNPの指示対象を問題なく特定できる。ゆえに、受け手は［NP＋は？］型発話に対して、多くの場合は即座に反応を返すし、仮に断片（2）の20行目のように、聞き返すことはあっても、それは聞き取りに問題があったためで、NPが何を指しているかが特定できないからではない。

8行目における「にいに」は同じ部屋の中の少し離れたところでゲームで遊んでいるチホの兄のことを指し、12行目の「チーちゃん」はチホ自身を指している。ほかの実例から取り上げると、「おとうさん」「おかあさん」は当然ながら自分の父母を指し、「おねえさん」は自分の姉のことではなく、ビデオデータを収録しに来た女性研究者を指している、という具合である。

NPがモノを指すときも同様である。「バス」「はさみ」「フォーク」「きなこ」などの普通名詞が用いられていても、それは、発話者（子ども）が「今ここ」で遊んでいるおもちゃのパーツとしての「バス」であったり、いつも用いている「はさみ」や「フォーク」、普段は特定の容器に入れられて食卓に用意される「きなこ」を指していることは、受け手にとって明確である。「これ」などの指示代名詞が指差しとともに用いられる場合（実際、「これは？」という発話は頻繁に用いられる）は、もちろん、その場にある（指の先にあるその）物を指していることは明らかである。ではNPが固有名詞の場合はどうだろうか。固有名詞なので指示対象を特定できるのは当然だが、それだけではない。上の事例で用いられている「トトロ」は有名なアニメ映画に登場するキャラクターを指す固有名詞だが、ここでは、そのキャラクター自体を指しているのではなく、「トトロ」を主人公とするアニメ映画のDVDを指しているのである（実際母親がそのように理解していることは、24行目および27行目の母親の発話から明らかであった）。

つまり、［NP＋は？］型発話におけるNPの指示対象が、発話者と受け手の双方にとって特定的・具体的だというのは、その発話が生じている「今ここ」

の状況を参照して具体的に特定できる、ということにほかならない。この性質は、いうまでもなく、会話の参加者がその状況においてその発話を通してどのような行為を産出し、それが受け手にどのように理解されうるかという問題とは無関係に規定されるような「旧情報」「活性化された情報」という概念では捉えきれないものである。「旧情報」「活性化された情報」という概念は、結局、そのときその場の（発話を通して実現される）行為を適切に理解する上で適切に特定化が可能であるという性質に帰着する。であるならば、1 つひとつの発話／行為が、その都度、具体的にどのように理解されているのか、そのしくみを明らかにしていくことを通してこそ捉えることができる性質だと言える。

連続的に用いられる [NP＋は ?] 型発話

このことは、上の問い②「[NP＋は ?] 型発話が具体的にどのような行為を実現してどのような反応を求めているのかを、受け手はなぜ理解可能なのか ?」と密接に関連している。つまり、NP の指示対象を、「今ここ」の状況において上で述べたような仕方で具体的に特定できるからこそ、それが、「今ここ」においてなにゆえに言及されているのかが理解可能となり、そのことによって初めて有意味に反応することが可能となるのである。逆に、その発話がどのような行為を実現しているかを正確に理解できるからこそ、NP の指示対象を適切に特定できるとも言える。NP の指示対象と発話全体で実現されている行為は、相互に意味を与え合う関係にあるのだ。

たとえば、断片 (2) のチホの 8 行目の発話は、一連の母親の振る舞い（自分では DVD プレーヤーを作動させることができないことを「実演」して見せ、「あかんねん」とそれができないことを言語的に明確にした上で、リモコンをチホに返す）のあとに産出されている。チホがリモコンを受け取りつつ母親と視線を合わせてこのタイミングでこの発話を産出しているからこそ、「にいに」が、母親と同様に「DVD プレーヤーをつけることを試みることができる者」というカテゴリーに属する者として取り上げられ、実際につけることができるかが問われていることが理解可能となる。事実、10 行目の母親の発話は、そのように理解したことを示している。まず、「にいに」が取り上げられていることについて何ら不可解さを示さないことそれ自体が、「今ここ」で「にいに」が取り上げられることを妥当なこととして受け止めていることを示している。さらに、「にいにもつけられへん.」(10行目）と「にいに」に「も」を付加することによって、「にいに」は、「DVDプレーヤーをつけることを試みることができる者」というカテゴリーのメンバーであり、かつ、実際にはつけることができない者として（母親に次いで）2人目であるという理解を示している。12行目で、チホが続けて自分自身について尋ねているのは、いかにも「子どもらしい」が（チホはそもそも自身ではできなかったために母親にDVDプレーヤーをつけることを要求したのだった)、その場にいてDVDプレーヤーのリモコンのスイッチを押すことが可能な者としてチホ自身を取り上げること自体は、論理的には成立しうる。母親は、14行目で、10行目と同様の反応をするが、「もっとつけられへん」と、「チーちゃん」はより成功の可能性が低いことを示し、発話末尾に「なあ」と明示的に受け手の同調を求め、さらに、「おかしいねえ」とこの事態を評価的にとりまとめることによって、先のカテゴリーのメンバーを列挙してチェックしていく行為連鎖が終結可能な位置に至った（これ以上確認の対象として取り上げることができるメンバーはいない、つまり、この場にいない父親やビデオ撮影者は「DVDプレーヤーをつけることを試みることができる者」というカテゴリーには属さない）という理解を示していよう。チホも、このあと、さらに［NP＋は？］型発話を用いて誰かを取り上げることなく、顔についている汚れを母親にとってもらうというやりとりに参加することから、この理解を母親と共有していると言える。

臨時的に生み出されるカテゴリー

カテゴリーという用語について、ここで補足しておきたい。断片（3）は、Sacks (1992) からの事例である。このやりとりがいかにして理解可能になるか、考えてみよう。

（3） A: I have a fourteen-year-old son.
B: Well that’s alright.
A: I also have a dog.
B: Oh, I’m sorry. (Sacks 1992: 757)

この事例は、アパートを借りようとする者とそのアパートの家主とのやりとりである。この文脈を与えられれば、上の会話は難なく理解できよう。つまり、そのような状況で産出されている発話であるからこそ、「14 歳の息子」と「犬」について、「アパートを借りる際に妨げとなりうる要素」というカテゴリーが臨時的に立ち上げられ、2 者がそのメンバーとして理解可能となっているし、逆に、そのようなカテゴリーのメンバーを連続して取り上げることによって、A と B が「アパートを借りること」について会話している状況として理解できるのである。実際、A は、単に「子どもがいる」という言い方ではなく「14 歳の息子がいる」という言い方をしている。これは、A が、上述の「アパートを借りる際に妨げとなりうる要素」というカテゴリーのメンバーとして、単なる「子ども」ではなく「幼い子ども」がよりふさわしいことに志向していることを示す。つまり、ここでいうカテゴリーは、その時その場の状況によって臨時的に生み出されたものである。そして、断片 (2) の 8・12 行目でチホが喚起しているカテゴリーも、このような性質ものである。

このように相互行為の中で、(子どもが知っている) 複数の者が、その時その場において臨時的にあるカテゴリーを構成しうる場合に、[NP＋は ?] 型発話は、NP で指示される者について、そのカテゴリーのメンバーとしてあることが成立するかどうかを順次確認する発話として利用できるのである。そして、それは、単に「利用できる」というだけでなく、とりわけ言語発達過程にある子どもにとっては、実践的目的を達成するためのきわめて有効な道具となりうる。上の事例であれば、DVD を見たいチホにとって、まずは、その場において DVD プレーヤーのリモコンを操作可能な者とそうでない者 (たとえば、その場にいない父親やその日訪れたビデオ撮影者) を区別した上で、前者について実際に DVD をつけることができるかどうかを探ることは重要なことであろう。

今見たような、その時その場で生み出されたカテゴリーを構成するメンバーを次々に取り上げ、あることが適応するかどうかを順次確認するために連続して [NP＋は ?] 型発話を用いる連鎖は、2 歳ごろの子どもの発話においてしばしば観察される。このような [NP＋は ?] 型発話の事例は、発話者である子ども自身が、自分の周囲の者を状況に応じて有意味な仕方でカテゴリー化できることを示している。そして、そのカテゴリーのメンバーを順次取り上げていく限りにおいて、自身の [NP＋は ?] 型発話の理解可能性が確保されることも、子どもは理解している。受け手である大人の参加者も、その時のその状況を踏まえて同じカテゴリーを参照することによって、[NP＋は ?] 型発話を理解している。

H. サックスは、人が人をカテゴリー化する際に様々な規範を用い、それに従う仕方で発話（行為）を産出し、理解するそのしくみを**成員カテゴリー化装置**（membership categorization device; MCD）と呼んだ。ここまでの議論は、そのアイデアを参考にしてはいるが、その難解な理論を精確に紹介したものではない（実際、ここで「カテゴリー」と呼んでいるものが Sacks の MCD における category と同列に扱えるかは議論を要する。実は、サックス自身も、事例（3）を MCD ではなく co-class members ということばを用いて分析している）。ここで重要なのは、そうしたカテゴリー化作業の原始形が、単純な [NP＋は ?] 型発話を含む連鎖の背後に透けて見えるということ、そして、わずか 2 歳にしてそうした複雑さを含む相互行為への参加が可能になっているということである。

要求としての [NP＋は ?] 型発話

さて、懸案の「トトロは ?」というチホの発話について議論しよう。チホは、DVD プレーヤーのリモコンをプレーヤーの横に置いたあと、一旦母親から離れて兄の近くまで行こうとするが、すぐに方向を変えて再び母親のほうに近づきながら「ね:」と新たな連鎖を開始する。続けて「トト-」と言いかけて一旦中止し、母親の正面まできて「トトロは:?」と発する。母親はこの発話を「トトロの DVD を再生すること」を要求する発話として受け止めて、「トトロつかへんねん.」と要求に応えることができないという反応を返していたことは、すでに見た（「トトロの DVD が再生できるかどうか」を尋ねる質問に対して「再生できない」と応答しているという解釈も可能かもしれない。しかし、チホはトトロの DVD が再生できるかどうかを知ることのみに主たる関心があるわけではない。再生できるのなら再生してもらうのが目的であるのは明らかである。この点については、断片（2）の 8 行目と 12 行目についても同様のことが言えそうだが、これらの発話は、やはり、「誰がつけることができるのか」を明らかにすることをまずはめざしているように思う。そうでなければ、「チーちゃんは ?」という発話は産出されないだろう）。

先に述べたように、[NP＋は ?] 型発話における NP の指示対象は、発話者と受け手の双方にとって一義的に特定可能なものであるが、「トトロは ?」という発話において、その特定のされ方は、上で見た「にいに」や「チイちゃん」とは異なる。この発話における「トトロ」は、「トトロ」を主人公としたアニメ映画のDVDを指しているが、ここで何らかのカテゴリーが喚起され、「トトロ」のDVDがそのメンバーとして言及されているわけではない。

「トトロ」のDVDは、「今ここ」の状況において、少なくとも（先ほどからDVDを見たがっていることが明らかな）発話者にとっては、**「顕著に不在な」**（noticeably absent）ものである。「不在」であることの認識とは、そこに「あるべきもの」がないという認識である。すなわち、このタイプの［NP＋は?］型発話は、「今ここ」の状況において「あるべきもの」が受け手と共有されているという理解のもと、その「顕著に不在な」「あるべきもの」をあえて取り上げることによって、それを何らかの形で「今ここ」に取り込むことを要求する発話として、理解可能となるのである。

子どもは、「今ここ」の状況が、受け手とともに繰り返し経験されている何らかの活動（食事、遊び、散歩など）やルーティーンであることを認識し、自分が生きる生活世界を秩序化して理解していく。食事中に、食卓の上に自分のフォークが見当たらないときに「フォークは？ フォーク」と発したり、同じく食事中に自分がいつも好んで用いる「きなこ」や「キティちゃんのふりかけ」が見当たらないときに「きなこは？ きなこ」「キティちゃんは?」と発すること（いずれも実際の発話である）は、そうした、生活世界の秩序化が進められているからこそ生じるのである（ちなみに、このような、「あるべきもの」を物理的に、あるいは相互行為の焦点として取り入れることを要求するタイプの［NP＋は?］型発話は、「NPは？ NP」という形式で生じることが多い）。

5 ［NP＋は?］型発話の原理的性質

断片（2）の前半に見られるような、カテゴリーのメンバーを順次挙げていく用い方を、仮に、［NP＋は?］型発話の**カテゴリー用法**と呼び、チホの「トトロは?」のように、「あるべき／あるはず」なのに不在なものを「今ここ」にもたらすことを要求する［NP＋は?］型発話の使用を、**リクエスト用法**と呼ぶとしよう。この2つのタイプ以外には、その場にあるものを、たとえば、「これは?」と指しながら、その物の名称や何らかの説明を求めるという用い方も（より幼い）子どもの発話にしばしば観察される。これを、子どもにとってその物について未知のこと（その名称は何か、なぜそれがそこにあるのか、など）への答えを求める用法という意味で、仮に**探求用法**と呼ぼう。

幼い子どもが多用する［NP＋は？］型発話は、ほぼこの3タイプのいずれかである。このようにしてみると、［NP＋は？］型発話は、いずれも、受け手の反応を引き出すことによって、生活世界の秩序化を促したり確認したりするやりとりを生み出すと言えよう。探求用法は、まさに世界の秩序化自体を目的としたやりとりであることはわかりやすいが、カテゴリー用法にしてもリクエスト用法にしても、受け手がその発話を理解できるかどうかは、その場で喚起されているカテゴリーや「今ここ」の状況の理解が共有されているかどうかに依存する。その意味において、幼児は、［NP＋は？］型発話を産出するたびに、自分の生活世界の秩序化が他者と共有される仕方で為されているかをチェックできるのである。幼い子どもが［NP＋は？］型発話を多用するのは、それが言語形式としてはきわめてシンプルでありながら、他者と共有される生活世界を整序していくという社会化の原理的側面に関わるがゆえとも言えるようだ。これが、すなわち、最初に挙げた問いの③「子どもは、［NP＋は？］型発話を産出することによって何を達成しているのだろうか？」に対する、とりあえずの答えである。

ここでは1つの事例を取り上げて解説したが、もちろん、会話分析は特定の事例が分析できればそれでよいという立場を取っているわけではない。このような詳細な分析を、収集した事例すべてについて行い、対象とする現象についての記述を精緻化していくことにより、それが、相互行為上の何らかの課題を解決する方法として用いられていることを明らかにするのが、会話分析的研究の具体的な目標の1つである。というのも、相互行為は、様々な課題（たとえば、どのように相互行為を開始するか、どのように順番を交替するか、どのように誤解を修復するか、など）を解決しながら達成されているからだ。

このような相互行為上の課題それ自体は、基本的には、言語構造とは独立的に生じるものである。たとえば、本章で分析した［NP＋は？］型の発話によって処理されている課題は、英語ではどのような発話で対処されるのだろうか、というような問いを立てることも可能である。

6 おわりに

人間は、普遍的・生得的に、様々な相互行為上の課題をやりくりしながら相互行為を行う能力を備えている。会話分析の知見を踏まえ、近年、このような仮説（相互行為エンジン仮説）を提唱したのは、ポライトネス理論を発表して以来、語用論を牽引してきたS. レヴィンソン（Stephen C. Levinson）である（Levinson 2006）。語用論と会話分析の手法は異なるが、いずれも、関心の中心が人間の相互行為の解明である限りにおいて、両者は今後さらに接点を広げながら発展していくだろう。

練習問題

次の断片の中から「隣接ペア」を探そう。その隣接ペアの最初の発話がどのような行為（質問なのか、要求なのか、要求だとすればどのような要求なのか、など）を実現しているのか、考えてみよう。具体的に、どのような文脈、発話のどの部分のどのような産出の仕方がその理解を可能にしているのかを明らかにしてみよう。また、受け手はその発話をどのように受け止め、どのように反応しているのかも同様に確認しよう。常に、自分の分析が、データの具体的な箇所に根拠づけられているようにすること。

((2歳6ヶ月女児のアイ(A)・父(F)・母(M)の夕食場面。アイはすでに箸を使って食事を始めている。会話が途切れて3秒ほどの間合いの直後))

01　A：　フォークは? (.) フォーク. ((顔をMの方向に向けるが、視線は下向き))
02　M：　なに? ((Aに視線を向ける))
03　A：　フォークよ:: ((上体をMの方に向けたまま視線は食べ物に向けている))
04　(.)
05　A：　フォーク
06　M：　フォーク:?
07　A：　うん, フォーク.
08　(4.8) ((Mが立ち上がって台所に行く。その間Aは右手を台所の方に伸ばす。))

文献案内

📖 **高木智世・細田由利・森田笑（2016）『会話分析の基礎』ひつじ書房**：本邦初の会話分析のテキスト。読者対象としては言語学者・言語教育者を想定している。重要な分析概念を紹介する章の末尾には課題があり、自分の理解を確認できる。課題に用いられるデータの音声・映像ファイルと解答例は出版社サイトからダウンロード可能。

📖 串田秀也・平本毅・林誠（2017）『会話分析入門』勁草書房：会話分析が社会的行為の構成と理解の問題にどのように取り組むのかを丁寧に議論し、会話分析の構えについて正確かつ深い理解を促す。社会学徒向けではあるが、言語使用を通して実践される「社会的行為」について考えを深めるための様々な手がかりを与えてくれる。

第11章 メタ語用論

本章のポイント

- 談話標識（ディスコースマーカー）とは、インタラクションにおいて、話し手が自分の意図や認識をほかの会話参与者（聞き手）に知らせる「短い言語表現」（well, I mean や「でも」「っていうか」等のように）をいう。
- 談話標識として用いられる言語表現は、話しことば・書きことばで少し異なる。

1 メタ語用論とは

会話の参与者が、そのとき従事しているインタラクション行動についての認識を、ことばで表すことがあるが、そうしたことば使用についての研究分野を**メタ語用論**という（Culpeper and Haugh 2014: 240）。この場合の認識とは、たとえば、自分の発話（話しことばに現れる「文」に当たるもの）がどの程度確かなものか、また、発話の証拠性（evidential status）、認識性（epistemic status）などで、話し手の発話内容に対する心的態度（モダリティ）だと言い換えられる。参与者同士が相互に認識するものなので、**メタ**（meta; ギリシャ語で「上に」（above）、「超えて」（beyond）という意味）という用語が用いられる（同上：237）。この章では、**インタラクション**（相互行為）の中での話し手の意図・認識をほかの会話参与者（聞き手）に知らせる**談話標識**（discourse markers）と呼ばれる言語現象を主に見ていく。

2 話しことばと書きことば

一口に談話標識といっても、何時間もかけて書く新聞記事では「第一に」「第二に」といった標識がよく使われるだろうし、日常の話しことばでは「っていうか」「でも（さ）」などがよく使われるというように、表現のすみ分けが見られる。これは、同じ言語でも、話しことばと書きことばでは性質が異なるからである。まずはその大要を見ておこう。

表1　話しことばと書きことばの性質（Ochs 1979, Schiffrin 2006b: 175–176 参照）

話しことば	書きことば
計画されていない言語	計画された言語
断片性（fragmentedness）	統合性（integratedness）

次の（1）は、「モクレンの花の香りが素晴らしかった」という体験を、ある人（Gina）に話しことば（a）、書きことば（b）のそれぞれで報告してもらい、文字化した例である（Schiffrin 2006b :175）。（　）内は日本語訳である。

（1）　a. Gina: Have you ever smelled a magnolia blossom?
（モクレンの花の香り嗅いだことある？）
Sue: Mmhmm. （ええ。）
Gina: Absolutely gorgeous. （本当に素晴らしい香りね。）
Sue: Yeah, they're great. （ええ、本当にね。）
b. On one particular morning this summer, there was a certain fragrance that I recognized to be a glorious magnolia.（今年の夏のある朝、ある香りに気づいたのだが、それは素晴らしいモクレンの香りだった。）

（1a, b）には、話しことば・書きことばの性質が表れている。（1a）で、Gina は聞き手 Sue を話の描写に巻き込んでいる。両者は短い**調子単位**（tone units; イントネーションや音の高低の変化等で区切られる、話しことばが生産されるときに認められる単位）を用い、短い**順番**（ターン；turn）を取って話を進めている（Schiffrin ibid: 176）。花の香りに焦点が置かれ、感覚的な短いコメントで成り立っており、Gina の2番目の発話などは完全な文の形をしておらず、断片性が見られる。

一方、書きことば（1b）では、文法的な1つの文が生産されたが、花の香りは集中的に取り出されてはおらず、1文の中に、（話しことばでは見られなかった）正確な時という情報も盛り込まれている。香りは静的に名詞で表されている。同じ体験について、話しことばと書きことばとでは、異なる方法で組織され、言語化されたわけだ（Schiffrin 2006b: 175–176）。

このほか、一般に、書きことばには複雑な文法装置（関係詞や、従属接続詞による従属節など）が見られ、話しことばにはそうした要素は少ない。これも書きことばの統合性の一部であり、話しことば性と書きことば性はかなり異なる。

3 Schiffrin（1987）の談話モデル（話しことばのモデル）

第2節で述べたような話しことばを分析する際、静的な命題的意味だけでなく、人がインタラクションの中で行う行為（言語行為含む）や、会話の運営のために必要な行為（例：話題転換、もとの話題に戻る）なども観察する。会話を行っているとき、私たちは、ほかの人が「どういうことを意味しているのか」と**意味の首尾一貫性**（coherence）を探している。ほかの人の発言に対し「ええっ?!」とか、「そうだよねぇ」と反応しながら会話に参加するが、そうしたとき、実に様々な種類の知識・情報に照らして、他者の発言を「読み」、反応している。

その場に見えている事物だけでなく、複数の人にとっての**共有知識**（shared knowledge）や、自分にとって「初めて聞いたこと」（**新情報**）や「すでに知っていたこと」（**旧情報**）、また**世界知識**（world knowledge）なども、会話の（意味のつながりの）理解に大きく関わってくる。つまり、話しことばによる**談話**（2文以上の言語のかたまり）は、図1のような立体的な構造を持つとD. シフリン（Deborah Schiffrin）は考え、談話モデルを提案した。
図1のモデルの左から、4つの領域a, b, c, dが並び、さらに下方に1領域eがある。

a. **参加者構造**（participation framework）：話し手・聞き手（また他の参与者）、そして、その人たちの関係性が関与する。
b. **観念構造**（idea structure）：命題（proposition）や推意が単位。
c. **行為構造**（act structure）：行為（言語行為・会話管理のための行為・社会的行為）が単位。
d. **やりとり構造**（exchange structure）：順番交替システム（エスノメソドロジーのSacks, Schegloff and Jefferson（1974）が述べるturn-taking systemのこと）。順番が単位。

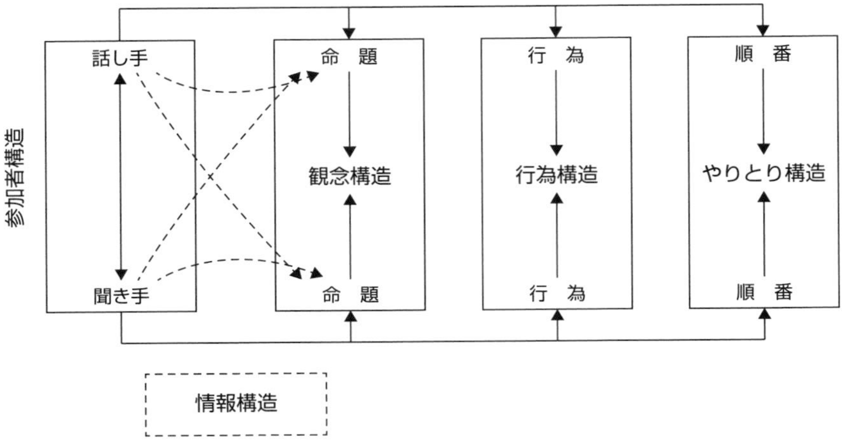

図１　Schiffrin (1987: 24–29) の談話モデル
(談話の意味の首尾一貫性モデル)

e. **情報構造** (information state)：情報 (新情報・旧情報・共有知識［・世界知識］等) が関与している。(［　］は筆者による加筆)

これら５つの性質の全く異なる構造 (Schiffrin (2006a) では**領域** (domain) と呼ばれている) が、話しことばの談話の中で互いに作用しながら、意味のつながりを構築している。私たちは、こうしたすべての領域の要素に照らしながら、談話の意味を理解している。

談話分析において、談話の**トランスクリプト** (話しことばを文字化した資料) を分析するとき、上の５つの領域すべての事柄が、談話の意味を構築しているため、そのすべてを見なければ、正確な意味は把握できない。それは具体的には、話し手は誰なのか、話し手と聞き手の関係 (社会的関係・親疎など)、意味の基本である命題、その場で行われている行為、順番交替のさま、情報は新しいか・既知か・共有されているか、といったことである。

4 談話標識

談話標識と多くのアプローチ

メタ語用論の中で談話標識は、人の認識・意図などを言語表現として明示的に知らせるものの筆頭として挙げられている（Culpeper and Haugh 2014: 240–241）。

日常の英語会話では *well, I mean, y'know* などが、日本語会話では「やっぱり」「だって」「だけど」などの短い表現が、まとまったイントネーションを伴ってよく用いられているのに、読者の皆さんはお気づきだろうか。こうした語句は、談話標識または**（メタ）語用標識**（(meta-) pragmatic markers）と呼ばれ、ここ 30–40 年間の言語研究で注目を集めている。英語や日本語だけでなく、様々な言語について研究されるようになった。また、現代語の研究に留まらず、談話標識の意味機能の発達を考察する**通時的**（歴史的）**分析**（例：文法化）も広く行われるようになった。

Schiffrin（1987）が著書 *Discourse Markers* で、異なる品詞に属する 11 の英語表現（*well, now, then*（副詞）、*and, but, or, so, because*（論理的接続詞）、*y'know, I mean*（句）、*oh*（間投詞；interjection））を初めて談話標識という 1 つの理論的カテゴリーにまとめた。

言語学において、多くの分野（応用言語学、理論言語学、コンピュータ言語学、社会言語学など）で研究され、またより新しい分野（認知意味論など）のアプローチも出てきている（Schiffrin 2006a: 315）。ただ、現在、談話標識研究分野に、統一された方法論・見解・定義があるわけでなく、上記のような様々なアプローチの中で、発展的に議論されている状態である（関連性理論（→ 第 7 章）というアプローチでは、談話標識が、世界の状況記述ではなく、意味の解釈に関わる**手続き的意味**（procedural meaning）を担うとも考えている）。

各アプローチにおいて、研究対象とする言語データも少しずつ異なる。1970 年代から 80 年代にかけて発展した話しことば研究（談話分析・会話分析）では、**自然発生した言語**（naturally-occurring language; 自然発話）こそが研究対象であり、人のインタラクション（相互行為）の中で行われた話を文字化した資料（トランスクリプト）を経験的に分析する。一方、伝統的な理論言語学のアプローチでは、談話より小さな言語単位である文・語を中心に分析し、研究者が作った例文（made-up sentences）を用いる。見るデータの異なりから、必然的に、各アプローチで観察するものの性質や研究結果が異なってくるということがある。

本章では特に、話しことば研究からシフリン、伝統的理論言語学に近い B. フレイザー（Bruce Fraser）による談話標識の考えを概観してみよう。

5 談話標識の性質と定義

談話標識の性質

談話標識についての２つのアプローチのうち、先に述べるフレイザーの枠組みは、書きことば・話しことばの両方を射程に入れており、従来的な理論言語学の意味論的研究とも言える。一方、シフリンの研究は、自然発生の話しことばから、帰納的に人のやりとりや談話標識の機能を見て取ることがポイントである。

談話標識についてのこの２つの影響力のあるアプローチ（Schiffrin 1987 と Fraser 1996, 2006）を具体的に見る前に、談話標識研究全体で共有されている「談話標識の性質」と「定義」を先に見ておこう。以下に示した談話標識に共通する性質が、多くの研究者に支持されている。

（2） 談話標識に共通する性質（Schiffrin 1987: 328, Fraser 2006: 193–194, Onodera 2004: 18 より）

1. 標識は、（特に英語などのヨーロッパ言語においては）発話の冒頭に位置することが多い。（後置詞的言語においては、発話末に位置することもある。例：…けど。…から。）（→ 本章の第９節）
2. 統語的に、後続する文から独立している。
3. 標識には、独立した**音調曲線**（prosodic contour; イントネーションなど）がかかり、そのあとに**間**（pause）が生じる。
   例：*But*, I just saw him at the mall.
4. 多くの標識は短い表現である。
   例：*so, well, and;* やっぱり、たぶん、でも

談話標識の定義

続いて、最も広く認識されていると思われる、フレイザーとシフリンによる「談話標識の定義」をそれぞれ挙げてみよう。Fraser（2006: 191）の定義は（3）の通りである。

（3） それぞれ完結したメッセージを持つ談話 S1 − S2 という連鎖があり、語彙的表現 LE（lexical expression）が S2 冒頭に起きるとき、LE は S1

と S2 の間の意味論的関係を示す。　(Fraser 2006: 191, 筆者訳)

つまり、(S1－LE＋S2 という連鎖があるとき、) 談話標識 (LE) は、2 つの談話 (S1 と S2) の間の意味的関係を示す。

もう 1 つの代表的定義は、Schiffrin (1987) による作業上の定義 (4) である。

(4)　話の単位を括弧で囲む、[談話の] 連鎖に依拠した要素である。

(Schiffrin 1987: 31, 筆者訳)

ここでは、**連鎖** (sequence)、**括弧** (bracket)、**話の単位** (units of talk) がキーワードである。談話標識は、その語自身に独立した意味があるというより、その語の前後に連なっている談話 (大きなかたまりとしての言語) の流れ、つまり「連鎖」に依拠して意味が決まってくる (同上：37–41)。どんな談話の流れの中で用いられているかにより、意味が変わるということである。

「括弧」とは (　) のことだが、これは談話標識が、発話の冒頭で開始する括弧 ((という記号) としても、発話末で閉じる括弧 (　) という記号) としても働きうるということだ。発話や節といった言語単位を括弧でくくり、その言語単位がどのように解釈されるべきかという枠組みを提供する。そして、「話の単位」とは、**順番** (turn)・**発話** (utterance)・**文** (sentence)・**節** (clause) などの様々な単位を、まとめて一言で表現したものである。だから、「話の単位を括弧で囲む」とは、場合によっては、節という小さな単位も、長い談話という大きな単位も、括弧でくくる可能性があるということである。

6 Fraser (2006) のアプローチによる談話標識 (話しことばと書きことば)

談話標識と語用標識という呼び方では、語用標識のほうが上位カテゴリーである。フレイザーは、上の (2) のような性質を持つ、通常、命題的意味には貢献しない要素を語用標識と考え、以下の 4 つのタイプを想定した。

ただし、こうした表現のうち、特に①基本的語用標識と提案された *I promise (that), My complaint (is that...)* などの表現は、文の部分的構成要素であり、また、③ (i) 敬意の標識と呼ばれた *Sir, Your honor* も**呼びかけ語** (address

表2　語用標識の4つのタイプ（Fraser 2006）

<table>
<tr><td colspan="2">①基本的語用標識（例 I promise（that…）, Please, My complaint（is that …））</td></tr>
<tr><td rowspan="4">②コメント的語用標識</td><td>(i) 評価の標識（assessment markers; 例 fortunately, sadly）</td></tr>
<tr><td>(ii) 様式の標識（manner-of-speaking markers; 例 frankly）</td></tr>
<tr><td>(iii) 証拠の標識（evidential markers; 例 certainly, conceivably）</td></tr>
<tr><td>(iv) 伝聞の標識（hearsay markers; 例 reportedly）</td></tr>
<tr><td rowspan="2">③平行的語用標識
（parallel pragmatic markers）</td><td>(i) 敬意標識（deference markers; 例 Sir, Your honor）</td></tr>
<tr><td>(ii) 会話管理の標識（conversational management markers; 例 now, well, Ok）</td></tr>
<tr><td colspan="2">④談話標識（discourse markers; 例 so, and, but, anyway, although, however）</td></tr>
</table>

term）と分析できるといった異論もあり、この分類が必ずしも広く共通理解されているというわけでもない。

フレイザーの基本的な分類では、談話標識が、語用標識の下位カテゴリーであり、それが2つの談話 S1, S2（つまり前述の談話と後述の談話）の間の意味関係を示す、という点が重要であろう。

ちなみに、次に紹介するシフリンによる枠組みでは、フレイザーの分類の③平行的語用標識の（ii）会話管理の標識（*well, now, Ok*）と④談話標識が、1カテゴリー「談話標識」として考えられている。

Fraser（2006）の語用標識のうち④談話標識は、さらに4つに分けられ、100近い例が挙げられている。話しことば・書きことば両方で使われる表現が網羅されているが、下に代表的なものだけを挙げておく。

（5）　Fraser（2006）による談話標識の4分類（196–197）

a. 対照の標識（contrastive markers）: ***but***, *although, however, in contrast* *(to this/that), nevertheless, on the other hand, still, though, whereas, yet*

b. 詳述の標識（elaborative markers）: ***and***, *above all, also, alternatively, analogously, besides, for example, further(more), in addition, that is (to say)*

c. 推断の標識（inferential markers）: *so, as a conclusion, as a consequence (of this/that), because (of this/that), consequently, hence, then, therefore*

d. 時間の標識（temporal markers）: ***then***, *after, as soon as, before, eventually, finally, first, meanwhile, second, subsequently, when*

太字の **but, and, so, then** が、それぞれのグループの最も主要な標識である。

7 Schiffrin（1987）のアプローチによる談話標識（話しことば）

上記のように、談話標識研究には数多くのアプローチがあり、複数の考え方がある。だが、今日の談話標識研究で中心的なのは、80 年代以降に盛んとなった話しことば研究の中で行われた談話標識へのアプローチである。ここでは特に、シフリンによる分析を紹介する。

話しことば研究では、「談話の中でどのような役割を果たしているか」に注目する。たとえば英語会話で *and* という談話標識は多く現れる。しかし、人が "I will cook carrots and potatoes" と言った時の *and* は名詞と名詞をつなぐ接続詞であり、談話標識ではない。このように、同じ形式であっても、談話標識としての機能を果たしているかどうかは、生産された談話の中で当該の言語形式がどのような機能を果たしているかをよく観察しなければならない。以下では、シフリンによる談話標識 *but* の観察を通じて、話しことば研究における談話標識へのアプローチを解説する。

談話標識 *but*

シフリンは、フィラデルフィア市のユダヤ人コミュニティで行った多くのインタビューから集めた自然発話データを用いて、*Discourse Markers*（1987）

を書いた。この本では11の英語表現を談話標識と判断したが、*but*については**対照**(contrast)を表すマーカーだと指摘する(同上:152–177)。

従来の理論言語学では、*but*は対照を表す等位接続詞と分析されるが、談話分析では、命題的な対照だけでなく、インタラクションの中の対照も捉える点が重要である。以下で、*but*が3通りの対照を**マークする**(mark)様子を見る(Schiffrin 1987: 152–177)。談話標識とは、(6)のように、(特にヨーロッパ言語の多くの場合)発話の冒頭に立ち、「これから起こる事柄」(後続部分の内容)を聞き手に知らせる**指標**(indexicals)(Schiffrin 2006a: 317ほか)または目印(加藤 2004: 218)である。

(6) 談話標識の機能

DM, … message ….

談話標識　　後続部分

発話

談話標識が聞き手に知らせる後続部分の内容例:

話者がポイントを作る・話題転換・もとの話題へ戻る等

*but*がマークする(知らせる)対照は、事実についての**指示的対照**(referential contrast)だけでなく、談話の中の機能の間に見られる**機能的対照**(functional contrast)(以上 Schiffrin 1987: 153–164)、そして、人の行為の間に見られる**対照的行為**(contrasting action)(同上:164–176)の3つである。指示的対照は、伝統的接続詞がつないでいたような、事実関係や語彙に見られる対照であり、あとの2つはダイナミックな見方(本章第3節の談話モデル参照)から認められる対照と言える。

まず、(7)の対話から、*but*が指示的対照と機能的対照をマークするさまを見てみよう。

(7) a. Debby: And you were born in *North* Philadelphia.
　　b. Ira: No. I was born in uh in-in *South* Philadelphia.
　　c. *but* I moved to North Philadelphia when I was a year old.

(Schiffrin 1987: 159)

（7a）でインタビュアー Debby（＝シフリン）は、Ira について自分が考えていたことを述べ、確認してもらいたかった。（7b）で、その考えが間違っていたため、Ira は修正した情報を提供し、また、自分の北フィラデルフィアとの関係も（7c）で話す。

この時（7c）の *but* は、指示的対照 "South Philadelphia 対 North Philadelphia" "being born 対 being a year old" を知らせている。また、談話構造から見る機能的対照は、（8）のように表せる。

（8）（7c）の *but* がマークする機能的対照
　（7）a. 情報（X）の要請
　　　b. 情報（X）
　　　c. ***but*** 情報（Y）

すなわち、（7c）の ***but*** は、「情報（X）対 情報（Y）」という、この談話の構造における**機能**（function）の対照もマークしている。このインタビューの中、（7a）で Debby は自分が考えていた情報（X）が正しかったのか、確認を要請したが、（7b）でそれが間違っていたという情報（X）（No による否定）が提供された。Ira はそこで返答を止めず、Debby の（7a）の発話にあった North Philadelphia と自分との関係（北フィラデルフィアには引っ越したこと）に言及することで、インタビュアー Debby に対し、社会的にも情報的にも協力的に対応した。社会的には、インタビュアーの（7a）での要請に対し、肯定的に返答しないことで生じる不整合を和らげ、インタビュアーの面子を守る努力をした。情報的には、要請された以上の情報（Y）を提供し、協力に努めた。

次に、談話標識 *but* が対照的行為をマークするさまを（9）に見てみよう。（7）で見た機能的対照と、これから述べる対照的行為が、特に *but* の語用論的な機能である。指示的対照は、観念構造（本章第 3 節）に見られる事実関係の間の意味の対照である。

（9）は、Debby が Jack と Freda にインタビューする中で、Jack と Freda が最近会った女の子がイタリア人とユダヤ人の混血で、良い娘だったと思い出す場面である。

（9）a. Freda: How bout that little girl that's in- that's visiting with Mae?

b. I can't think of her name, nor do I remember what she said.
c. ***But*** she was half … Italian, half Jewish-
d. what did she call herself?
e. Jack: Oh: yeh. She called herself-… a Jewop!
f. Freda: A Jewop!
g. Jack: That was cute!
h. Freda: She was… ver:y, very interesting t'listen to!
（インタビューつづく） （Schiffrin 1987: 169）

(9a–b) で、Freda は「メイと一緒に訪ねてきたあの娘は…名前も思い出せないし、何と言ったかも思い出せないけれど」と、主要な話の路線から脱線してしまっている。だが (9c) で「でも (*but*)、あの娘は半分イタリア人、半分ユダヤ人だったわ」と、話者のポイントを述べ、提供することで、本来の路線に戻っている。このとき、指示的な対照は見られない。第 3 節で説明した (命題を扱う) 観念構造的な対照が存在しない場合でも、*but* はこうした談話の中で行われる話者の**行為** (action) (この場合は「話者のポイントを作る」という行為) をマークするという例である。

理論言語学では、*but* は逆接の接続詞として分析され、インタラクション内の行為や談話の機能をつなぐといった分析はありえなかったが、(7) (9) を通し、*but* が談話標識として、機能的対照・対照的行為を示すさまを見た。

8 日本語の談話標識「でも (だけど)・やっぱり」等

筆者がシフリンのアプローチから、日本語の自然発生の会話を分析したところ、「でも」と「だけど」という表現が、英語の *but* にきわめて近い機能を示すことがわかった (Onodera 2004: 第 3 章)。(10) は留学中の日本人女性、まり・みどり・典子の 3 人が、研究の打ち合わせのあと、大学の学生ホールへ歩いて行き、座席を見つけ、腰を下ろした際に始まった会話である。

(10) a. まり： **でも**、日本に帰ったら楽しみですね。
b. 皆さん、おいしいもの一杯食べてきてください。
c. 典子： ねえ。え、帰らないの？ （会話つづく）

まりは、開口一番「でも」と言って、会話を切り出した。3 人はこの日の早い時間帯に、「今度の夏に、みどり・典子の 2 人は日本へ一時帰国する」ことを話していた。だが、(10a) の直前に談話は存在せず、したがって指示的対照はここには見られない。話者は「でも」と発して、会話の開始 (opening a conversation) という対照的行為をマークしている。つまり、(10a) の前に談話はなく、「談話なし」と「談話」の間に 1 種の対照が認められるというわけだ。

日本語会話の分析から、「でも (だけど)」は、英語会話における *but* 同様、指示的対照・機能的対照・対照的行為という 3 種の対照を表していた (Onodera 2004: 第 3 章)。

d 系談話標識

日本語の談話標識は、英語などのヨーロッパ言語に比べ、発話頭のものがそれほど多くないようだ。そんな中、「だ」や「で」(コピュラ *d*) で始まる接続表現の多くは日本語の談話標識に数えられるだろう。三尾 (1995) は「『だ』のつく」接続詞として、

> だから、それだから、だけど、だけども、だけれど、だけれども、だが、だのに、それだのに、だったら、だとしたら、だとすると、だって、だもんで、だもんだから

を挙げている。接続詞のうち、話しことばに高頻度で現れるものが談話標識だという可能性が高い。

三尾が挙げた接続詞のうち、「だから」(Maynard 1989)、「だって」(Mori 1996) は談話標識として研究されており、「じゃ」や「で (「それで」の縮約形)」「だったら」も標識として機能しているだろう。

これらの ***d* 系談話標識**は、語頭のコピュラ *d* が、前出した談話の特定の場所を前方照応的に指し、その内容を取り込む機能 (pro-predicate function; 小野寺 2018: 125–126) を持っており、その強力なマグネット機能により、以前の内容 (数時間・数か月・何年か前の経験、話した内容など) と、*d* 系談話標識 (だから、だけど等) の後続内容を結びつける。この接続の機能は、フレイザーの「2 つの談話部分を結ぶ」という談話標識の定義や Schiffrin (2006a) の考え方とも合っている。

「やっぱり」「たぶん」「なぜって」

d 系談話標識以外には、発話頭の「やっぱり」「たぶん」「なぜって」などが日本語の談話標識である。

(11) **やっぱり**、申し込むことにします。

(12) **たぶん**、飯島さんも協力してくれるよ。　(以上、加藤 2004: 219)

発話の始めに「やっぱり」や「たぶん」と言うことで、話し手が次にどんなことを述べるのか、聞き手は予測でき、話し手の意味 (認識や意図) を理解しやすい。こうした談話上の目印 (マーカー) の役割を、談話標識は果たしている (加藤 2004: 218)。こうした標識はなくても正しく解釈できるかもしれないが、あると、「話し手が、聞き手の解釈を意図する方向へ誘導しやすくなる」。これが談話標識の基本的な効果と言える (同上：218–219)。

「やっぱり」は、「別の可能性も検討してみたが、本来の考えに戻る判断となった」ことを知らせるマーカーである。(11) は、「申し込む」ことを最初から迷うことなく決めていたのではなく、「申し込まない」可能性も考えてみて決めた、という話し手の判断の質に関する情報を与えている (加藤 2004: 219)。こういった情報こそが、メタ語用論的な情報と言える。

(12) の「たぶん」は、「推測で述べることや [、] 断言する確実な根拠がないことを示し」ている。この談話標識は、標識のあとに示される情報がどのくらい正しいか、確実かを伝えるものであり、聞き手の受け取り方、それに基づく行動に大きく影響を与える。このような標識が発話の冒頭に置かれるのは、「情報の正しさ・確かさに関する重要な情報はなるべく早く明らかにしたほうがいい」ためである (加藤 2004: 219)。「情報に関するメタレベルの情報を」(同上) 示す標識なので、話し手の主観的なモダリティ的意味を伝えている言語表現といえる。

9 まとめ：ヨーロッパ言語と日本語の発話頭と発話末

発話頭の談話標識「やっぱり」「たぶん」「でも」や *well, actually, but* などはどれも、話し手の主観的または間主観的な立場・態度 (相手への配慮や働きかけ) を、早めに知らせ、聞き手が理解しやすいようにすることが基本的な機能だとまとめられる。

発話頭と発話末に現れる談話標識

日本語では英語より、**発話頭**の談話標識の数が少ない。では、日本語の談話では、話し手はどのような方法で、主観的または間主観的な立場・態度、つまりメタ語用論的認識を表しているのか、という疑問が湧いてくる。日本語には、**発話末**（文末）で多くの「終助詞」が使われることが知られているが、そうした終助詞は、古代日本語から、話し手の主観性といったスタンス（例：詠嘆を表す「な」）を表しており、現代語でも数多くの終助詞が活発に使用されている（例：「よ」「ね」、そのコンビネーション「よね」等）。

もともと終助詞として存在していた表現のみならず、「接続助詞」（「けど」「から」「し」など）がいわゆる**言いさし**（**中断節**）の形で、終助詞化して現れたり（小野寺 2017: 103 など）、「名詞化辞」（nominalizers）（「こと」「もの」「の」「わけ」など）が終助詞的に発話末で用いられ、話し手のメタ語用論的認識を表すこともある（小野寺 2017）。

ヨーロッパ言語では「発話頭に現れること」が、表現が談話標識とみなされる 1 つの基準になっている。これに対し、日本語・韓国語のような、後置詞がよく使われる**膠着言語**では、発話末（文末）で話者の主観的・間主観的態度やスタンスが示されることも多い。日本語の終助詞「ね」「さ」「よ」や、終助詞のコンビネーション「よね」など、また、名詞化節「こと」「もの」「の」「わけ」、そして、言いさし（中断節）「けど」「から」などが、日本語の発話を終結させる形式として、頻繁に用いられている（小野寺 2017: 103–110）。

シフリンや Goffman（1974）は、談話標識を、話の単位をくくる「括弧」だと考える。括弧は、始めの括弧と終わりの括弧（(　)という記号）から成るため、談話標識もまた、発話の始め（発話頭）だけでなく、終わり（発話末）にも現れることが示唆されるだろう。実際、日本語の終助詞が果たす機能を見ても、その多くが談話標識に匹敵するのではと思われる。

英語でも、談話標識 *actually, I think* 等は、発話頭のみならず、発話末にも起きることが知られており、*but* も英語の変種によっては発話末に起きる。発話末の *and stuff like that* などの表現も、談話標識のように用いられていると考えてよいだろう。

談話標識は、ヨーロッパ言語での研究が先行したため、発話頭への出現の重要性・顕著さが論じられる傾向にあった。だが、いま、通言語的に観察してみると、談話標識というものは、発話頭・発話末両方に現れると考えるのが妥当なのではないかと思われる。

練習問題

(1) のような会話があったとき、以下の問題に答えよ。

(1) (桜子・恵美・志帆の 3 人が、夏休みに山へキャンプに行く計画を立てている)

a. 桜子：だけどさ…今年の夏ほんと暑い…
b. 　　　八王子で昨日 40 度いったって＝
c. 恵美：　　　　　　　　　　　　　　┌＝えーっ？
d. 志帆：　　　　　　　　　　　　　　└＝あ、そうそう新聞に出てた
e. 桜子：で、山行った時、お水沸かすじゃない..
f. 　　　あれって..、早くというか、低くて沸くよね。
g. 恵美：あ、そうね。沸点ね…

(会話つづく)

問 1　(1b) の「八王子の最高気温」の情報は、恵美・志帆にとって「新情報」「旧情報 (既知情報)」「共有知識」のいずれの情報だろうか。

問 2　(1) のような言語データは、言語の「統合性」「断片性」いずれの性格を示しているだろうか。

問 3　私たちは、会話の中で、意味のつながりを理解するため、あらゆる知識・情報を駆使して、「発言」の意味を読み取ろうとする (本章第 3 節参照のこと)。(1g) の恵美の発言は、「新情報」「旧情報」「共有知識」「世界知識」のいずれの情報に照らして発せられたものだろうか。

文献案内

📖 Schiffrin, Deborah (1987) *Discourse Markers*. Cambridge: Cambridge University Press：談話標識という概念を初めて理論化した古典的名著。談話分析のアプローチを取っており、談話標識の枠組みが示されている。また、本章第 3 節に記した談話モデルを通して、参加者・命題・人の行為・順番 (turn)・情報といった複数の領域の要素が同時に働いて、談話の意味が成り立っていることが理解できる。

📖 **加藤重広（2004）『日本語語用論のしくみ』研究社**：語用論のトピックについて、Q&A 形式でわかりやすく紹介している。談話標識については「Q. 伝達上の目印はどのようなものですか？」という疑問に答える形で解説されており、個別の標識についても納得のいく説明がなされている。

第12章 歴史語用論

本章のポイント

- 歴史語用論は、過去のコミュニケーションにおける言語使用の慣習を調べることを目的としている。
- 歴史語用論には、過去の一時期の言語使用を探る共時的研究と、発話慣習の通時的な変化や変化の原因を探る通時的研究がある。
- 歴史語用論には、特定の形式に注目してその機能を探るアプローチと、特定の機能に注目してその形式を探るアプローチがある。

1 歴史語用論とは

言語は常に変化している。コミュニケーションの形式や方法も時代とともに変化する。**歴史語用論**は、過去の言語使用に注目し、「昔の人はどのように話をしていたのだろうか?」と問う。そして、今と異なっていることがわかると、「なぜ変化したのか? いつ、何が、どのように変化したのか? そうした過去の言語使用の語用論的意味は何なのか?」と、さらに問う。本章では、英語と日本語の例を取り上げながら、歴史語用論がどんな研究をしているのかを概観していきたい。

研究のイメージをつかむために、具体例として、相手を指すときに使う**二人称代名詞**の用法について考えてみたい。ヨーロッパの言語には、二人称代名詞が複数使われているものがある。相手との人間関係によって、二人称代名詞を使い分けるからである。たとえば、フランス語には二人称としては単数形の 'tu' と複数形の 'vous' があり、相手が一人でも、目上の人や知らない人だと**敬称**として複数形の 'vous' が、親から子へなどのように目下の人や親しい間柄の人だと**親称**の 'tu' が使われる。同様に、イタリア語では 'Lei' (三人称・単数・女性形) が、ドイツ語では 'Sie' (三人称・複数) が敬称として使われている。ところが英語では、二人称は複数形の 'you' のみが使用されており、単数形 'thou' は宗教的コンテクストや北部方言で限定的に使われているのみである。こうした単数形（親称、T）と複数形（敬称、V）の使い分けは一般に**T/Vシステム**（T/V pronoun system）と呼ばれているが、英語にも場面や人間関係によって二人称の単数形と複数形が使い分けられていた時代があった。

第 6 節のケーススタディ②で詳しく見ていくが、一人なのに複数形を使ったり、目の前の相手なのに三人称、あるいはその複数形を使うという、現実にそぐわない T/V の使い分けは、何らかの人間関係を反映した**（イン）ポライトネス**現象といえる（→ 第 4 章）。英語の場合、近代化によって社会が大きく変動し、社会階層や人間関係も変わったため、18 世紀初頭にはほとんどの人が互いに ‘you’ を使うようになっていたと考えられている。

このように、過去の言語現象を観察したり、言語変化を検証したりするのが歴史語用論研究である。

2 歴史語用論研究の方向性

ほかの言語学研究と同じように、歴史語用論研究にもいくつかの方向性がある。図 1 が示すように、過去のある時代に注目し、発話の語用論的特徴を研究するのが、共時的な研究である**語用論的フィロロジー**（pragmaphilology）、時代の流れの中で言語が変化する様子を研究するのが**通時的語用論**（diachronic pragmatics）である。

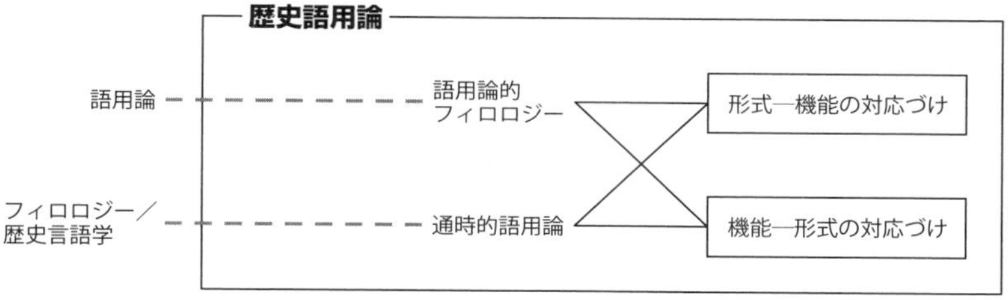

図 1　歴史語用論のイメージ図
（Jacobs and Jucker 1995, 高田・椎名・小野寺 2011 を参考に加筆修正）

どちらの分野でも、特定の言語形式に注目し、それが果たす語用論的機能を探る**形式—機能の対応づけ**（form-to-function mapping）と、特定の語用論的機能に注目し、その機能をどんな言語形式が担っているのかを探る**機能—形式**

の対応づけ（function-to-form mapping）という2つのアプローチがある。ここではアプローチごとに、これらの研究領域を説明していきたい。

形式—機能の対応づけ

「形式—機能の対応づけ」と「機能—形式の対応づけ」は、単に「形式」と「機能」を逆転させただけに見えるが、研究方法はかなり異なる。まず、「形式—機能の対応づけ」では、元々の意味とは異なった比喩的意味を持つイディオム（例：look forward to）、談話の構成を示す**談話標識**（例：in fact, I see, indeed, well）（→ 第11章）、語彙的要素が文法的要素へと変化した語句（例：will, be going to）などが、研究を始める手がかりとなる。これらの語句に注目し、字義通りの意味を持っていた時代から、徐々にその意味や機能が変化していくプロセスを通時的に観察する研究が、「形式—機能の対応づけ」のアプローチによる通時的研究である。

Lenker（2007）を参考に、現在、談話標識として使われている ‘actually’ の通時的変化を見てみよう。表1には、動詞を修飾する副詞として使われていた ‘actually’ が、話題転換や発話の順番交替を示す談話標識へと徐々に変化していく段階が示されている。これを見ると、意味内容だけでなく統語的役割も変化してきていることがわかる。

表1　*actually* の通時的変化（Lenker 2007: 97 を参考に加筆修正）

Stage I:	動詞を修飾する副詞	行為に関連した表現	1315–
Stage II:	内容の真実性を述べる表現	「本当に・実際には」	1590–
Stage III:	認識論的用法	主張の正しさを示す	1760–
Stage IV:	談話標識、順番交替の合図	「ところが・ところで」	20世紀–

機能—形式の対応づけ

一方、「機能—形式の対応づけ」のアプローチの場合は、「挨拶」「謝罪」「命令」などの**発話機能**、相手を遠ざけたり近づけたりする**人間関係の距離調整機能**、発話内で前後関係や重要箇所を示す**テクスト機能**などといった語用論的機能に注目し、そうした機能をどのような言語形式が担っているのかを観察する。

機能に注目するアプローチは、形式に注目するアプローチよりも研究の手順が少しややこしい。言語形式は一目瞭然だが、語用論的機能の方は、必ずしも1つの言語形式が負っているわけではないため、談話のコンテクスト、会話参与者の人間関係、テクストの前後の流れを観察しなければならないからである。当然ながら、そのためには研究者によるテクスト解釈と判断が必要になってくる。

とはいえ、注目する言語現象や**言語行為**が起こりやすいジャンル、活動類型（activity type → 第6章）、場面にターゲットを絞れば、分析に必要なデータは見つけられる。例として、近代英語期の「別れの挨拶」に注目したArnovick (1999) の研究を見てみよう。'Good-bye' は一般的な別れの挨拶である。実は、'Good-bye' は15世紀初頭の "God be with you" に由来している。当時、"God be with you" は「祝福」と「別れの挨拶」という2つの言語行為の機能をもっていた。そこに2段階の形式変化が起こる。1つ目は短縮形の出現である：*God be with you* → *god be wy you* → *god-b'w'y* → *godbwye* → *god buy'ye*. 2つ目は、類似した挨拶表現 'Good-Day' に影響されて、*god-b'w'y* → *good-b'wy* → *goodby'* のように、'god' が 'good' へと変わる段階である。ここからさらに 'Good-bye' へと変わっていったとされている。

変化したのは綴りだけではない。"God be with you" が使われていた時代には、聖職者だけでなく一般の人たちも、互いに祝福という言語行為を行っていた。だが、"Good-bye" へと変化する段階で、徐々に祝福の意味合いが薄れ、別れの挨拶という機能だけを担う言語形式、聞き手に対するポライトネス表現へと変化していった。宗教的意味が薄れる「世俗化」現象である。すると、失われた「祝福」の言語行為を補うために、"Take care", "All the best", "Safe journey", "Good luck" などの宗教的意味合いのない善意表現が出現する。このように "God be with you" から "Good-bye" への変遷には、形式と機能の両方の変化が関与している。なお、今でも "God bless you" は祝福のために使われているが、類似した "Bless you" の方はもっぱらクシャミをした人への善意表現へと変わってしまっている。これは「談話化」(discursization) 現象と呼ばれている。

一方、「命令」や「依頼」といった言語行為を調査する場合は、役割的に上下関係のある対話者（例：裁判官と被告、上司と部下、主人と使用人、店主と顧客）によるコミュニケーション場面を探せば、注目する言語行為を遂行する言語形式の例が見つけられる。ただし、言語行為は1つずつ独立しているわけではなく、類似したものが重なり合っているため、厳密に分類したり、特定の言語行為を単独で取り出したりするのが難しい。たとえば、聞き手が何らかの行為を行うように話し手が働きかけるという共通点をもつ「命令・依頼・要請・懇願」といった言語行為の場合、相違点は**発話内力**の度合いにあるだろう。同じ遂行動詞が使われていても、言語形式（例：命令文／疑問文、肯定／否定、過去形／現在形)、コンテクスト、対話者間の上下・親疎関係が変わると、発話内力が変わり、分類が異なってくるからである（→第6章)。

ただし、特定の**遂行動詞**（例：「お願いする」(ask) という動詞）を手がかりに例を検索し、それらを「依頼」という言語行為に分類してしまうと、循環論法に陥ってしまう。また、遂行動詞が使われていない**間接言語行為**を扱う場合には、何をもってその言語行為と規定するかという別の問題がある。例としては、ペンを貸して欲しいときに「ペンを忘れた」と言ってほのめかすような場合である。そういう場合は、同コンテクスト内のメタ・コメントや発話媒介行為を分類のヒントにすれば解決できるだろう。類似した言語行為を調査する場合は、各々の言語行為を個別に捉えるのではなく、隣接した言語行為が行われる**語用論的空間** (pragmatic space) を想定し、1つの連続体「命令—依頼—要請—懇願」として捉えるほうが有効かもしれない。

それに加え、特定の言語行為に対する概念が、時代や文化によって異なるかもしれないということも留意しておくべきだろう。現代社会から見ると奇異に思えるのだが、魔女裁判の分析や研究を見ると、過去のある時代、特定の言語共同体に属する人たちが「魔女」の存在や「呪い」の発話内力を信じていたことがわかる (Culpeper and Semino 2000)。これは、当たり前に行われている言語的慣習でも、時代が変わると奇異な現象に思われることがあることの証左である。だからこそ、歴史語用論では注目する時代のテクストの言語的特徴だけでなく、歴史的・社会的・文化的背景や、過去や同時代の他のテクストとの関係性《インターテクスチュアリティ》が重要になってくるのである。

3 マクロの視点とミクロの視点

語用論には、言語現象を社会学的に広く捉えるマクロな視点と、言語学の領域を中心に論じるミクロな視点がある（→第 1 章）。同様に、歴史語用論にも、言語使用の変化を文化的・社会的な側面から捉えるヨーロッパ的なマクロな視点と、言語使用の変化が言語体系に与える影響を捉える英米的なミクロな視点がある。

ただし最近は、**文法化**（grammaticalization）といったきわめて言語学的な通時的変化を論じる際にも、コンテクストの文化的・社会的要因の影響を見るマクロな視点を取り入れるのが一般的になってきている（Traugott 2010）。そのように考えると、この分野はいまや歴史語用論というより、**歴史社会語用論**（historical sociopragmatics）と呼ぶほうが適切なのかもしれない（Culpeper 2010）。

図 2 は異文化間語用論において、言語現象をどのようなパースペクティブで眺めるのか、その視点のレベルと、そこで観察される事象の抽象度を示している。過去の言語コミュニティを時間的空間の異なる異文化として眺めると、この図はそのまま歴史語用論に当てはめることができる。

マクロ　文化的記述（例：国籍、ジェンダー、年齢）

↑↓

社会状況的記述（例：活動類型、ジャンル）

↑↓

語用論的記述（例：間接 / 曖昧な / 直接言語行為）

↑↓

ミクロ　言語学的記述（例：助動詞、疑問文の構造）

図 2　異文化語用論的記述における抽象化の度合い
（Culpeper, Crawshaw and Harrison 2008: 320, Culpeper 2010: 74）

法廷言語の分析

こうしたマクロとミクロの往還を、以下では「過去の裁判における発話」を例に論じていきたい。図 2 の「社会状況的記述」の観点から見ると、法廷言語の分析では、それが「裁判」という活動類型に属していることが重要な意味を持ってくる。法廷は日常会話とは異なり、曖昧さが許されず、ことばが文字通りの意味を持つ特殊な言語活動が行われる空間である。

しかも、過去における裁判の制度や慣習は、必ずしも現代と同じとは限らない。現在の裁判は、有罪だと宣告されない限り無罪と考えるという「推定無罪」が前提なのだが、セイラムやランカスターの魔女裁判のテクストを見ると、無罪が証明できない限り被告人が有罪判決を受ける「推定有罪」が前提となっていることがわかる。自ずと質問―応答の形式や内容も異なる。したがって、そこで際立つ言語的特徴は、法廷言語というジャンルや時代を超えて一般化することはできない。

日本語の例だと、江戸町奉行所での裁き、いわゆる「お白州」での取り調べの発話を分析する場合は、言語データを見るだけでなく、歴史学、社会学、文化研究を視野に入れたマクロな視点から、裁判制度そのものの違いを背景にした発話の分析が必要になるだろう。

4 過去の発話データ

語用論と歴史語用論の大きな違いの1つは、扱うデータの違いにある。何を分析データとして選ぶのかは、分析データ自体をテーマにした論文があるほど (Kytö and Walker 2003)、歴史語用論研究において重要な問題である。

主に現代語を扱う場合、コミュニケーションにおける言語使用を調べるには、制約のない対面での自然な会話をデータとして分析するのがよいと考えられていた時代もあったが (Jucker and Taavitsainen 2013: 19)、現在では事情がかなり異なる。電話での会話といった対面でない対話データや、PC 上でその場で書いてやりとりするチャット、会話の進行をコントロールする司会者がいるインタビューなども、様々なメディアやジャンルに属するテクストとして分析されるようになっている。私たちが実際に関わっているコミュニケーションは多様で、もはや話されたことば／書かれたことばといった単純な二項対立では捉えきれなくなってきているからである。むしろ、あらゆるジャンルのテクストに、話しことば性と書きことば性の両方が備わっていると考えたほうが、ありのままの姿を捉えやすいだろう。

話されたことばと書かれたことば

歴史語用論の場合、過去の言語使用に注目するという点で、現代語を研究対象とする語用論とは研究をめぐる状況が異なる。録音機器が開発されて1世紀以上経過しているので、過去の音声データも蓄積されてきてはいるが、歴史語用論では、それよりはるかに昔の時代も研究対象とする。書かれたものしか手に入らない状況で、歴史語用論はどのように発話例を探すのか、何が分析データとなりうるのだろうか。

英語を例にとると、過去にはシェイクスピアの戯曲は当時の話しことばを知るために唯一利用できる正当なデータだと主張した研究者もいれば（Brown and Gilman 1989, Salmon and Burness 1987）、当時の会話の様相を見るデータとしては、作家が創作したフィクションよりノンフィクションである裁判記録のほうが優れていると反論する研究者もいた（Hope 1993, 1994）。その一方で、実際に裁判記録を詳細に調べた研究者からは、たしかに実際の裁判での発話がありのままに記録された部分もあるが、速記者、植字工、編集者による介入の痕跡が認められる部分もあるという報告がなされている（Kytö and Walker 2003）。繰り返し、言い淀み、文法的破格、方言・卑語など、語用論的に面白い部分がノイズとして削除や訂正をされている痕跡があるという。そして、筆記者の（方言を含めた）個人言語が反映される部分もある。さらに、チャールズ1世の弾劾裁判のような有名な裁判の場合、編者が国王側か議会側かという立場の違いによって、複数のバージョンが残されていることもある。今となっては、どれが真正なデータなのか、容易には判断がつかない（椎名 2018a）。もしかしたら、判断する必要はないのかもしれない。編者の支持する側が有利になるよう改ざんされている可能性があることは否めないので、それを認めた上で、どんな経緯で書き残されたテクストかを留意しつつ、複数のテクストを比較しながら分析すれば、十分に意味のある研究となるからである。

このように、歴史語用論では書かれたことばを分析対象とすることが多い。書かれた記録を発話データとして扱うことの背後には、書きことばであっても話しことば性の高い演説原稿・書簡・日記のようなテクストもあれば、話しことばでも書きことば性の高い講演・説法のようなテクストがあるといった、テクストの多様性を容認する見方がある。文字・音声というメディアと、対話者間の（物理的距離ではなく、コンセプトとしての）距離感のコンビネーションを考えたとき、これらの様々なジャンルのテクストは、異なる度合いの話しことば性と書きことば性を備えた連続体だと考えるのが現実に即している（Biber 1988）。

現在では、より積極的な見方が優勢である。メディアは異なっていても、書かれたテクストもコミュニケーションの一形態であることに変わりはなく、歴史語用論研究の対象となりうるといった見解が共有されるようになり、データ問題は一応の解決をみたといえる。ただし、様々な過去のテクストが歴史語用論の研究対象となりうるとはいえ、できる限り信頼性の高いテクストを選択して分析対象に選ばなくてはならないことはいうまでもない。

論文を書いていると、1つのテクストに見出された特徴がそのテクストの特徴にすぎないかもしれないと認識しながらもなお、何らかの一般化をしたくなってくる。だが、抽出された特徴がどの程度そのジャンルを代表するものなのか、どの程度その言語に一般化できるのかについては、慎重に判断する必要がある。厳密には、一般化はできないのかもしれない。どのジャンル、どの言語であれ、内部は均質ではなく多様性を含んでいるからである。よって、研究者は常に自分が扱っているデータは、そうした多様性の1つのバリエーションにすぎないという認識を持つべきだろう。均質性より異種混交性に注目しようとする見方は言語学における1つのパラダイム・シフトで、最近の歴史語用論研究でも主流になりつつある。バランスのとれた視点が必要とされているということなのだろう。

コーパス・データの利用

1995年以来の歴史語用論研究の発展は、コーパス・データの導入とコーパス言語学の方法論を抜きに語ることはできない。**コーパス**（corpus）とは、特定の方針に沿って編纂された電子テクストの集合体を指す。

紙ベースのデータを自分で集めて手作業で分析していた時代を考えると、世界中の電子テクストが自分のPC上で検索可能になったメリットは大きい。資料保存のスペースも不要だし、大量データを短時間に、正確に、少ない労力で検索・分析ができるようになったからだ。特に、語彙的・形態的・統語的な調査や量的分析はコーパス・アプローチと相性がよいため、形式―機能の対応づけのアプローチによる歴史語用論研究は、コーパス言語学の方法論やコーパスの編纂・利用によって飛躍的に進歩した。

コーパス言語学によるパラダイム・シフト

コーパスが歴史語用論研究にもたらしたメリットは、以下の4つにまとめられる。

第一のメリットは、コーパス調査によって**量的分析**が導入されたことである。歴史語用論研究に限った話ではないが、古い写本や印刷物を手作業で分析する歴史的な言語調査は労力と時間がかかるため、コーパス導入までは、歴史言語学系の研究では小規模データの**質的分析**が多かった。コーパス・データが利用されるようになると、大量のデータを扱う量的分析が導入され、質的にも量的にもバランスのとれた研究がなされるようになった。量的分析によって使用頻度を正確に把握できると、統計処理を行い、各用法の出現状況に有意差かあるかどうかが明確に示せるようになる。このことは質的調査にもメリットをもたらした。取り上げる用例が恣意的に抽出されたものではなく、中心的用法、あるいは例外的な用例なのかを明確に示せるようになったからである。

第二のメリットとしては、理論的な研究と経験論的な研究の融合が挙げられる。たとえば、それまで理論的に唱えられていた文法化のプロセスが、実際の用法別に数量的に示せるようになり、典型的な用例を抽出して検証することができるようになった。

第三のメリットは、歴史的な言語研究と現代語の言語研究を融合し、**共時的**な研究を**通時的**な研究へと関連づけられるようになったことである。

第四の、そして最大のメリットは、コーパス・データの使用により、歴史語用論がそれまでやっていた人的作業、研究者個人の言語的洞察による調査とは別次元の客観性と信頼性を有するようになったことである。

5 ケーススタディ①：「させていただく」の歴史語用論的研究の試み

ここでは日本語の歴史語用論研究の具体例として、近年、特に人前で話す場面やビジネス場面でよく使われるようになってきた「させていただきます」という授受表現を取り上げる。

いま「させていただく」はほとんど敬語と同様に使われているが、特に 1990 年代から使用頻度が上がったとされているので (井上 2017a, 2017b)、通時的に見る必要がある。そこで、「させていただく」の使用について歴史語用論的視点から調べるためには、どのような問いを立てて、どのようなデータを、どのような方法で調査すればよいのか、先行研究を参照しながら考えていきたい。

「させていただく」を見る場合、特定の言語形式に注目するので「形式—機能の対応づけ」、1990年以前はそれほど使われていたわけではないので「通時的」な変化を観察するというアプローチになる（椎名2019）。「いただく」や「くださる」のような授受動詞が、本動詞ではなく、「〜ていただく」「〜てくださる」といった形で補助動詞的に使われているものをふつう**ベネファクティブ**と呼ぶが（山田2004）、ここでは使役動詞「させる」の付いた「させていただく」「させてくださる」の形式も、ベネファクティブに含めて論じていく。

金澤（2007）は、「させていただく」と「させてくださる」の使用を、両方が使えるコンテクストとすべてのコンテクストにおいて調査し、「させてくださる」よりも「させていただく」の使用が多いと報告している。ここで調べられた3つのコーパスはいずれも2000年前後のものなので、これは現代日本語の共時的様相を調査した研究といえる。一方、滝浦（2016）は通時的変化を見るために、50年以上前の日本語テクストが集められた『青空文庫』（以下、Aコーパス）と、1976年以降のテクストが集められた『現代日本語書き言葉均衡コーパス』（以下、Bコーパス）における2つのベネファクティブの使用頻度を比較している。

滝浦（2016）の調査によると、AコーパスからBコーパスへの時代の流れの中で、「させてくださる」から「させていただく」へのシフトが起こっていることがわかった。金澤（2007）では、「させてくださる」よりも「させていただく」のほうが選好されていると報告されていたが、ここでは「させてくださる」から「させていただく」への通時的変化があったことが示されている。

表2　2つのコーパスにおける「させてくださる」と「させていただく」の使用状況

	Aコーパス	Bコーパス
させてくださる	625 ▲	1781 ▽
させていただく	583 ▽	6518 ▲

注：$\chi^2(1) = 509.817$, $p < .01$, Phi = 0.232, 残差分析の結果、▲は5%レベルで有意に多い、▽は5%レベルで有意に少ないことを示す（統計に関する一般的な入門書としては小島2006, 語用論研究に関しては木山2016が参考になる）。

「させてくださる」は「させてくれる」の敬語形で、「させていただく」は「させてもらう」の敬語形である。だから、「させてくださる」から「させていただく」へのシフトは、「させてくれる系」から「させてもらう系」へと語彙の選好傾向がシフトした可能性が考えられる。それを調べるために、滝浦（2016）の分析をさらに進めて 4 つのベネファクティブを同様の 2 つのコーパスで調査したのが、椎名（2018b, 2019）の分析である。ここでは、滝浦（2016）と同じデータ・セットが使用されているが、より精密なコーパス調査のために、B コーパスのテクスト・ジャンルを A コーパスに揃えた部分コーパス（以下、BB コーパス）が使われている。そこでの頻度調査の結果は以下の通りである。

表 3　2 つのコーパスにおける 4 つのベネファクティブの使用状況

		A コーパス	B コーパス
させてくれる系	させてくれる	1062 ▽	3328 ▲
	させてくださる	585 ▲	874 ▽
させてもらう系	させてもらう	940 (ns)	2597 (ns)
	させていただく	535 ▽	2190 ▲

注：$\chi^2(3) = 211.28$, $p < .01$, Cramer's V = 0.1339, 残差分析の結果、ns は有意差なし、▲は 5% レベルで有意に多い、▽は 5% レベルで有意に少ないことを示す。

非敬語形では「させてくれる」が増加しているが、敬語形では「させていただく」が増加していることから、「させてくれる系」と「させてもらう系」の普通体と敬語体に、通時的に同様な変化が起こっているわけではないことがわかる。換言すると、「させていただく」の使用増加は、「させてくれる系」から「させてもらう系」への語彙の選好傾向のシフトではなく、敬語形だけに起こっているポライトネス現象だということになる。

つぎに、**ベネファクティブの距離的ストラテジー**について考えてみたい。話し手と聞き手の距離感を、主語の人称（一人称／二人称）と敬語形か否か（普通形／敬語形）という 2 つの観点から見ることにする。日本語では主語が明示されないことが多いが、「くれる系」は「あなた」が主語で「あなたに触れる」ので**近接化効果**、「もらう系」は「私」が主語で「あなたに触れない」ので**遠隔化効果**があると考えられる。また、普通形には近接化効果、敬語形には遠隔化効果があるとする。結果は表4の通りである。

有意に増加している「させてくれる」と「させていただく」の授受動詞部分の距離感を表4で見ると、「くれる」は最も近接化効果が高く、「いただく」は最も遠隔化効果が高いことがわかる。このことを考え合わせると、日本語におけるベネファクティブの使用状況の変化は、語彙の選好によって生じたものではなく、距離感の上で、最も近く感じる効果を持つものと最も遠く感じる効果を持つものへの両極化が進んだ結果ということになる。つまり、これは意味論的な選好のシフトではなく、語用論的効果による選好のシフトと言い換えることができる。

表4　4つのベネファクティブの距離感2

タイプ	ベネファクティブ	相手との距離		全体	距離のストラテジー
		〈主語〉 一人称：[+] 二人称：[−]	普通形：[−] 敬語形：[+]		
'you-give'-type	くれる	−	−	− −	近接化作用
	くださる	−	+	+ −	↑
'I-receive'-type	もらう	+	−		↓
	いただく	+	+	+ +	遠隔化作用

注：距離の大小という意味で、'+'は遠隔化、'−'は近接化を示す。

このように、「させていただく」という形式の使用増加現象は、**距離調整効果**という語用論的機能における選好の通時的変化の一部と捉えることができる。また、ここでは論じなかったが、この「させていただく」現象は、より大きな視点から見ると、日本語の敬語における**敬意漸減**（使っているうちに敬意が徐々にすり減っていく現象）の一部として、また人々が敬語よりベネファクティブを選好するようになってきたという、日本語の敬意表現の変化の一部として見ることもできる。

以上、同テーマを扱った3つの研究例のデータと方法論を見ることによって、歴史語用論研究のアプローチを具体的に示すことができたのではないだろうか。

6 ケーススタディー②：二人称代名詞の歴史語用論的研究の試み

次に、英語の歴史語用論研究の例として、二人称代名詞を取り上げる。

英語史の教科書には必ず、標準英語では 18 世紀になると ‘thou’ は使われなくなったという記述がある（例：Lass 1999: 153）。第 1 節で少し述べたように、英語にも二人称の単数形 ‘thou’ と複数形 ‘you’ が、フランス語のように使い分けられていた時代があった。では、その時代の英語話者は、どのように ‘you/thou’ を使い分けていたのだろうか。‘you’ に収斂する前の英語の二人称代名詞の用法は、以下のようにまとめられる。表 5 が示す通り、話をする相手との**上下・親疎関係、場面、感情**によって ‘you’ と ‘thou’ は使い分けられていた。

表 5　英語の T/V システム（Wales 1983: 116 を参考に修正）

You (V-form)		Thou (T-form)
社会的上位者に対して	←→	社会的下位者に対して
対等者に対して（上流階級）	←→	対等者に対して（下層階級）
公的な場	←→	私的な場
フォーマル・中立的な場面	←→	親しい・くつろいだ場面
尊敬・賞賛の気持ち	←→	軽蔑・卑下の気持ち

以下は 18 世紀イギリスの喜劇から引用したものである。ここでは、相手を ‘thou’ で呼ぶ発話と ‘you’ で呼ぶ発話、そして ‘thou’ から ‘you’ へとシフトした発話が見られる。

（1）　ジェントリ（上流階級）の若い青年 2 人の出会いの場面

Alamode: O dear Townly, I joy to see thee!

Townly: You do!- gad, I met you just now, and you did not know me.

Alamode: I ask Ten Thousand Pardons. I was thinking, and did not see you.　　(Thomas Killigrew, *Chit-Chat*, 下線は筆者)

アラモード：やあ、タウンリー、お前に会えてうれしいよ。

タウンリー：そうなんですか。いやー、でもあなたと私は今あったばかりじゃないですか。

アラモード：大変失礼いたしました。ちょっと考え事をしており、ちゃんとあなたのお顔を拝見しておりませんでした。

アラモードが ‘thee’（thou の目的格）を使って親しげに挨拶をしたのに対し、タウンリーは「自分たちは初対面だ」ということを示すように ‘you’ を使って返事をしている。それを受けて、アラモードは二人称を ‘thou’ から ‘you’ にシフトし、丁寧に謝罪をした上で、間違って ‘thou’ を使った言い訳をする。

この例を表 5 に当てはめると、ジェントリのような上流階級の対等な関係にある人たちは互いに ‘you’ を使うのが社会言語学的慣例で、その上で、親しい関係の相手なら ‘thou’ を、遠い関係の相手なら ‘you’ を使うのが語用論的慣例（デフォルト）だったことがわかる。この例で、アラモードはタウンリーに対して近距離効果のある ‘thou’ を使っているので、デフォルトの ‘you’ から ‘thou’ にシフトしていることになる。ところが、タウンリーの方は「お前呼ばわりされたくない」とばかりに、遠距離効果のある ‘you’ を使ってよそよそしい返事をしている。馴れ馴れしく近寄ってきた相手を、‘you’ で突っ放しているという意味で、‘you/thou’ の使い分けの語用論的意味が明確に出ている例といえる。

このように、二人称代名詞に選択肢があると、話し手と聞き手の社会語用論的距離感を調節するためのツールとして使うことができる。デフォルトの形式を使っていれば特別な意味は生じないのだが、予測に反する形式を使ったりシフトしたりすると、何らかの語用論的意味が生じ、対話者間の感情や距離感に影響を与えることになる（→ 第 4 章）。

18 世紀になる頃、英語では二人称代名詞は遠隔化効果を持つ ‘you’ だけが使われるようになる。ほかのヨーロッパ語の二人称代名詞の体系では今でも 2 つ、またはそれ以上の形式が保持されているのに、なぜ英語だけ単純化されたのだろうか。実は、そこには歴史的・社会的・文化的要因が関連している。共同体の構成員が相互にみんなを知っている小さい村社会が近代化すると、周辺部から中心部へと人が流入し、都市へと拡大する。それと同時に、人々の中には経済的に成功し、身分が上がる人が出てくる。都市化が進み、人と身分が流動化する社会では、自分の隣人や話し相手が誰なのか、どういう身分の人かがわからない場面が起こりやすい。そういうときに失礼のないよう《ポライト》に話そうとすると、誰が相手であれ、遠距離化効果を持った 'you' を使ったほうが無難だと考えられるようになったのではないだろうか。英語における二人称代名詞が 'you' へと収斂してきた背景には、こうした社会的・文化的な要因があったと考えられている。

7 今後の課題と展望

最後に、歴史語用論の今後の課題と展望について考えておきたい。様々な言語についての歴史語用論的な研究は、長年「歴史言語学」という分野で行われてきたが、それが「歴史語用論」(historical pragmatics) という研究分野として認知されるようになったのは、Andreas H. Jucker が 1995 年に刊行した *Historical Pragmatics: Pragmatic Development in the History of English* によるところが大きい。この四半世紀、言語学全体に起こったコンテクスト重視の傾向、理論的研究と経験論的研究の融合、質的研究と量的研究の融合、歴史的言語研究と現代語研究の融合などのパラダイム・シフトと、コーパス言語学の進歩という追い風を受けて、歴史語用論研究は静かに、しかし広く深く浸透してきた。

だが残念なことに、日本での歴史語用論の認知度はまだ低い。歴史語用論研究に分類できる多くの興味深い研究が、方言学、歴史言語学、構文研究など様々な分野で行われているのが現状である。歴史語用論は、今後も新しいコーパスの編纂、様々な情報を示すコーパス・アノテーションの開発、検索ソフトの開発など、データや分析ツールの充実によって、さらに拡大するだろう。歴史語用論的視点は様々な言語研究に組み込むことができるので、さらに認知度を高めることによって、他分野の言語研究との融合、他分野の研究者との共同研究を図り、研究の幅と深さを拡大していくことができる。歴史語用論はいまだ発展途上にあり、日本人研究者が貢献できる研究の余地も多く残されている (高田・椎名・小野寺 (編) 2011, 金水・高田・椎名 (編) 2014, 高田・小野寺・青木 (編) 2018)。今後の展開が大いに期待される。

練習問題

問1　日本語の二人称代名詞を、表5と同じようにT/V（親称／敬称）に分けて説明してみよう（ヒント：身分が明確な時代劇などを取り上げると分かりやすい）。

問2　日本語の若者ことばをいくつか取り上げて、若者ことばとしての意味と用法を説明し、元々の意味や用法とどのように異なっているのかを説明してみよう（例：ヤバい、ハンパない、神対応、推し、なんなら）。

問3　固定的語句として学んだ英語表現を取り上げて、単語の元の意味と固定表現としての意味がどのように異なっているのかを説明してみよう（例：in fact, indeed, I guess, well, you know, I mean）。

文献案内

📖 **Jucker, Andreas H. and Irma Taavitsainen（eds.）（2013）*Historical Pragmatics*. Berlin: De Gruyter Mouton**：歴史語用論の動向が第1章に概説されている。データと方法論、通時的研究、共時的研究など分野ごとに、著名な研究者たちが研究のエッセンスを論じている。

📖 **高田博行・椎名美智・小野寺典子（編）（2011）『歴史語用論入門：過去のコミュニケーションを復元する』大修館書店**：日本で出版された最初の歴史語用論入門書で、第1章にはこれまでの歴史語用論の動向など、この分野の基礎知識が概説されている。ユッカー、ターヴィツァイネン、トラウゴットといった歴史語用論で著名な3人の研究者が寄稿している。翻訳されているので、すべて日本語で読むことができる。

利用コーパス

『青空文庫』https://www.aozora.gr.jp/

『現代日本語書き言葉均衡コーパス』https://pj.ninjal.ac.jp/corpus_center/bccwj/

引用例出典

Killigrew, Thomas（1719）*Chit-Chat*（*Socio-Pragmatic Corpus* より引用）

第13章 ｜ 対照語用論と文化対照

本章のポイント

- 対照語用論は、語用論的な現象に関する言語間の類似と相違を自然に説明できる「公平な見方」を見出す研究である。
- 対照語用論においては、現象に即して背後にあるしくみを考えること、表現の意味と使い方の関係を慎重に考えることが重要である。

1 対照語用論とは

言語の**対照研究**は、複数（通常は2つ）の言語を比較対照しながら、各言語の特徴について考え、**各言語の現象がどれも自然なことに見えてくる公平な見方**（各言語の特徴を相対化できる視点）を見出す研究である（井上2013）。**対照語用論**（contrastive pragmatics）は、そのような研究を語用論的な現象を対象に行うものである。本章では、言語行動に関する日本語と中国語の現象を例に、対照語用論的なものの見方・考え方について述べる。対照語用論は**異文化理解**（cross-cultural understanding）とも密接な関係にある。本章においても、対照語用論的な観点から見た文化差について適宜言及する。

以下では、「日本人（中国人）」を「日本語（中国語）母語話者」の意味で、「日本（中国）」を「日本語（中国語）が話されている社会」の意味で用いる。言語行動には個人差・世代差・地域差が見られるが、ここでは話をわかりやすくするために、便宜的に「日本人（中国人）は」、「日本（中国）では」という述べ方をする。

2 対照語用論のエッセンス

まず、対照語用論のエッセンスについて、日本語の「ありがとう」と中国語の“谢谢《シエシエ》”（ありがとう）の使い方（井上2016a）を例に述べる。

何が特徴かはほかと比べないとわからない

ある言語の特徴というものは、ほかと比べて初めてわかるものである。母語話者にとって当たり前のこと、無意識に行っていることが、実はその言語の重要な特徴であるということは少なくない。そのような点に注目することが対照語用論の出発点となる。

日本語では、家族の間で「ありがとう」と言うことがある。次の (1) のような会話は、日本語の会話として不自然なものではない。「自分は家族にありがとうとは言わない」と言う人もいるかもしれないが、そのような人でも、(1) の会話を「おかしい」とまでは思わないだろう。

(1)　(和食の店で食事中に、妻のそばにある醤油の瓶を指さして)

夫：ごめん。ちょっと醤油とってくれる？

妻：(醤油を夫の近くに置いて) はい。

夫：ありがとう。

これに対し、中国語では、家族の間で “谢谢” と言うのは他人行儀で不自然である。(1) の会話を中国語に訳すと、夫婦の会話とは思えない不自然な会話になる。家族の間で「ありがとう」と言える、あるいは、家族の間で “谢谢” とは言いにくいということは、それぞれの母語話者にとっては当然のことだが、実はそれぞれの言語の重要な特徴なのである。

現象に即して「公平な見方」を考える

「ありがとう」と “谢谢” の使い方の違いは、日本人と中国人の考え方の違い、あるいは文化差として説明されることがある。

(2)　その中国人教授への取材は、「中国人と日本人との違い」というような内容だったのですが、中国人は家族 (略) には、わざわざ「ありがとう」など、感謝の言葉は言わない、という話でした。その理由は「家族なのだからやってあげる、やってもらうのは当たり前。口に出してお礼を言うことは水臭い」からです。(略)

日本では家族に対して、感謝の気持ちを口に出したり (略) ということが多いと思います。(略) 先日、理想の夫婦といわれる三浦友和さんも

> テレビのインタビューで「夫婦がうまくいくには、感謝の言葉をきちんということ」とおっしゃっていましたが、日本では「親しき仲にも礼儀あり」という言葉もある通り、「ありがとう」は、内と外に関係なく、いや、身内だからこそ、わざわざ言うことが大事だと教えられます。
>
> （「ジャーナリスト中島恵のブログ」より：
> http://keinakaji.exblog.jp/16972271/，下線は引用者）

「家族なのだからやってあげる、やってもらうのは当たり前」という説明は、中国人にとっては「そう言うしかない」という説明である。「親しき仲にも礼儀あり」という説明も、日本人にとっては「そう言いたくなる」という説明であろう。

しかし、母語話者にとって自然な説明が、そのまま現象に対する自然な説明であるとは限らない。第一に、「家族なのだからやってあげる、やってもらうのは当たり前」という感覚は、中国人も日本人もそれほど変わらない。中国人の説明が正しければ、「ありがとう」と “谢谢” の使い方はそれほど変わらないはずだが、実際はそうではない。第二に、「親しき仲にも礼儀あり」という日本人の説明が正しければ、(1) の「ありがとう」も感謝の気持ちを表していることになるが、(1) の場面では、もっと軽い気持ちで「ありがとう」と言っている。実際、日本人が感謝の気持ちを込めて「ありがとう」と言うときは、程度の差はあれ、頭を下げることが多いが、(1) の場面ではそこまではしない。

言語行動に関わる事柄は、母語話者にとって当然のものである。「なぜそうする？」と聞かれても、母語話者としては自分の感覚の範囲内で何か言うしかない。対照語用論が目標とする「各言語の現象がどれも自然なことに見えてくる公平な見方」を見出すためには、母語話者の説明を絶対視せずに、現象に即して背後にあるしくみを考えることが重要である。

「表現の意味と使い方の関係」を慎重に考える

(2) の説明では、「ありがとう」と “谢谢” は同じ意味を表すという暗黙の前提のもとで、両者の使い方の違いを日本人と中国人の考え方の違いとして説明している。しかし、実際は、「ありがとう」は “谢谢” よりも軽い気持ちで使えると見たほうが、両者の使い方の違いを自然に説明できる。

まず、中国人が家族の間で“谢谢”と言わないのは、“谢谢”が「どうもありがとう（ございます）」に近い「あらたまり」の表現だからである。日本語でも、家族の間で「どうもありがとう——いえいえ」という会話をするのは他人行儀で不自然だが、中国人が家族の間で“谢谢”と言わないのもそれと同じである。子どもが母親から誕生日のプレゼントをもらって、うれしそうに“谢谢，妈妈”（お母さん、ありがとう）のように言うことはあるが、その場合は感謝の気持ちを込めて“谢谢”と言っている。(1) の「ありがとう」のように軽い気持ちで言っているのではない。

次に、日本人が家族の間で「ありがとう」と言えるのは、「ありがとう」が感謝の気持ちを表すほかに、相手の行為を受けとめたことを示すサインとしても使えるからである。あいづちに典型的に現れるように、日本語では相手の発話や行為にことばで反応することが重要である。あいづちをうたないと相手の話を聞いていることにならないのと同じように、相手の行為に対して何かことばで反応しないと相手の行為を受けとめたことにならない。(1) の「ありがとう」も、相手の行為にことばで反応しているのであり、感謝の気持ちを込めて「ありがとう」と言っているわけではない。一方で、中国語は相手の発話や行為にことばで反応することが日本語ほど重要ではなく、いちいちことばで反応しなくても、相手の発話や行為を無視していることにはならない。それゆえ、中国人は、対面の会話では、日本人のように相手が何か言うたびにいちいちあいづちで反応するということはしないし、“谢谢”も文字通り感謝の気持ちを表すために用いる。

このように、「ありがとう」と“谢谢”の使い方の違いは、「ありがとう」が“谢谢”よりも軽い気持ちで使えることから生ずる。また、その背景には、「相手の発話や行為にことばで反応する」ことの重要性が日本語と中国語で異なるということがある。このように考えれば、「ありがとう」が家族の間で使えることも、“谢谢”が家族の間で使いにくいことも、ともに自然なこととして理解できる。

2つの言語の対応する表現の使い方が異なる場合、**①表現の意味は同じだが語用論的な理由で使い方が異なる、②表現の意味が違うので使い方も異なる**、という2つの見方がありうる。そして、いずれの見方を取るかで現象の説明の仕方は違ってくる。対照語用論においては、個別言語を対象にするときよりも、表現の意味と使い方の関係を慎重に考えることが必要になるのである。

3 イメージと実際①：「はっきり言う」と「はっきり言わない」

前節で述べた「現象に即して公平な見方を考える」、「表現の意味と使い方の関係を慎重に考える」ということについて、**「イメージと実際」**という観点からもう少し考えてみたい。

日本人と中国人の言語行動については、「日本人ははっきり言わない。中国人ははっきり言う」というイメージがある。日本人自身、中国人自身もそう思っており、それぞれ次のような説明をすることがある。

(3) 聞き手との関係を大切にする日本人の言語行動では、ものをはっきり言いすぎることを警戒する。あまりに明確な表現は、解釈の幅がないため、相手の判断をあおぐという姿勢に欠ける。つまり、送り手の考えるただ一つの意味を受け手が否応なく認めねばならないような的確な表現は、受け手の自主的な判断の余地を残さないので、相手に強く響くわけだ。そこで、あたりをやわらかくするために、何らかの「ぼかし」をもうけようとする。(中村 1983: 302)

(4) 中国人は基本的には言語が意思疎通の道具立てである以上、それを使って自分の意思を相手にはっきり伝えるのは当然のことではないか、と考えてきたし、実践してきた。だから、何かがあった時は、“你快说呀！ 你不说我怎么能知道呢？”(早く言いなさい！ 言わないと、分かりっこないじゃないか !?) という言葉が決まり文句のように出てくる。(方・高 2004: 152)

しかし、これらの説明は公平な見方に基づいているとは言えない。もし (3) の日本人の説明が正しければ、「はっきり言う」中国人は「聞き手との関係を大切にしない」ことになるし、また、(4) の中国人の説明が正しければ、「はっきり言わない」日本人は「言語を意思疎通の道具立てと考えていない」ことになる。しかし、他者とのコミュニケーションは人間にとって本質的に重要な行為であり、聞き手との関係を大切にしない文化、言語を意思疎通の道具立てと考えない文化などあるはずがない。ここでは、「日本人ははっきり言わない。中国人ははっきり言う」というイメージに合致しそうな次の現象について、別の角度からの説明を試みる。

(5) 日本人が「○○さん、××のことを知っていますか」と聞く。すると中国人が「知りません」と答える。知らないから、「知らない」と答えたまでである。
しかし、日本人はこういうとき「知らない」とは答えない。たいてい、「さあ、ちょっと～」とか、あいまいな言い方をする。いきなりズバリ「知りません」とは答えない。だから中国人の答えかたは非常にぶっきらぼうに響くのだ。 (相原 2011: 217)

まず、中国人が“你知道吗？”(知っているか？) と聞かれて“不知道”(知らない、わからない) と言う場合は、相手が「知っているか知らないか答えてほしい」と言うのに合わせて“不知道”と言っている。また、“不知道”と言えば、相手も「そうか」という気持ちで“哦《オ》”と続けることができる。これは「話が先に進む」ように言うということであり、「はっきり」言うということではない。(4) の説明にある“你快说呀！ 你不说我怎么能知道呢？”(早く言って。言わないとわからないよ) も、実際は「何か言ってくれないと次が言えない」ということを言っているだけである。

次に、日本人が「知っているか？」と聞かれて「さあ、ちょっと～」と言う場合、話し手は「この場で答えられる見込みはない」という気持ちを表出しており、それは聞き手の側で察するまでもなく明確である。実際、「さあ、ちょっと～」のあとに続くとすれば、それは「わからない」以外にありえない (定延 2004)。ただし、質問した側にとっては、「わからない」と言われれば「そうか」と続けられるが、「さあ、ちょっと～」と気持ちを表出されるだけでは、「そうか」と続けにくい。「さあ、ちょっと～」という発話は、「あいまい」なのではなく、「話を先に進めにくい」のである。

この例に限らず、中国人は「相手の発話の内容に合わせて話を先に進める」ことを優先するが、日本人はそれよりも「相手の発話により生じた気持ちの動きを表出する」ことを優先することが多い (井上 2019b)。日本語では、(6) のように何か質問されたときに、「う～ん」という気持ちで同じ内容の疑問文を発することは不自然ではない。先の「さあ、ちょっと〜」もそうだが、質問されてすぐに「わからない」と答えるよりも、少し考えてみせるほうが、相手の質問を正面から受けとめている印象を与える。

（6） A: これ、誰の？
　　 B: これ？　う〜ん、誰のかなあ。

一方、中国語では、(6) のような会話は不自然である。相手は「誰のものか教えてほしい」と言っているのだから、それに合わせて、わからなければ“不知道”と言う。「う〜ん、誰のかなあ」では、相手が求めることをしていないし、次の発話も続けにくい。

次の (7) も同じである。

（7） A: どうして外で遊ばないの。
　　　　你怎么不到外面去玩儿啊？
　　 B: え、だって、寒いんだもん。
　　　　外面冷嘛。（外は寒いんだもん）
　　（グループ・ジャマシイ 1998［徐一平ほか（訳）2001: 263］、「え」は引用者が追加）

「え、だって、寒いんだもん」は、まず意外な質問をされたことに対して「え」と反応し、「だって」で「正当な理由がある」という気持ちを表出してから、「寒いんだもん」で理由を述べている。因・上垣 (1997) は、このような発話の流れを「受け－渡り－発信部」という形で整理している。相手の発話により生じた気持ちの動きを「え」（受け）と「だって」（渡り）で表出してから、「寒いんだもん」（発信部）と理由を述べるわけである。中国語訳では、発信部の「寒いんだもん」だけが訳されている。理由を聞かれたらそれに合わせて理由を述べればよく、日本語のようにいちいち気持ちの動きを表出する必要はないのである。

言語行動には、常にコミュニケーションにとってプラスになる面とマイナスになる面がある。「相手の発話の内容に合わせて話を先に進め」れば、会話はスムーズに展開するが（プラス面）、相手の発話を正面から受けとめているかどうかはわかりにくい（マイナス面）。逆に、「相手の発話により生じた気持ちの動きを表出」すれば、会話の展開は一時的に停滞するが（マイナス面）、相手の発話を正面から受けとめていることを示すことになる（プラス面）。中国語は会話をスムーズに展開させることを優先し、日本語は相手の発話を正面から受けとめていることを示すことを優先する。「日本人ははっきり言わない。中国人ははっきり言う」というイメージで語られることの多くは、実際にはこのことを指している。日本人と中国人は、重視する点は異なるが、ともに言語を意思疎通の道具立てと考え、それぞれのやり方で聞き手との関係を大切にしているのである。

4 イメージと実際 ②：「押しが強い」と「控えめで柔らかい」

「日本人ははっきり言わない。中国人ははっきり言う」というイメージは、「直訳」するからそのように見えるという面もある。たしかに、中国語の発話を日本語に直訳すると「押しが強い」（語気が強い）という印象を受けることが多く、日本語の発話を中国語に直訳した場合も、必要以上に「控えめで柔らかい」（語気が弱い）という印象を受けることが多い。しかし、それは直訳するからであり、実際は、中国語の表現が、対応する日本語の表現より弱い語気で使えることもあれば、逆に日本語の表現が、対応する中国語の表現より強い語気で使えることもある。以下例を挙げる。

例１ 日本語では、「さあ」という気持ちで聞き手を勧誘するときに、「…しよう」と「…しようか」という２つの形式を用いる。「さあ、…しよう」は、動作を行う意志を有する話し手が、聞き手を一方的に誘導することを表す。聞き手を一方的に誘導するのではなく、話し手側の意志を案として示して、聞き手が自分の意志で動作を行うきっかけを与える場合は、「（さあ）…しようか」を用いる。

中国語には「帰ろう」と「帰ろうか」に当たる表現の区別がなく、「さあ」という気持ちであれば、「だろう」「（よ）う」に対応する“吧《バ》”（推量・確認・勧誘・勧めを表す）を用いて、“咱们回去吧”（直訳：私たちは帰ろう）と言う。中国人が“…吧”と言って勧誘するときは、常に「さあ、…しよう」と一方的に誘導しているわけではなく、「さあ、…しようか」くらいの気持ちで言っていることもある（井上 2019a）。中国語の“…吧”は、日本語の「…しよう」よりも語気の弱い表現として使えるのである。

例 2　聞き手のことを心配して「大丈夫か？」と尋ねる場合、中国語では確認文“不要紧吧？”（直訳：大丈夫だろう？）を用いる。

(8)　（重い荷物を持っている聞き手のことを心配して）
　a. ヤスさん……だいじょうぶ？　重うない？　（重松清『とんび』p. 33）
　b. 安子，　不要紧　吧？　重不重　啊？
　　ヤスさん　大丈夫　だろう　重い－重くない　強調
（帅松生訳《世上最疼我的人》p. 24）

日本語では、(8) の場面で確認文「大丈夫だろう？」を用いると、話し手が一方的に「大丈夫だ」と決めつけて、それを聞き手に押しつけることになり、不自然である。一方、中国語の確認文“不要紧吧？”は、「大丈夫であってほしいが、実際はどうか？」という気持ちの発話であり、話し手の判断を聞き手に押しつけるという意味はない。中国語の確認文“…吧”は、日本語の確認文「…だろう？」よりも語気が弱いのである。

(8) の場面では、話し手は「大丈夫であってほしいが、現実に大丈夫かどうかはわからない」という気持ちでいる。この場合、日本語では、「現実に大丈夫かどうかわからない」として疑問文「大丈夫か？」を用いるが、中国語では、話し手が「大丈夫であってほしい」と思っているとして確認文“不要紧吧？”を用いる。話し手の気持ちは同じだが、疑問文と確認文の使い分けの基準が日中両語で異なるために、使用される文に違いが生ずるのである（井上 2016b）。中国語では、(8) の場面で疑問文“不要紧吗？”（直訳：大丈夫か？）を用いると、「本当に大丈夫なの？」と疑っていることになり、不自然である。聞き手のことを気遣って「大丈夫であってほしい」という気持ちで言う場合は、“不要紧吧？”と言う必要がある。

例 3　傘がなくて困っている相手に自分の傘を使うよう勧める場合、日本語では、傘をさしだして「これ使ってください」とも「これ使っていいですよ」とも言える。どちらも「どうぞ」という気持ちの発話だが、「使ってください」は、「使ってほしい」という気持ちで一方的に使うよう勧める場合に用いられる。一方的に勧めるというよりは、聞き手に動作の権利を与えて聞き手が自分の意志で使うことを促す場合は、「使って（も）いいですよ」が用いられる。「どうぞ」という気持ちは同じでも、一方的に勧めるかそうでないかで述べ方が異なるわけである。

中国語では、傘をさしだして「どうぞ」という気持ちで言う場合は、“你用我的伞吧”（私の傘を使ってください）と言い、“你可以用我的伞”（直訳：私の傘を使ってもいいです）とは言わない。“可以”（直訳：てもいい）を使うと、「実際に使うか使わないかは別として、使うのは問題ない」という動作の潜在的な可否を述べるだけの発話になり、「どうぞ」とその場で実際に動作を行うよう勧める発話にならない。日本語の「これ使っていいですよ」は、中国語の“你可以用我的伞”よりも語気の強い表現として使えるのである。

例４ 日本語の疑問文「…したらどう？」は、(9) のように、「そうするのがいい」と相手に提案する場合も使えるが、(10) のように、「そうしたほうがいい」と相手に助言・忠告する場合にも使える。

(9) （「仕事を手伝ってくれる人を探している」と言われて）
田中さんに相談してみたらどう？（そうするのがいい。）

(10) （「最近体調があまりよくないんだ」と言われて）
無理しないで、病院で診てもらったらどう？（そうしたほうがいい。）

一方、「…したらどう？」を中国語に直訳した“…怎么样（どう）？”は、日本語の「…するのはどう？（どう思う？）」と同じく、話し手の思いつきについて意見を求める意味にしかならない。「そうしたほうがいい」という気持ちで相手に助言・忠告する場合は“…吧”（…して、…しなよ）と言う（张 2000，井上 2018a）。

(11) （「どこか旅行に行きたいなあ」と言われて）
咱们　去　山梨　喝　葡萄酒，怎么样？
私たち　行く　山梨　飲む　ワイン　どう
（山梨に行ってワインを飲むのはどう？（どう思う？））

(12)（「最近体調があまりよくないんだ」と言われて）

a. 不要　硬撑着，　赶快　去　医院　看看　吧。
禁止　無理する　すぐに　行く　病院　見る　勧め
（無理してはだめだよ。すぐに病院で診てもらいなよ。）

b. 不要　硬撑着，　#赶快　去　医院　看看，　怎么样？
禁止　無理する　すぐに　行く　病院　見る　どう
（無理してはだめだよ。#すぐに病院で診てもらうのはどう？（どう思う？））

中国語では、話し手が「そうしたほうがいい」と思っていれば疑問文は使われない。一方、日本語では、話し手が「そうしたほうがいい」と思っていても、聞き手の意向がわからなければ、「…したらどう？」という疑問文で聞き手に考えさせるという手順をふむ。日本語の疑問文「…したらどう？」が中国語の疑問文“…怎么样？”よりも語気の強い表現として使えるのはそのためである。

このように、中国語では話し手の気持ちによって文の述べ方が決まるが、日本語では聞き手の認識や現実をどう考えるかで文の述べ方が違ってくる。そのため、日本語と中国語で対応する形式の使い方も違ってくる。外国語の表現の意味やニュアンスを、対応する母語の表現をもとに理解するのは危険である。対照語用論において「表現の意味と使い方の関係を慎重に考える」ことが重要なのもそのためである。

5 会話の場における「役割」とコミュニケーションのあり方

日本語と中国語には、「ありがとう」と“谢谢”の使い方の相違（第 2 節）、会話における優先事項の相違（第 3 節）以外にも、対照語用論的に興味深い相違が見られる。会話の場における「役割」の有無とコミュニケーションのあり方に関する相違（井上 2018b）もその 1 つである。

人に何か依頼をする場合、日本語では「願望表現＋んですが」という形を用いることが多い。「…んです」と言い切らないことにより、「いいですか？」、「お願いできますか？」といった気持ちが暗示され、聞き手に負担をかけることを考慮した丁寧な言い方になる。これは、(13) のように知人に頼み事をする場合でも、また、(14) のように郵便局で局員に小包の郵送を依頼するような場合でも同じである。

(13) (知人の田中に)
ちょっとお願いしたいことがあるんですが。(いいですか?)

(14) (郵便局で局員に)
この小包を日本に送りたいんですが。(お願いできますか?)

中国語でも、知人に何か頼むときは“可以吗?”(いいですか?) と言って相手の都合を尋ねることがあり、そのほうが丁寧な言い方になる。

(15) (知人の田中に)

田中,	我	想	求	你	办	件	事儿,	可以吗?
田中さん	私	願望	頼む	あなた	する	1つ	事	いいですか

(田中さん、ちょっとお願いしたいことがあるんですが、いいですか?)

(楊 2007: 80)

しかし、郵便局で局員に小包の郵送を依頼するような場合に“可以吗?”と言うのは不自然である。

(16) (郵便局で局員に)

我	想	把	这个	邮包	寄到	日本	去。	(#可以吗?)
私	願望	を	この	小包	送る	日本	行く	いいですか

(直訳:この小包を日本に送りたいです。)

(楊 2007: 62)

郵便局という場は、「客が郵便物の郵送を依頼し、局員がそれに応える」ということを本来的な機能とする場であり、その中で、客と局員はそれぞれ「局員に郵送を依頼する」、「客の依頼に応える」という役割を担う。中国語では、客が局員に郵送を依頼する場合は、その本来的役割に即して要望を述べれば、それで十分に依頼が成立する。荷物の量が多いなどの理由で郵送できるかどうかわからない場合は、“可以吗?”と言っても不自然ではないが、そのような特別な事情なしに“可以吗?”と言うと、聞き手を局員扱いしていないことになり、かえって不自然である。(15) のように、知人に何か頼むときには“可以吗？”と言えるが、それは、知人同士の会話にあっては、話し手と聞き手が「依頼する」、「依頼に応える」ということを本来的な役割として担っているわけではないからである。

日本語では、客と郵便局員の関係であれ、知人同士の関係であれ、丁寧に依頼する場合は「いいですか？」、「お願いできますか？」という気持ちの発話を用いる。中国語では、話し手と聞き手が会話の場において「客」と「店員」のような特定の役割を担っている場合は「役割に即して会話を行う」ことが優先されるが、日本語では「丁寧な言い方をする」ことがより優先されるのである。

木村(1987) によれば、食堂で店員に料理を注文したり、タクシーで運転手に行き先を告げたりする際に、日本語では「お水ください」、「三宮までお願いします」のように依頼の表現を用いるが、中国語では“我要一杯凉开水”(私は湯ざましが一杯ほしい)、“我到三宫”(私は三宮に行く) のように要望や意思を述べることで依頼を行う。しかし、客として訪れた家で、家の人に“我要一杯凉开水”(私は湯ざましが一杯ほしい) と言ったり、知人が運転するタクシーに偶然乗り合わせて、知人に“我到北京饭店”(私は北京ホテルに行く) と言ったりすることははばかられ、そのような場合は、日本語と同じように、“请给我倒杯水”(どうか水を一杯注いでください)、“请把我送到北京饭店”(北京ホテルまで運んでください) のような依頼の表現を用いる、という。これも、中国語では、話し手と聞き手が会話の場において特定の役割を担っている場合は「役割に即して会話を行う」ことが優先されるということである。

6 対照語用論の観点から見た「文化差」

最後に、対照語用論的な観点から日本と中国の文化差について少し考えたい。対照研究の目標は「各言語の現象がどれも自然なことに見えてくる公平な見方」を見出すことにあるが、これは文化対照においても同じである。文化に関わる事柄は言語行動以上に当事者にとって当然のものであり、「なぜ？」と聞かれても、自分の感覚の範囲内で言えることを言うしかない。文化対照においても、当事者の説明を絶対視せずに、現象に即して背後にあるしくみを考えることが重要になる。

たとえば、中国で食事に招かれたときは、出された料理を残すのが礼儀とされる。中国人に聞くと、「全部食べると『料理が足らない』ということになるので残す」と言う。この説明は中国人にはよくわかるが、「残すと作った人に申し訳ないので、残さず食べる」という感覚の日本人には実感として理解しにくい。

しかし、日本人にも「出されたものは残す」という感覚はある。それは、訪問先でテーブルの中央に菓子を盛った鉢や盆が置かれた場合である。テーブルの中央の菓子は、場の雰囲気を華やかにし、楽しく会話ができるようにするためのものである。歓迎の気持ちを表す飾りと言ってもよい。それを全部食べてなくしてしまうのは、日本人の感覚でもみっともない。中国人が食事に招かれたときに出された料理を残すのも、歓迎の気持ちを表すために料理を並べてくれているのに、それを全部食べてしまうのはみっともないからである。日本人も、客のお茶がなくなったらつぎ足すし、テーブルの中央の菓子がなくなったら足す。中国人が「全部食べると『料理が足らない』ということになる」と言うのも、それと同じ感覚である。

一方で、日本人には、出された料理は「もらったもの」という感覚がある。出された料理を残すのは「もらったものを返す＝いらない」というのと同じであり、相手に失礼である。中国人の感覚でも、もらったものを返すのは失礼だが、出された料理は「もらったもの」というよりは「歓迎の気持ちを表すもの」という感覚が強い。「歓迎の気持ちを表すものをなくしてしまってはいけない」、「もらったものを返してはいけない」という感覚は日本人も中国人も同じだが、それぞれの感覚が適用される範囲が異なるのである。そのように考えれば、日本人の感覚も中国人の感覚もともに自然なものとして理解できる（井上 2016a）。

もう１つ例を挙げる。中国人は、一定の時間、場を同じくする相手（たとえば列車のボックス席の向かいに座っている人）とは、初対面であっても会話をすることがよくある。会話をしないと相手を無視しているようで気まずいのである。これに対し、日本人は、相手が初対面の場合は、一定時間、場を同じくする相手であっても、会話をしないことが少なくない。それで相手のことを無視しているとは思わないし、むしろ話しかけると相手のじゃまになるのではないかと考えたりする。

この感覚の違いには、日本人と中国人の**「相手との心理的距離感」**の違いが関係している（井上 2013）。中国人の感覚では、自分と相手は領域的に離れており、会話すなわち「ことばのやりとり」があって初めて「関係あり」となる。場を同じくしていても会話がなければ「関係なし」で、相手を無視していることになる。一方、日本人の感覚では、場を同じくする相手は自分と領域を接しており、互いに気を遣っていれば、それだけで「関係あり」となる。会話がなくても相手を無視していることにはならない。日本人も中国人も「場を同じくする相手を無視してはいけない」という感覚は同じだが、相手との心理的距離感が異なるために、どうすれば相手を無視したことにならないかが異なるのである。

これに関連して、中国人が親しい友人に頼み事をするときは、日本人が見たら「ここまで頼むか」と思うくらい頼む。引き受ける側も「ここまで引き受けるか」と思うくらいに引き受ける。「借り」が増えるように頼み、「貸し」が増えるように引き受けているとしか思えないが、実際、中国人にとっては貸し借りも「やりとり」のうちであり、貸し借りがあったほうが「関係あり」という気持ちになれる（井上 2013）。日本人は、親しい友人との間ではもともと「関係あり」であるから、むしろその関係を崩さないように、ほどほどに頼み、ほどほどに引き受ける。日本人が割り勘を好み、中国人が好まないことも、このことが関係している。日本人も中国人も「人間関係を良好に保たないといけない」という感覚は同じだが、相手との心理的距離感が異なるために、人間関係を良好に保つために必要なことが違ってくるのである。

言語や文化の違いについて考える場合、何かが根本的に違うと考えるよりも、「根本的な部分はそれほど違わないが、ある点が異なるために、結果的にいろいろなことが違ってくる」と考えたほうが、それぞれの言語・文化の現象がともに自然なことに見えてくることが多い。これが対照語用論・文化対照において最も重要な点である。

練習問題

問 1　日本人は電話で話すときに、「あもしもし、あ田中先生のお宅でしょうか。あ私、○○大学の井上と申します」のように短く「あ」と言うことが多いが、中国人はそのようなことはしない。なぜだろうか？（井上 2019b 参照）

問 2　筆者の妻は中国人である。子どもが小さいころ、妻がときどき「娘と息子、どっちがかわいい？」と聞いてくることがあった。「どっちもかわいい」と言うと、「どっちがよりかわいい？」とまた聞いてくる。なぜこのように聞いてくるのだろうか？（井上 2013 参照）

問 3 日本語で「あのへんに置いといて」と言うところを、中国語では“放那儿”（直訳：あそこに置いて）と言う。日本語の「あそこ」と「あのへん」の指す範囲の違いについて考えた上で、中国語で“放那儿”と言う理由について考えてみよう。（井上 2013 参照）

文献案内

🕮 Brown, Penelope and Stephen C. Levinson（1987）*Politeness: Some Universals in Language Usage*. Cambridge, MA: Cambridge University Press（田中典子（監訳）（2011）『ポライトネス：言語使用における、ある普遍現象』研究社）：ポジティブ・フェイス／ネガティブ・フェイスという概念に基づき、コミュニケーションのあり方について理論的に説明する。語用論の基本文献の 1 つであり、言語間の差異に関する言及もある。

🕮 滝浦真人（2013）『日本語は親しさを伝えられるか』岩波書店：本章で触れられなかった日本語と中国語のコミュニケーション様式の相違について言及がある。

🕮 小林隆・澤村美幸（2014）『ものの言いかた西東』岩波新書：言語行動に関する方言間の相違が豊富な例とともに示されている。

引用例出典

重松清（2011）『とんび』東京：角川書店.（帅松生（訳）（2012）《世上最疼我的人》北京：中信出版社）

第14章　英語教育と応用語用論

本章のポイント

- 状況や場面に応じて言語を適切に使用する能力を語用論的能力という。
- 中間言語語用論は、語用論的転移などを対象として学習者の語用論的な発達などについて研究する分野である。

1 英語教育における語用論

英語教育では、文法や単語などのことばの正しさだけではなく、状況に応じたことばの使用の適切さについても学習者に教授する必要がある。2000年以降の学習指導要領では、中学校の段階から「具体的な場面や状況に合った適切な表現」を選択できる能力の習得が目標の1つとして記述されており、近年その重要性はますます高まっている（関山 2004）。そのためには、文法や語彙選択の正確さに加えて、文化的・社会的な習慣の違いや、母語と目標言語の場面による表現のずれにも注意を払う必要がある。言語使用の適切さに関する力は**語用論的能力**と呼ばれ、学習者のその能力の発達などを対象とする**中間言語語用論**の研究が進められてきた。この章では、これらの概念を説明したあと、その研究方法や教授方法を紹介する。また、教科書や辞書などの教材における語用論的情報の扱いについて概観する。

2 語用論的能力

ことばを産出するために必要な知識は**言語能力**（linguistic competence）と呼ばれ（Chomsky 1965）、言語の無限の組み合わせを可能にするのは文を構成するためのルール、すなわち文法の知識であるとされてきた。これに対して、Hymes（1972, 1976 など）は相手や状況などに応じて言語を適切に使用する能力である**コミュニケーション能力**（communicative competence）の重要性を指摘し、文法的な正しさだけではなく、語用論的な（あるいは社会言語学的な）適切さを議論の俎上に挙げた。その中でも特に、語用論的な側面に関わる能力は**語用論的能力**（pragmatic competence）と呼ばれ、英語学の分野だけではなく英語教育の分野でも多くの研究が展開してきている。

言語能力に対してのコミュニケーション能力の位置づけや、どのような側面が含まれるか等については多くの議論があるが（cf. Canale and Swain 1980）、Bachman and Palmer（1996: 68）で体系的に整理されている。彼らによると、言語の産出や理解に必要な言語知識は、**構造的知識**（organizational knowledge）と**語用論的知識**（pragmatic knowledge）の２つから構成され、それぞれには以下のような知識が含まれる（日本語は大友・スラッシャー（監訳）（2000: 79）に基づく。なお Bachman（1990）では knowledge の代わりに competence という用語が使われている）。

構造的知識

文法的知識
- →語彙の知識
- →統語の知識
- →音韻・書記体系の知識

テキストについての知識
- →結束性の知識
- →修辞的会話的構造の知識

語用論的知識

機能的知識
- →概念的機能の知識
- →操作的機能の知識
- →学習的機能の知識
- →想像的機能の知識

社会言語学的知識
- →方言や変種の知識
- →言語使用域の知識
- →自然な表現や慣用的な表現の知識
- →文化的指示および比喩的表現の知識

構造的知識は、文法的に正しい発話や文を産出したり理解したりするための知識である。いわゆる単語や文法の知識を指し、文章レベルでの**結束性**（→ 第 1 章）などに関する知識も含む。一方、語用論的知識は、場面や状況に応じて適切な言語使用を行ったり発話者の意図を理解したりするための知識である。以下では、語用論的知識に内包される**機能的知識**（functional knowledge）と**社会言語学的知識**（sociolinguistic knowledge）について概観する。

機能的知識

機能的知識は、発話や文の機能を特定するための知識である。Bachman（1990）では**発話内能力**（illocutionary competence）とも呼ばれており（→ 第 6 章）、特定の文の言語行為（依頼なのか、称賛なのか、批判なのか等）を識別するために必要なものである。Bachman and Palmer（1996）で出されている例を引く。

（1） A: "Could you tell me how to get to the post office?"
　　 B: "Yes, I could."

B の応答は、Could you ～?（～できますか）という質問に対する回答として文法的には符合しているが、この文が持つ「依頼」という機能を理解していないと考えられるため、不適切な回答となる。

この知識には 4 つの下位カテゴリーが含まれる。**概念的機能の知識**は、実世界での経験などに基づいて、考えや感情などの概念を表現するための知識である。一方、**操作的機能の知識**は、発話者がほかの人を操作したり、制御したりすることを可能にするものである。要求や提案、命令などを行うための知識がここに含まれる。また、人間関係を構築したり、維持・発展したりするための知識（あいさつや称賛、侮辱、謝罪など）も含まれる。**学習的機能の知識**は、言語を用いて知識を増やしたり、言語を使って問題解決を行ったりすることを可能にするものである。最後に、**想像的機能の知識**は、想像的な世界を構築するためのもので、小説や文学などにおける言語使用や、ジョークや比喩的な表現の理解を可能にするものである。

社会言語学的知識

社会言語学的知識は、場面や状況に応じて言語を使い分けるためのものである。この知識には様々な側面が含まれているが、その1つの例として、方言や変種に関する知識が挙げられている。方言を話すことはそのコミュニティへ**適応**（accommodation, ほかに「調整」「応化」などとも言う）することを示すが、これにより話者の心的態度を表すことができる。社会言語学的知識にはまた、適切な**レジスター**（**言語使用域**；register）を選択するための知識も含まれる。たとえば子ども相手には簡単な表現を選択したり、表彰式などのフォーマルな場面では改まった表現を選択したりすることを可能とするものである。さらに、“Don’t push my buttons.”（私のボタンを押すな）という表現が特定の文脈では「私を怒らせるな」という比喩的な意味で使用されていることを理解するためには、文化的な情報や言語個別のメタファー（→ 第8章）などについての知識が必要で、それも社会言語学的知識の一要素である。

3 中間言語語用論

英語教育の研究対象の1つは、英語学習者が学習の過程で産出した言語（つまり学習者が書いたり話したりした記録）である。この「言語」は、**中間言語**（interlanguage）と呼ばれ、学習者が母語を参照しながら構築する目標言語に関する独自の体系である。その語用論的な側面の研究は**中間言語語用論**（interlanguage pragmatics）と呼ばれ、広く研究されている（cf. Kasper and Blum-Kulka (eds.) 1993）。本節では、中間言語語用論の主要な研究テーマである語用論的転移と、中間言語語用論のためのデータ収集方法、および語用論的側面の指導の方法について概観する。

語用論的転移

語用論的転移（pragmatic transfer）とは「第2言語で発話行為（引用者注：言語行為）を行う際、母語の社会言語学的能力を転移すること」（近藤 2009: 76）である（ここでいう転移とは母語の規範が第二言語の使用に影響を与えることを指す）。これには母語の規範が第二言語でもそのまま通用する**正の転移**（positive transfer）と、第二言語では母語の規範が悪い影響を与える**負の転移**（negative transfer）がある。このうち、英語教育の文脈では負の転移が問題となる。文法的な間違いは表面的に明らかに間違いとわかるが、語用論的な間違いは、発話の発信者だけでなく受信者にとっても間違いであると気づきにくく、最悪の場合、発信者の人格を否定的に捉えられる材料になりかねない。さらに、初中級者の場合、文法的な正確さに意識が集中してしまい、語用論的な側面にまで気が回らないということも起きる。

Thomas (1983) は、このような負の転移による誤りを**語用論的誤り** (pragmatic failure) と呼び、「言われた事柄」(what is said) から「意図された事柄」(what is meant) を理解できないことであると規定し、**語用論的言語誤り** (pragmalinguistic failure) と**社会語用論的誤り** (sociopragmatic failure) の 2 つに分類している。

語用論的言語誤りは、特定の発話や表現が持つ語用論的な機能が、学習者の母語と目標言語で体系的に異なるために生じる。Thomas (1983) から例を引く。ロシア語では、in my opinion の意味を表す po moemu や it seems to me の意味の kažetsja は、英語の I think のような意味合いで頻繁に用いられる。このような母語の知識を背景に、ロシア人英語学習者は In my opinion the film begins at eight. などのような発話をすることがある。だが、英語の in my opinion や it seems to me は慎重に考慮した結果の言明の際に用いられるため、この発話は仰々しく感じられる。さらに別の例を挙げると、日本語では不可能であることを遠回しに言うとき、「10 分で駅まで行くのは難しい」などように言うが、英語の difficult には「不可能」というニュアンスまではなく「容易ではない (が可能性はある)」と捉えられることが多い (『コアレックス英和辞典』第 3 版 (旺文社) の difficult の項目より)。

このように、表現とその裏にある含意の言語間の体系的な違いによる誤りが、語用論的言語誤りである。英語と日本語の違いによるもう 1 つの例として、had better の使い方について触れる。この表現は「〜したほうがよい」と訳されることが多く、この訳語から「風が強いから窓を閉めたほうがいいよ」などのようにちょっとしたアドバイスに使えるような印象を受ける。しかし、英語の had better にはより高圧的な意味合いがあり、脅しや命令に近い (鶴田ほか 1988)。You had better close the window. などと言うと、何気ないアドバイスのつもりが、威嚇的な響きを与えてしまう可能性がある。

一方、社会語用論的誤りは、言語使用に課される社会的な条件の違いによるものである。これにはコミュニケーションをとる相手との距離感や、文化的な習慣の違いなどが含まれる。鶴田ほか (1988) では、アドバイスを与える場合の日英差を論じている。日本の文化ではお節介でも相手から求められていないアドバイスをすることがあるが (たとえば、食事中の外国人に対して、お箸をご飯に立てるのは縁起が悪いのでしないほうがよい、など)、英語社会では求めていないアドバイスをされると当惑することがあると指摘している。また、日本社会では先輩と後輩、上司や部下などの関係では、目上の人が「よりよく知っている人間」(あるいは人生の先輩)として振る舞う傾向があるが、英語社会では年齢や上下関係によらず、知識量に明らかな差がある場合を除いて対等な人間として振る舞う傾向にあることを指摘している。さらに、文化的にタブーとされていることに触れてしまうという誤りもこのカテゴリーに含まれる。たとえば、イギリス人に対して、(特に初対面では)人種や年収などを聞くことは避けるべきであるが、そのことを知らずに話題に出すことは、社会語用論的誤りに含まれる。

データの収集方法

学習者の発達段階で生じる語用論的転移などを分析する中間言語語用論では、データとして学習者が実際に産出した発話や作文が必要となる。分析者の直観や内省によって分析することも可能ではあるが、学習者の実際の振る舞いは熟練した教員であっても予測が難しく、中間言語語用論のデータ収集方法としては不向きである。本節では、データの収集方法として、学習者から実験的に「誘出」する手法と、言語データの「観察」の2つについて概観する。

誘出(elicitation)の最も基本的な手法として、**談話完成タスク**(Discourse Completion Task: DCT)がある。これは、状況を設定した上で、学習者に自由に文を書いてもらうようなタスクである。たとえば、次のようなものである。

(2) 【場面】あなたは友人であるJohnから講義のノートを貸してほしいと頼まれました。その依頼を断る場合、どのように答えますか。

John: I was absent yesterday. I wonder if you could lend me your notebook for a few days.

You: ______________________________

このような**記述型のDCT**(Written DCT: WDCT)以外にも、**口述型のDCT**(Oral DCT: ODCT)もある。清水(2012)はWDCTの欠点として、時間をかけて慎重に計画したり書き直すことができる、被験者への負荷が大きく回答を省略する可能性がある、綴りがわからないことにより特定の発話を回避する可能性がある、などを指摘している。一方、ODCT の場合、即応性が求められるため、このような問題は起こりにくいとしている。

その他の誘出の手法として、**ロールプレイ**（role play）が挙げられる。ロールプレイでは、特定の場面を設定して（通常は）複数の参与者に対話を行ってもらう。ある程度シナリオが設定されるのが一般的であるが、会話の始まりや終わりなどに特に指定はなく、自然なやり取りを行うよう、参与者は求められる。このとき、対話の内容や言語形式は、対話者間の社会的立場、距離、ことの重大さなどによって決定されるため（石原・コーエン 2015）、場面設定の際には特に注意を払う必要がある。DCT 同様、調査項目を効率的に引き出すことが可能だが、仮想的な現実世界であり、完全に自然な発話にはならないという点に注意が必要である。

一方、言語データの**観察**（observation）の代表的な手法は、**コーパス分析**である。この場合、誘出の手法とは異なり、学習者のあるがままの産出を研究の対象とすることができる。しかしながら、特に英語学習者が話す会話のコーパスは十分に整備されておらず、特定の調査項目を含むデータを入手することは困難である（できたとしてもサンプル数が限られる可能性が高い）。また、既存のコーパスでは対話者の間柄や社会的地位など、語用論的あるいは社会言語学的側面に関わる情報が十分ではないことも多い。コーパスを自作して分析することも可能であるが、手間とコストがかかる（またプライバシーへの配慮も重要な手続きである）。そのほか、映画やドラマなどを観察するという手段もあるが、学習者が登場することはきわめて少なく、中間言語語用論の分析データとしては不適当なことが多い。

以上のような点から、中間言語語用論に関する多くの研究では、誘出の手法が用いられている。この場合、学習者のレベルや背景の分析、状況設定やタスクの実行しやすさなどが重要になるので、事前の綿密な計画が求められる。同時に、誘出によるデータは完全に自然なものではないことも研究を行う上で留意すべきである。

語用論的側面の指導の方法

学習者の第二言語における語用論的能力を向上させるためには、**明示的な指導**（explicit instruction）が有効であることが多くの研究で示されている（Tateyama 2001, まとめとして大澤 2006 など）。たとえば、語用論的能力を高めるための練習として、データ収集法として挙げた DCT を使った演習や解説は有効に機能する（村野井 2006）。石原・コーエン（2015）は、言語の形や機能、状況に注意を向けさせることで語用論的意識が向上するとし、目標言語の映画やドラマなどの言語データの収集・分析、第一言語と第二言語の語用論的規範の比較検討、語用論的誤りの経験や体験談の分析などの活動が有効であることを述べている。このうち言語機能への意識付けを行うタスクとして、田中（2006）が参考になる。この本はグライスの公理、ポライトネス、間接言語行為など、語用論的な側面を含む多くの活動をワークシート形式で示したものである。たとえば、「すみません、時計を持っていますか？」という発話に対してどのように答えるかという活動には、「はい、2 時 25 分です」といった発話がなぜ適切であるかという考察をするタスクなどが含まれている。日本語で示されているものも多いが、そのまま英語で考える活動としても利用可能で、語用論的な能力を向上するタスクを開発する際などには大いに参考になる。

村野井（2006）は、語用論的能力・社会言語能力を育成する方法の 1 つとして、機能重視の指導法を挙げている。「依頼する」「断る」「提案する」「苦情を言う」などの機能ごとに表現を集めることで、同じ機能を果たす様々な形式を扱うことが可能になり、学習者はその違いを比較することができる。このようなアプローチは**機能シラバス**（functional syllabus）と呼ばれ、**コミュニカティブ・アプローチ**との親和性も高い（cf. 大澤 2006）。文法シラバスよりも実用的な場面における訓練が行われることになり、学習者が言語を用いて「できること」を着実に増やしていくことができる。一方、どのような機能を扱うか、あるいはどのように機能を分類するかなどの点が不明確で、文法シラバスに比べると体系性が劣る。また、特定の「表現」に指導が集中することがあり、教材によって教授内容が偏る場合もある。

4 教材における語用論的記述

学習者にとって、語用論的な側面は意識しにくく、文法的な知識よりも後回しにされてしまうことが多い。しかしながら、野村（2005）が指摘するように「語用論は上級者の贅沢品ではなく、どのレベルの学習者にもかかわりうるもの」であり、語用論的な誤りは、学習者の習熟度レベルによらずコミュニケーション上重大な障害を引き起こす可能性がある。また、Takahashi and Beebe (1987) は、学習者の熟達度を問わず語用論的転移が観察されることを報告している。したがって、学習者の主要な情報源である教材は、その対象のレベルを問わず語用論的な側面に意識がいくよう構成されるべきである。本節では「語用論的記述」を「語用論的能力の向上に寄与する情報」と定義し、以下で教科書と辞書における状況を概観する。

英語教科書における語用論的記述

学習者の主要な情報源の 1 つは英語の教科書である。特に中学校・高校の検定教科書は重要度が高く、語用論的な側面までカバーされていることが望まれる。

しかしながら、多くの研究で検定教科書における語用論的記述は足りないことが指摘されている。たとえば、水島 (2016) では、「英語表現 I 」の教科書を分析し、例文に語用論的記述が付与されているかどうかを検証した。その結果、丁寧度や社会的な文脈への配慮等に関する語用論的記述があるものは 1.2% に留まり、改善の余地が大いにあることを指摘している。また、内田・野村 (2009) では中学校の検定教科書を分析し、語用論的記述が不十分であることを指摘している。その 1 つは、**言語行為**ごとのやり取りの不完全さである。たとえば、依頼の表現のところで断りとして “I can’t.” だけが提示されており、ぶっきらぼうになっていることや、通例断りの際に付されるべき理由に関する表現が掲載されていないことなどが指摘されている。また、同じ言語行為に当たる表現が学年を跨いで出現すること (出現箇所が分断されていること)、学習の初期から必要であると考えられる**あいづちやフィラー** (filler) の表現に関する記述が、教科書の遅い段階で出現することなども問題点として指摘されている。さらに、澤田 (2018) では John is as tall as Bill. のような “x as…as y” 構文について、現行の教科書では「x の…の程度は y の…の程度と同じ (くらい)」(x = y (もしくは、x ≒ y)) のように記述されていることが多いが、実際にはこの構文は、「x の…の程度は (少なくとも) y の…程度ほどはある」(x≧y) という捉え方を表す構文であり、尺度的な表現として x の程度は高く捉えられていることを指摘している。

以上のように、教科書における語用論的記述に関しては改善の余地があり、語用論的側面に関する学習者の意識を高めるためには、より積極的に盛り込んでいく必要がある。

辞書における語用論的記述

学習者向けの英語辞書は国内外で多く出版され、各社特徴を出すべく記述内容にも工夫がなされてきた。ここではとりわけ、語用論的記述として代表的な事例をいくつか紹介する。

Collins COBUILD Advanced Dictionary (HarperCollins Publishers) は、学習者向け英語辞書として早くから語用論的情報を取り入れた辞書の 1 つである (1996 年出版の第 2 版より記述がある)。2018 年出版の第 9 版の序文 (xiv) の Pragmatics というセクションでは、人々が言語を使用するのは何かの目的を達成したい場合であるという前提に立ち、この目的を正しくかつ適切に達成するために、言語が持つ語用論的な習慣を知っている必要があると述べている。この辞書では、語用論的に特別な注意が必要なアイテムについて APPROVAL, DISAPPROVAL, EMPAHSIS, FEELINGS, FORMULAE, POLITENESS, VAGUENESS のラベルを付け、ユーザーに情報を提供している。たとえば、APPROVAL のラベルは、その単語を使うことでポジティブな態度を表明するという場合に付けられており、broad-minded, insightful などに見られる。その逆のニュアンスを持つ DISAPPROVAL は、たとえば romantic の 4 番目の語義に付され、次のように定義されている。

(3) If you say that someone has a **romantic** view or idea of something, you are critical of them because their view of it is unrealistic and they think that thing is better or more exciting than it really is.

また、VAGUENESS のラベルは、その表現によって確信度の低さが伝わる場合に付されている。presumably, kind of などがその例である。

語用論的記述の日本における嚆矢は、『旺文社レクシス英和辞典』(旺文社 : 2003 年) だろう。この辞書では「コミュニケーション情報」を提示する際にハートマークで明示し、語用論的記述を辞書の各所に盛り込んでいる。たとえば、助動詞の must の第 3 番目の語義に、次のような記述がある。

(4) Must you make that dreadful noise? そんなひどい音を立てなきゃいけないの (❤疑問でしばしば「やめたらどうだ」という意味も含む)

このような記述は後継版の『オーレックス英和辞典』第 2 版 (旺文社：2013 年) にも引き継がれている。また、姉妹版である『コアレックス英和辞典』第 3 版 (旺文社：2018 年) では、母語話者 100 人のインフォーマントに対して行った調査をもとに、Planet Board というコラムで語用論的情報を提供している。たとえば、better の項目で「アドバイスするときは had better それとも should ?」というコラムがあり、「(had better は) 強制的で命令しているような感じがする」などのコメントとともに 96% の人が should を選んだという結果が示されている。

『英語談話表現辞典』(三省堂：2009 年) は、単語・フレーズの語用論的記述に特化した辞書で、字義通りの意味に加えて文脈や状況に応じた意味が豊富に記述されている。次の記述は as far as I know の項目からの引用である (数字は語義番号を示す)。

(5) 「私の知る限りでは」という意味。当面の話題に加わったり、新しい話題を持ち出したりするときに、自分の知識は不十分であるがと前置きしながら述べる言い方 (→ 1)。意見を述べる際の前置きとしても用いられる (→ 2)。また、I に強勢を置いて発音し、断定を避けて「確か、たぶん」という意味にも使われる (→ 3)。

これらの情報に加えて、例文には文脈を明示するための情報が《 》で付されている点も特徴的である (例：《人から聞かれて》*As far as I know*, she is still missing. 私の知る限り、彼女は依然行方不明らしいですよ)。

『コンパスローズ英和辞典』(研究社：2018 年) では「ポライトネス」というコーナーを設け、言語使用の「適切さ」に関する情報を提供している。「言語の働き」に関する情報、相手との関係や負荷の大きさなど「状況」に関する情報、柔らかくなるのか強調になるのかなどの「表現上の効果」に関する情報などが含まれている。次の記述は動詞の mind の項目からの引用である。

(6) ❤Would [Do] you mind if I…? は、許可を求めるときに使う疑問文。

相手が断る可能性が比較的低い場合（その行為に必然性があったり、相手に迷惑がかからないと予測できる場合など）に用いる

以上のように、近年の学習者向けの英語辞書における語用論的記述は比較的充実したものになっていることがわかる。これらは語用論的側面の明示的な指導に大いに役に立つものであるといえるだろう。その一方で語用論的能力を高めるためには、これらの知識と合わせて実践的な場面での練習が必要であることも心に留めておきたい。

練習問題

次の会話は、Mary が友人の Jess に、週末に買い物に行こうと誘う場面である。Jess にはするべき課題があり、その誘いを断ろうとしている。

Mary: Jess, I want to buy some summer clothes. I heard the shopping center will have a sale this weekend. Will you come with me?

Jess: （1）Sorry, I can't.

（2）I'd love to, but I must finish the essay for the sociology class.

（3）I'd love to, but I have to finish the essay for the sociology class.

問 1 （1）～（3）のうち、最も適切と考えられる返答はどれだろうか。また、その理由を考えてみよう。

問 2 このような場面で適切な振る舞いをするためには、教育上どのような情報や活動が必要となるか、考えてみよう。

問 3 依頼を断る場合の日英差について調べてみよう。また、Google Scholar や CiNii などで「依頼　語用論的能力」、「request pragmatics」で検索し、関連する先行研究を読んで、その内容をまとめよう。

文献案内

📖 Kasper, Gabriele and Shoshana Blum-Kulka（eds.）（1993）*Interlanguage Pragmatics*. Oxford/New York: Oxford University Press：中間言語語用論に関する論考を集めた 1 冊で、Cognitive Approaches to Interlanguage Pragmatic Development, Speech Act Realization, Discourse Perspectives の 3 部からなる。幅広いテーマをカバーし、中間言語語用論に関する先駆的な研究を概観すること

ができる。

📖 **石原紀子・アンドリュー D. コーエン (2015)『多文化理解の語学教育：語用論的指導への招待』研究社**：語用論的指導について、多くの実践例を交えながら、包括的な情報が提示されている。アメリカ英語を規範とした具体例が多い。「語用論的指導の基礎」、「語用論的指導の核心」、「語用論的学習・指導・評価に関する諸問題」の 3 部から成る。

第15章 | 日本語教育と応用語用論

本章のポイント

- 社会の変化にともない、日本語教育の目的は変化している。
- 外国語を学ぶ際には、学習者は中間言語を構築し、語用論的転移が起きる。だが、これを誤用と捉えるのではなく、多様な日本語のあり方として認めていくべきという時代の要請がある。

1 社会変化と日本語教育

日本語教育は、日本政府の政策と密接に結びついている。そのため、日本語教育の目的の変化は、政策の変化と合わせて語る必要がある。

留学生10万人計画(1982)、留学生30万人計画(2008)から、外国人人材の受け入れ拡大に向けた出入国管理及び難民認定法改正(2018)へと、日本国内で日本語を必要とする外国人に変化と拡大が見られる。それに合わせて、受け入れる人材への日本語教育の内容にも、戦略的変化が認められる。

留学生10万人計画の目的は、「我が国と諸外国との相互理解の増進や教育、研究水準の向上、開発途上国の人材育成等に資するものであり、我が国にとって留学生政策は、文教政策及び対外政策上、重要な国策の一つである」とされ、まずは大学キャンパス内の日本語教育の向上が目標とされたため、理工学系、社会学系など分野ごとの**専門日本語**(technical Japanese)の教育・研究が進んだ。

それが留学生30万人計画になると、「我が国への留学についての関心を呼び起こす動機づけから、入試・入学・入国の入り口から大学等や社会での受入れ、就職など卒業・修了後の進路に至るまで、体系的に以下の方策を実施し、関係省庁・機関等が総合的・有機的に連携して計画を推進する」と書かれ、キャンパスを越え出て、社会で活躍する人材を意識した内容となっている。つまり、学術的な発表、論文作成などの**アカデミック日本語**(academic Japanese)から、会社での人間関係を意識した**ビジネス日本語**(business Japanese)

への拡大が進んだのである。

さらに、2019 年 4 月には、「特定技能」をもつ外国人に在留資格を認める法律が制定された。特定の 14 業種で「相当程度の知識又は経験を必要とする技能」と認められる業務に従事する「特定技能 1 号」と、さらに限定された業種では、家族滞在や在留期間更新が可能な「特定技能 2 号」が策定され、日本語を必要とする対象が、格段に拡大している。

このように、日本語教育は日本政府の政策の影響を受けて進展してきた。ただ、一言に「アカデミック日本語」や「ビジネス日本語」といっても、そのレベルやゴールは多様である。同じキャンパス内における日本語教育でも、文系の上級レベルで高度な文献購読やレポート作成を必要とする学生と、キャンパス生活で最低限必要なコミュニケーションが取れればいいとする英語プログラムで日本に留学する学生では、必要な日本語は異なる。また、特定のニーズに応えるような日本語教育として、経済連携協定（EPA）や特定専門職に基づき来日した看護師・介護福祉士の日本語、多言語・多文化背景の年少者家族が日本で暮らすための生活日本語、年少者の日本語などの必要性も増している。

さらに、教育という文脈を離れて日本社会を眺めると、「日本語の母語話者と非母語話者間でのコミュニケーション」の機会が増えている。そのために現在、日本社会での市民生活に関する規則・情報や、ニュースを伝えるための**やさしい日本語**（easy Japanese）が各自治体で取り上げられている。やさしい日本語とは、出発点として弘前大学社会言語学研究室が、災害時に非母語話者にも十分な情報が伝わるようにという目的で提案した、理解しやすい日本語のことで、現在自治体、外国人支援団体などで積極的に活用されている。英語や中国語への翻訳ではなく「日本語」での情報伝達が活用されているのは、日本のような多言語社会では、英語が理解できる話者がそれほど多くはないことが理由としてある。

以上のように、日本語教育は、日本社会の変化に合わせてその歩を進めてきた。

2 日本語教育の言語学的変化

多様な日本語学習者を抱える 20 世紀以降の日本語教育を鑑みると、言語学の発展とも結びついていることがわかる。オーディオ・リンガルメソッド（Audio-Lingual Method）中心の語学教育では、構造主義時代の発想が強い。これは、短い構文から長い構文へ、単純な構文から複雑な構文へと学習を発展させ、学んだ内容を習慣化させる考え方である。学習者の脳内に目標言語をまずインプットすることを重視する Army Specialized Training Program（1943–1944）が代表的な教授法で、文法構造に基づいたシラバスを基本とする。例として、「わかる」の動詞述語文を学ぶための会話テキストを紹介する。

（1） スミス：ちょっとまってください。わかりません。
田中　：わかりますか。
スミス：ええ、もう一度言って下さい。
（2） スミス：わかりますか。
山本　：ええ、わかります。
スミス：田中さんは。
山本　：田中さんはわかりません。
（3） 田中　：わかりましたか。
スミス：ええ、わかりました。
田中　：よくわかりますね。
スミス：どういたしまして。

（E. H. Jordan, *Beginning Japanese, Lesson 1*, 原文はアルファベット表記）

学習評価のポイントとして、動詞の活用変化の正しさが指標となっている。同じ時期に、日本国内で作成された教科書を見たい。

（4） 私はスミスです。　（早稲田大学語学研究所『日本語教科書初級』）

この文の構造は、名詞＋助詞＋名詞＋述語からなっている。教科書全体の構成から見ると、名詞述語文、形容詞述語文、動詞述語文の順序で項目が並んでおり、それぞれで「短い構文→長い構文」というように学習事項が配列されている。例えば、名詞述語文なら「私はスミスです（N1 は N2 です）」（1 課）から始まって「これは日本語の本です（N1 は N2 の N3 です）」（2 課）へ、動詞述語文なら「わたしは七時におきます。八時に朝ごはんを食べます」から始まって「わたしは七時におきて、八時に朝ごはんを食べます」(13課) へという順で項目が配置されている。

このような構文の段階的学習という教育法に対して、発話の目的を意識した**コミュニカティブ・アプローチ** (Communicative Approach) という考え方が登場した。この考え方では、例えば (4) の「私はスミスです」という発話が、現実でどのように用いられるかを問題にする。この視点を取り入れた教科書では、より自然な会話を優先して、「私はスミスです」の代わりに「スミスです。どうぞよろしくお願いします」という発話を載せている。こうした教科書の開発時期は、Leech (1983) や Brown and Levinson (1987) の語用論文献の発行時とも重なり、自己紹介、依頼などの言語行為に基づいてシラバスが構成されている。例えば以下はそうした教科書からの引用である。

(5) 指導教員：山下君、ちょっと。こちら、インドのアニルシャルマさん。
山下　　：山下です。アニル…
シャルマ：シャルマです。
山下　　：そうですか、アニルシャルマさん、お国は？
シャルマ：インドです。
山下　　：ご専門は？
シャルマ：コンピュータです。
山下　　：ああそうですか、僕もコンピュータなんですよ。
(筑波ランゲージグループ『Situational Functional Japanese』Vol. 1)

(5) の例文は、構造主義に基づく日本語教科書と発想が大きく異なっており、話者と聴者のコミュニケーションの流れが重視されている。文法項目でも第1課で「のだ」述語文が出現しているなど、構造から見た学習のしやすさではなく、コミュニケーション上の必要順序を優先した構成となっているところに特徴がある。

学習者にとっての日本語

日本語学習者には、日本語を生活から習得する **JSL** (Japanese as second language) と、教室活動を中心とした学習の **JFL** (Japanese as foreign language) の2

区分が考えられている。日本語との接触量の異なりで、前者では日本国内での日本語学習者が想定され、後者は海外など教室中心での日本語学習者をターゲットとする。JSL は日本語のインプットが多く、実用的日本語にも慣れていることから、自然習得がなされやすい。JSL と JFL で、「理解しやすさ・習得のしやすさ」に差の出る項目がある。ここでは、JFL が習得するのに時間のかかる項目として、文末表現の「のだ」と、**言いさし**文を取り上げる。

「のだ」述語文は「強調」と「説明」の用法と説明される（筑波ランゲージグループ 1991）が、この説明を聞いた学習者に以下のような発話例が見られた。

(6)　私の専門は日本語なのである。　（英語母語学習者）

学習者は自身の専門分野を聴者に「強調」「説明」したいため、こうした発話を行ったと考えられる。しかし、このような「のだ」文は、文法的に間違っていないとしても、唐突であり、ある種の文脈が整わなければ不自然になってしまう。ゆえに、「のだ」文は以下のように、理由説明という文脈での提示が必要である。

(7)　教師：どうした？
　　学生：実は昨日から熱があるんです。
（筑波ランゲージグループ『Situational Functional Japanese』Vol. 1）

言いさし文についても同じことが言える。「から」「ので」は理由説明、「けど」は逆接という文法項目を学んだ学習者は、日本語の対話における言いさし文の理解に時間を要する。

(8)　待たせてごめんね。今行くから。

会話を重視する教育では、(8) のような「から」節の用法を、文法項目の接続詞として扱うのではなく、文末表現の終助詞的用法として取り上げる方向に変わってきている。

この例に明らかなように、構造主義に基づく構文単位での**正しい日本語**という発想から、機能主義に基づいて発話の状況を鑑みた**自然な日本語**へのパラダイムの変化が見られる。

日本語を母語にしている人も規範文法から見れば間違えることはあるから、日本語非母語話者である学習者が間違えることはそれほど非難されることではなく、意味が通じれば問題にならないことも多い。しかし、文法的には正しくても、日本語母語話者には不愉快に思えたり、失礼に感じたりする発話もある。コミュニケーションに用いるのだから、自然で不快にならないほうがよいことは言うまでもない。

学習者にしてみれば「**正しい日本語**」が重要だと感じられるだろうが、「気にならない誤用」や「どうってことのない誤り」は日常生活でトラブルになることは少ないし、そもそも日本語母語話者でも間違えることはある。しかし、「正しいが失礼」「不愉快な正用」は、間違っていないからと言って問題にならないわけではない。むしろ、正しいが故に指摘されることがなく、何度も人を不愉快にさせてしまうことだってある。「**自然な日本語**」へのパラダイムの変化は、このような考え方を背景に進んだもので、文法的な正しさから語用論的な適切さに重点が移ったと見ていいだろう。

(9) 先生は講義がお上手ですね。
(10) 先輩の説明は私をよくわからせました。

これらは文法的に間違っている非文とは言えないが、自然な発話ではなく、日本語母語話者ならまず使うことがない。こういった発話の問題点を語用論的に解明し、指導に反映していくことが重要な意味を持つのである。

3 日本語教育の学習目標

多くの学習者にとって、外国語教育の目標は、母語以外の言語で自分の欲求を伝える、話せる、書けるようになることだろう。そのためには、文法、語彙だけではなく、その言語が有する慣習的表現の理解も必要である。こうした外国語教育で目標となる能力とは、Canale and Swain (1980) によれば、**文法能力** (grammatical competence)、**談話能力** (discourse competence)、**社会言語学的能力** (sociolinguistic competence)、**方略能力** (strategic competence) からなるとしている。文法能力は「音声、語彙、構文などの知識」、談話能力は「発話を構成するための知識」、社会言語学的能力は「発話の相手との関係、場面、状況など慣習的、あるいは社会的規範についての知識」、方略能力は「自分の発話意図を聴者に伝えるための知識」に基づいている。4つの能力はコミュニケーション上欠かせないものとされ、1つでも欠けるとコミュニケーション上のトラブルが生じやすいと予想できる。

では、どのようなコミュニケーションが必要なのであろうか。言語能力指標のさきがけは CEFR（Common European Framework of Reference for Languages: Learning, teaching, assessment）である。記述方法は Can-Do Statements という方法をとり、言語能力を A1, A2, B1, B2, C1, C2 と 6 つのレベル（A1 が超初級、C2 が上級）に分け、それぞれのレベルで「その外国語を使って何ができるのか」という記述がなされている。2019 年には新しい補遺版が発表され、6 段階から 11 段階にレベルを拡大している。

CEFR を参考に国際交流基金が作成した指標である「JF スタンダード」から例を挙げる。基礎段階の言語使用者の「食生活」というカテゴリーとして、以下の 3 つが提示されている。それぞれ、日本語レベルとして A は基礎段階の使用者、B が自立した使用者、C が熟達した使用者である。

（11）立食パーティーなどで、「コーヒー飲みますか」など簡単な言葉で友人に飲み物を勧めたり、「はい、お願いします」「いいえ、結構です」などと答えたりすることができる。JF218（A1）

（12）会食やパーティーなどで、飲み物や食べ物を勧められたとき、短い簡単な言葉でコメントを加えて応じたり、断ったりすることができる。JF490（A2）

（13）パーティーや新しいサークルなどで初めて会った人に話しかけ、趣味や仕事など身近な話題について質問したり、質問にある程度詳しく答えたりして、会話を続けることができる。JF196（B1）

（「みんなの Can Do サイト」国際交流基金）

（11）は A1、（12）は A2、（13）は B1 レベルで、（11）から（13）になるにつれて言語能力レベルは高くなる。（11）と（12）では断るという発話機能は同じでも、また、（12）と（13）では同じパーティーという発話状況であっても、その発話内容は変わるだろう。

4 中間言語語用論

中間言語（interlanguage）とは、外国語を習得するときに学習者の中で構築される、目標言語とも学習者の母語とも異なる独自の言語体系のことである（Selinker 1972）（→第14章）。学習者は外国語を学ぶ過程で、目標言語と母語の意味・構造上の異なりに気づき、中間言語を構築する。この中間言語に由来する誤用として、**過剰一般化**（over-generalization）と**化石化**（fossilization）がある。

（14）そうですかな。　　（カザフ語母語学習者）

（14）の発話からは年齢層の高い話者が想起されるが、実際には20代の上級レベル女性大学院生の発話である。なぜこうした発話をするのかを発話者に尋ねたところ、相手の意見とは異なる意見を述べる際の「そうかな」という発話がベースにあり、それを目上の人に使うので、スピーチレベルを常体から敬体の「です」に代えた、ということであった。このように、発話の規則を過度に一般化して適用してしまうことを、過剰一般化という。単純に考えると、「そうかな」の丁寧形は「そうですかな」のように思えるが、「そうかな」は性別年齢を問わず広く使われているのに対して、「そうですかな」は主に高齢層の言い方で男性が多く用いるもので、日本語母語話者ならおじさんかおじいさんの話し方だと知っていよう。

さらに、彼女からこの発話を聞いて、一度助言を行ったが、数年後にも同様の発話を聞き、修正がなされていないことがわかった。誤用や不適切さは他人からの指摘や自分自身の気づきで修正することもあるが、このように修正されないまま固着してしまうことを化石化という。

中間言語については、**中間言語語用論**（interlanguage pragmatics →第14章）という領域も提唱されており、学習者の中間言語の語用的能力に焦点を当てた研究がある。先駆的な研究であるBlum-Kulka and Olshtain（1984）では、8つの言語のそれぞれの母語話者と非母語話者を対象として、依頼と謝罪の表現を分析している。

中間言語語用論の研究成果として、「語用論的転移」が挙げられる。たとえば日本人英語学習者が“I'm sorry”を多用するのはなぜか、また、中国語母語日本語学習者が中国語のコミュニケーションでも「対不起」（「すみません」

の意）を多用するようになるのはなぜか、という２つの疑問は、ともに語用論的転移で説明できる。日本語母語話者が「すみません」を多用するのは、この表現が謝罪も、感謝も、呼びかけの機能も担うことによる。そのため日本語母語話者は英語の “I'm sorry” も「すみません」と同じ機能を持つと考えて、それを英語発話においても多用するのである。だが、英語においては、謝罪、感謝、呼びかけは異なる表現形式を有しているので、それをすべて “I'm sorry” で表現するのは不自然で不適切な発話になってしまう。以下の例では感謝の意の「すみません」として “I'm sorry” と言っているが、英語母語話者にとって “I'm sorry” は謝罪か遺憾表明でしかないので理解されない。

（15） E: Look what I've got for you!（maybe a gift）
JE: Oh!, I'm sorry（thank you does not sound sincere enough in Japanese）
E: Why sorry?（Richards and Sukwiwat 1983: 116）
英語母語話者：はい、どうぞ。
日本語母語英語学習者：あら、すみません。
英語母語話者：どうしてすみません？（筆者訳）

このように、学習者の母語に見られる語用論的特徴が、**目標言語**（target language）の発話に現れる現象を、**語用論的転移**（pragmatic transfer）と呼ぶ。この語用論的転移には、母語の形態が**第二言語**（母語以外に習得しようとしている言語で学習上の目標言語に相当する。L2 とも言う）の規範の一部に当てはまり成立する**正の転移**（positive transfer）と、逆に母語の、第二言語にはない形態が第二言語発話で使われてしまう**負の転移**（negative transfer）の２方向がある。負の転移のように、目標言語の語用論的知識が欠けるためにコミュニケーションを阻害することには、語用論上の誤用が関わっている。Thomas（1983）はこれを**語用論的誤り**（pragmatic failure）と呼び、さらに**語用論的言語誤り**（pragmalinguistic failure）と**社会語用論的誤り**（sociopragmatic failure）の２つに分けている。前者は、言語行為上のストラテジーが母語から第二言語に持ち込まれた結果の不適切さや誤りのことである。後者は、母語使用における人間関係や付き合いに関する条件がそのまま第二言語使用に持ち込まれたもので、多くは文化間の認識の異なりに起因するのだという。たとえば、ウクライナでは生まれたばかりの新生児に対して「なんて醜いの！」「最悪だ」などと言うことがあるが、これは日本をはじめほかの国々では受容されない。魔物に赤ん坊が狙われないように言うまじないのようなものだと知れば納得はできるが、それでも日本語で同様のことを言えば社会語用論的誤りになってしまう。

こうした誤りの背後には、**ポライトネス**（→ 第 4 章）の異なりがある。日本語は**ネガティブ・ポライトネス**をポライトネス・ストラテジーの中で多用し、発達してきたと長らく考えられてきた。ネガティブ・ポライトネスは、相手あるいは自分の自由度を確保し、干渉されずにいたいという欲求を想定してとる方策である。

(16) コーヒーを飲まない？
(17) コーヒーでも飲まない？

これらはいずれも友人にコーヒーを勧める場面で使えるが、どちらを日本語母語話者は好むだろうか。一般に日本語母語話者は後者を好むとされるが、それは「を」ではなく「でも」があることによる。「コーヒーでも」と言われれば「コーヒーでも、紅茶でも、ジュースでも」のようにほかの飲み物も思い浮かべることができるが、「コーヒーを」と言うと聞き手は「コーヒーしかないのか」と感じてしまうかもしれない（これは格助詞「を」の総記用法のせいで、「コーヒー」を強調する解釈になるからである）。当然、いろいろな飲み物が選べるほうが聞き手の自由度は大きくなり、コーヒーに決めつけられれば干渉されていることになってしまう。

また、本来程度を表す副詞であった「ちょっと」が、「明日はちょっと（行けません）」のような断り表現や、「ちょっと、すみません」のような依頼表現に用いられることもポライトネスに由来する現象であり、日本語教育の中にも積極的に取り上げられてきた（山岡・牧原・小野 2018）。

5 中間言語から見る学習者の多様性

語用論的転移は通常、中級レベル以降に多く見られる。JFL の日本語教育では一般的に、です・ます体の敬体から導入し、そこから人間関係が親しくなっていくことを想定して常体を導入する。以下では中間言語語用論の立場から、日本語における**命令形**（imperative form）を例に、学習者の**親疎関係**（affinity）の捉え方を説明する。

命令形の利用は上位者と下位者の関係で捉えられることが多いが、現代日本語ではそうした用法だけではなく、同じ立場の者同士で行為要求を行う場合にも見られる。命令形だけではなく、言語表現の使用には、社会的親疎、社会的地位が影響していることが明らかになっている。

以下は言語形式の定着をねらった練習問題（『みんなの日本語』第33課）で、求められる答えとしては、1）「手をあげろ」、2）「立て」、3）「止まれ」、4）「泳ぐな」、5）「登るな」、6）「ゴミを捨てるな」である。だが、イラストのような状況に実際になったとき、現実的にそのような発話を行うだろうか？

1.　例《れい》1：　→　金《かね》を　出《だ》せ。
例《れい》2：　→　ボールを　投《な》げるな。
1）　→　　2）　→　　3）　→
4）　→　　5）　→　　6）　→

図1　命令形の練習問題

小野（2010）では、以下の3つの状況でどのような日本の発話を行うかを日本語学習者に尋ねた。

調査A：友人に台所に入らないで欲しいと伝える状況。
調査B：教室でタバコを吸っている人に対して、吸わないで欲しいと伝える状況。
調査C：車内で自分の鞄を触る人に対して、触らないで欲しいと伝える状況。

調査の狙いとしては、調査Aは自宅に招く友人（イングループ）への発話、調査Cは氏名も知らない他者（アウトグループ）への発話であり、調査Bについては、イングループかアウトグループかは実験協力者にその判断を委ねた。

その結果、中級レベル学習者には 2 つの方向性が見られた。

(18) グループ I：
調査 A：台所に入るな。
調査 B：外でタバコを吸ってください。
調査 C：すみません、かばんを触っているんですが…
(英語母語学習者)

(19) グループ II：
調査 A：台所に入らないでね。
調査 B：ここにタバコを吸わないでください。
調査 C：私のかばんを触るな　(中国語母語学習者)

(18) (19) をポライトネスの観点から見ると、英語母語学習者、中国語母語学習者ともに、依頼と命令という、聴者の**ネガティブ・フェイス** (→ 第 4 章) を脅かす可能性のある**フェイス脅かし行為** (Face-Threatening Act: FTA) を行っている点では共通である。だが、スピーチレベルから見ると、英語母語話者ではAからCになると上がり、中国語母語話者では逆に下がっており、ポライトネスの示し方の規範意識が異なっていることがわかる。

6 日本語の多様性

日本語教育では、学習者の日本語を「母語話者に近づける」ことを目標に、指導が行われてきた。そしてその観点から、特に学習者が誤りやすい項目 (事態把握、ヴォイス、授受表現、アスペクト、文末表現など) が、学習すべき項目として教えられてきた。(小野・李 (編) 2016)。

しかしながら、現代の多言語・多文化社会においては、「日本語母語話者による日本語」以外の日本語も必要となっている。こうした考え方は、World Japaneses と呼ばれる。これは World Englishes の発想を元にしており、母語話者の言語だけに正しさや自然さの絶対的価値を置くのではなく、言語使用者ごとの異なりを積極的に認める考え方である。

実際、特定言語を用いてのコミュニケーションは、母語話者のみの社会でなくても必要である。英語を例にすれば、日本語母語話者と中国語母語話者が、英語でコミュニケーションを行う場合もある。そうしたコミュニケーションでは、英語母語話者にとって自然な英語で話す必要はなく、その話者同士にとってわかりやすい英語で話すことが重要であり、そのレベルの英語でこそスムーズな意思疎通は可能だろう。

次の例は、日本語らしさから見ると違和感があるものだが、発話意図は理解できるのではないか。趙（2016）は、中国語の許可を表す「可」の影響からこうした日本語が現れることを説明している。従来「誤り」とされる日本語だろうが、発話意図が伝わるのであれば問題ないという見方もできる。

（20）先生こんにちは。推薦状の書式と紙のサイズは確認しました。特別な決まりはありません。中国語で書いていいです。（趙 2016）

上で語用論的転移について述べたが、日本語使用者全体を見ると、母語別に特徴ある日本語があってもおかしくはない。そこで、国立国語研究所「多言語母語の日本語学習者横断コーパス」（I-JAS: International Corpus of Japanese as a Second Language）を利用し、中国語母語話者をはじめとする「てもいい」の使用数を見てみる。この結果を見ると、中国語母語話者には、「ていいです」がほかの学習者より多く使用されていることがわかる。

表1 「ていいです」の使用数（数値は実数）（調査日 2019 年 5 月 5 日）

	中国	台湾	韓国	ベトナム	ロシア	国内自然習得	日本語母語話者
ていいです	6	2	3	0	3	1	7

このうち、日本語母語話者データを観察すると、同じ「てもいい」でも、以下のように埋め込み節内で用いているなど、用法に異なりがある。

（21）ソフトクリームとか勝手に取って〈{笑}〉ちょっと食べていいですかみたいな感じで、一応言うんですけどぱくって食べちゃう {笑}

（サンプル IDJJJ09-I 連番 14830 発話番号 01080 発話者 K）

現在の日本では、伝統的な日本語母語話者による**日本語らしさ**から離れた日本語の必要性が増している。慣習的な日本語らしさと、非母語話者に**わかりやすい日本語**は対立するものではなく、共存するべき時代となっていよう。そしてそこでは、日本語の運用に関する語用論的な知見や分析方法が貢献すると思われるのである。

練習問題

問 1　清水義範（1988）『永遠のジャック＆ベティ』（講談社）は、20 世紀の英語教育を揶揄している。以下の会話について、語用論の観点から会話の不自然さを考えてみよう。

（1）「これはテーブルですか」
「はい。これはテーブルです」
「これはソファですか」
「いいえ。これはソファではありません。これは椅子です」
「どうぞ、すわって下さい」
「ありがとう」
「私もすわっていいですか」
「はい。すわってください」

問 2　第 3 節で挙げた JF スタンダードについて、その際に自分ならどのような発話をするかを、語用論の観点から考えてみよう。

（2）立食パーティーなどで、「コーヒー飲みますか」など簡単な言葉で友人に飲み物を勧めたり、「はい、お願いします」「いいえ、結構です」などと答えたりすることができる。JF218（A1）

（3）会食やパーティーなどで、飲み物や食べ物を勧められたとき、短い簡単な言葉でコメントを加えて応じたり、断ったりすることができる。JF490（A2）

（4）パーティーや新しいサークルなどで初めて会った人に話しかけ、趣味や仕事など身近な話題について質問したり、質問にある程度詳しく答えたりして、会話を続けることができる。JF196（B1）

問 3　各言語における命令形の用法を、ポライトネスの観点から整理してみよう。

文献案内

- 井出祥子（2006）『わきまえの語用論』大修館書店：言語と「場・コンテクスト」の関係を追究し、高コンテクストである日本語の特徴を論じている。
- 弘前大学人文学部社会言語学研究室（編）（2005）『新版　災害が起こった時に外国人を助けるためのマニュアル』（http://human.cc.hirosaki-u.ac.jp/kokugo/newmanual/top.html）：日本国内での減災を目標としたもので、初級日本語学習者にもよく伝わるための法則を具体的に説明している。
- CEFR（Common European Framework of Reference for Languages: Learning, teaching,　assessment）（https://www.coe.int/en/web/common-european-framework-reference-languages）：欧州評議会による、ヨーロッパ全体で外国語の学習者の習得状況を示す際に用いられるガイドラインである。語学シラバスやカリキュラムの手引きの作成、学習指導教材の編集、外国語運用能力の評価などの基準として、現在ではヨーロッパ以外でも使用されている。

引用例出典

国立国語研究所『「多言語母語の日本語学習者横断コーパス（International Corpus of Japanese as a Second Language）」（https://chunagon.ninjal.ac.jp/ijas/, 2019 年 5 月 5 日閲覧）

スリーエーネットワーク（編）（1998）『みんなの日本語　初級 I』スリーエーネットワーク.

筑波ランゲージグループ（1991）『SITUATIONAL FUNCTIONAL JAPANESE Vol.1 NOTES』凡人社.

独立行政法人国際交流基金 日本語国際センター『JF Can-do 一覧表　カテゴリーごと　2016 年 6 月 23 日版』（https://jfstandard.jp/publicdata/ja/render.do, 2019 年 5 月 5 日閲覧）

文部科学省（2002）「中央教育審議会大学分科会留学生部会（第 1 回）議事要旨」（http://www.mext.go.jp/b_menu/shingi/chukyo/chukyo4/007/gijiroku/030101.htm, 2019 年 5 月 5 日閲覧）

文部科学省（2008）「「留学生 30 万人計画」骨子の策定について」（http://www.mext.go.jp/a_menu/koutou/ryugaku/1420758.htm, 2019 年 5 月 5 日閲覧）

文部科学省（2018）「資料 4　ポスト留学生 30 万人計画を見据えた留学生政策」（http://www.mext.go.jp/b_menu/shingi/chukyo/chukyo4/042/siryo/__icsFiles/afieldfile/2018/05/28/1405510_4.pdf, 2019 年 5 月 5 日閲覧）

早稲田大学語学研究所（1967）『日本語教科書初級』早稲田大学語学研究所.

Eleanor Harz Jorden（1962）*Beginning Japanese: Part 1*, Yale Language Series.

参考文献

第 1 章

Allott, Nicholas（2010）*Key terms in pragmatics.* London: Continuum.（今井邦彦（監訳）（2014）『語用論キーターム事典』開拓社.）

新井紀子（2018）『AI vs. 教科書が読めない子どもたち』東洋経済新報社.

新井紀子・東中竜一郎（編）（2018）『人工知能プロジェクト「ロボットは東大に入れるか」: 第三次 AI ブームの到達点と限界』東京大学出版会.

Ariel, Mira（1990）*Accessing noun-phrase antecedents.* London: Routledge.

Ariel, Mira（2010）*Defining pragmatics.* Cambridge: Cambridge University Press.

Austin, John L.（1962）*How to do things with words.* Oxford: Oxford University Press.（飯野勝己（訳）（2019）『言語と行為：いかにして言葉でものごとを行うか』講談社.）

Bell, Allan（1984）Language style as audience design. *Language in Society* 13（2）: 145–204.

Birner, Betty J.（2013）*Introduction to pragmatics*. Malden: Wiley-Blackwell.

Chomsky Noam（1957）*Syntactic structures.* The Hague: Mouton.（福井直樹・辻子美保子（訳）（2014）『統辞構造論：付『言語理論の論理構造』序論』岩波書店.）

Chomsky Noam（1965）*Aspects of the theory of syntax.* Cambridge, MA: MIT Press.（福井直樹・辻子美保子（訳）（2017）『統辞理論の諸相：方法論序説』岩波書店.）

Culpeper, Jonathan and Michael Haugh（2014）*Pragmatics and the English language.* London: Red Globe Press.

Cummins, Chris（2019）*Pragmatics*. Edinburgh: Edinburgh University Press.

Dixon, R. M. W.（2003）Demonstratives: A cross-linguistic typology. *Studies in Language.* 27（1）: 61–112.

Enfield, N. J.（2009）*The anatomy of meaning: Speech, gesture, and composite utterances.* Cambridge: Cambridge University Press.

Fillmore, Charles. J.（1981）Pragmatics and the description of discourse. In Peter Cole（ed.）*Radical pragmatics.* 143–166. New York: Academic Press.

Fillmore, Charles J.（1984）Remarks on contrastive pragmatics. In: Jacek Fisiak（ed.）*Contrastive linguistics: Prospects and problems*, 119–141. Berlin: Mouton Publishers.

Fillmore, Charles J.（1997）*Lectures on deixis*. California: CSLI Publications.

Grice, H. Paul.（1975）Logic and conversation. In: Peter Cole and Jerry Morgan（eds.）*Syntax and semantics*, iii: *Speech acts*, 43–58. New York: Academic Press.

Haliday, M. A. K. and Ruqaiya Hasan（1976）*Cohesion in English.* Harlow: Longman.（安藤貞雄ほか（訳）（1997）『テクストはどのように構成されるか：言語の結束性』ひつじ書房.）

Hall, Edward T.（1976）*Beyond culture.* New York: Anchor Books.（岩田慶治・谷泰（訳）（1993）『新装版　文化を超えて』TBS ブリタニカ.）

Harris, Randy Allen（1993）*The linguistic wars.* Oxford: Oxford University Press.

Horn, Laurence R. and Gregory Ward（eds.）（2004）*The handbook of pragmatics.* Oxford: Blackwell Publishing.

Huang, Yan（2014）*Pragmatics.* Second edition. Oxford: Oxford University Press.

Huang, Yan（2017）Introduction: What is pragmatics? In: Huang, Yan.（eds.）*The Oxford handbook of pragmatics,* 1–18. Oxford: Oxford University Press.

Huang, Yan（ed.）（2017）*The Oxford handbook of pragmatics.* Oxford: Oxford University Press.

Huck, Geoffrey, J. and John A. Goldsmith（1995）*Ideology and linguistic theory: Noam Chomsky and the deep structure debates.* London: Routledge.

Jucker Andreas H.（2012）Pragmatics in the history of linguistic thought. In: Keith Allan and Kasia M. Jaszczolt (eds.) *The Cambridge handbook of pragmatics,* 495–512. Cambridge: Cambridge University Press.

片岡邦好 (2011)「語用論研究の新たな展開」『日本語学』vol. 30–14 (臨時増刊号): 137–149.

加藤重広 (2009)「語用論から認知言語学を見る」『日本認知言語学会論文集　第 9 巻』535–549. 日本認知言語学会.

川添愛 (2017)『働きたくないイタチと言葉がわかるロボット：人工知能から考える「人と言葉」』朝日出版社.

Kecskes, Istvan (2017) Cross-cultural and intercultural pragmatics. In: Yan Huang (ed.) *The Oxford handbook of pragmatics,* 400–415. Oxford: Oxford University Press.

Kehler, Andrew（2002）*Coherence, reference, and the theory of grammar.* Stanford: CSLI Publications.

菊地康人 (1997)『敬語』講談社.

金水敏 (2016)「「ウナギ文」再び：日英語の違いに着目して」福田嘉一郎・建石始 (編)『名詞類の文法』203–214. くろしお出版.

国広哲弥 (2002)「認知場面と言語表現」『日本認知言語学会論文集　第 2 巻』222–224. 日本認知言語学会.

久野暲・高見健一 (2004)『謎解きの英文法　冠詞と名詞』くろしお出版.

Kurzweil, Ray (2006) *The singularity is near: When humans transcend biology.* New York: Penguin Books. (井上健ほか (訳) (2007)『ポスト・ヒューマン誕生：コンピュータが人類の知性を超えるとき』NHK 出版.）

Lakoff, George (1974) G. Lakoff, interview. In: Herman Parret (ed.) *Discussing language,* 151–178. The Hague: Mouton.

Lakoff, George (1987) *Women, fire, and dangerous things.* Chicago: The University of Chicago Press. (池上嘉彦・河上誓作ほか (訳) (1993)『認知意味論：言語から見た人間の心』紀伊國屋書店.）

Lakoff, Robin (1972) Language in context. *Language.* 48 (4): 907–927.

Langacker, Ronald W.（2008）*Cognitive grammar: A basic introduction.* Oxford: Oxford University Press. (山梨正明 (監訳) (2011)『認知文法論序説』研究社.）

Leech, Geoffrey N.（1983）*Principles of pragmatics.* New York: Longman. (池上嘉彦・河上誓作 (訳) (1987)『語用論』紀伊國屋書店.）

Levinson, Stephen C.（1983）*Pragmatics.* Cambridge: Cambridge University Press. (安井稔・奥田夏子 (訳) (1990)『英語語用論』研究社.）

Levinson, Stephen C., Sarah Cutfield, Michael J. Dunn, N. J. Enfield and Sérgio Meira（eds.）（2018）*Demonstratives in cross-linguistic perspective.* Cambridge: Cambridge University Press.

McNeil, David（2000）Introduction. In: David McNeil（ed.）*Language and gesture,* 1–10. Cambridge: Cambridge University Press.

Mey, Jacob L. (1993) *Pragmatics: An introduction.* First edition. Massachusetts: Blackwell Publishing. (澤田治美・高司正夫 (訳)『ことばは世界とどうかかわるか』ひつじ書房.）

Mey, Jacob L. (2001) *Pragmatics: An introduction.* Second edition. Massachusetts: Blackwell Publishing. (小山亘 (訳)『批判的社会語用論入門：社会と文化の言語』三元社.）

Mey, Jacob L.（ed.）（2009）*Concise encyclopedia of pragmatics*. Second edition. Amsterdam: Elsevier.
南不二男（1984）「「場面論」の問題点」『言語社会学シリーズ No.6　言語のダイナミックス』9–19. 文化評論出版.
三尾砂（1948）『國語法文章論』三省堂.
Morris, Charles W.（1938）*Foundations of the theory of signs.* Chicago: The University of Chicago Press.（内田種臣・小林昭世（訳）（1988）『記号理論の基礎』勁草書房.）
永野賢（1957）「場面とことば」岩淵悦太郎ほか（編）『講座　現代国語学 I　ことばの働き』123–148. 筑摩書房.
Newmeyer, Frederick J.（1986）*The politics of linguistics.* Chicago: The University of Chicago Press.（馬場彰・仁科弘之（訳）（1994）『抗争する言語学』岩波書店.）
奥津敬一郎（1999）『「ボクハ　ウナギだ」の文法：ダとノ　新装版』くろしお出版.
Quirk, Randolph, Sidney Greenbaum, Geoffrey Leech and Jan Svartvik（1985）*A comprehensive grammar of the English language.* London: Longman.
Saeed, John I.（2016）*Semantics.* Fourth edition. Malden: Wiley-Blackwell.
佐久間鼎（1951）『現代日本語の表現と語法』恒星社厚生閣.
澤田治美（1993）『視点と主観性：日英語助動詞の分析』ひつじ書房.
澤田治美（2019）「序論」澤田治美・仁田義雄・山梨正明（編）『場面と主体性・主観性』1–13. ひつじ書房.
澤田淳（2019）「親族名称の子供中心的用法の類型と場面、視点：対照語用論的アプローチ」澤田治美・仁田義雄・山梨正明（編）『場面と主体性・主観性』107–159. ひつじ書房.
Searle, John R.（1969）*Speech acts: An essay in the philosophy of language.* Cambridge: Cambridge University Press.（坂本百大・土屋俊（訳）（1986）『言語行為：言語哲学への試論』勁草書房.）
Searle, John R.（1980）Minds, brains, and programs. *The Behavioral and Brain Sciences.* 3: 417–457.
Searle, John R.（1984）*Minds, brains and science*. Cambridge, MA: Harvard University Press.（土屋俊（訳）（2015）『心・脳・科学』岩波書店.）
Searle, John R.（2004）*Mind: A brief introduction.* Oxford: Oxford University Press.（山本貴光・吉川浩満（訳）（2018）『MiND：心の哲学』筑摩書房.）
Senft, Gunter（2014）*Understanding pragmatics.*（Gunter Senft（著）・石崎雅人・野呂幾久子（訳）（2017）『語用論の基礎を理解する』開拓社.）
Streeck, Juergen, Charles Goodwin and Curtis LeBaron（eds.）（2011）*Embodied interaction: Language and body in the material world.* Cambridge: Cambridge University Press.
鈴木孝夫（1973）『ことばと文化』岩波書店.
Sweetser, Eve E.（1990）*From etymology to pragmatics: Metaphorical and cultural aspects of semantic structure.* Cambridge: Cambridge University Press.（澤田治美（訳）（2000）『認知意味論の展開：語源学から語用論まで』研究社.）
Thomas, Jenny（1995）*Meaning in interaction: An introduction to pragmatics.* London: Longman.（浅羽亮一（監修）（1998）『語用論入門：話し手と聞き手の相互交渉が生み出す意味』研究社.）
時枝誠記（1941）『國語學原論』岩波書店.
時枝誠記（1956）『国語国文学体系：現代の国語学』有精堂出版.
Verschueren, Jeff（1999）*Understanding pragmatics.* London: Edward Arnold.（東森勲（監訳）（2010）『認知と社会の語用論：統合的アプローチを求めて』ひつじ書房.）

米田正人（1986）「夫婦の呼び方：アンケート調査の結果から」『言語生活』416（7月号）: 18–21.

Yule, George (1996) *Pragmatics.* Oxford: Oxford University Press.（高司正夫（訳）(2002)『ことばと発話状況：語用論への招待』リーベル出版.）

第2章

Chapman, Siobhan (2011) *Pragmatics*. Basingstoke: Palgrave Macmillan.

Grice, H. Paul (1975) Logic and conversation. In: Peter Cole and Jerry Morgan (eds.) *Syntax and semantics, iii: speech acts*, 43–58. New York: Academic Press.

Grice, H. Paul (1989) *Studies in the way of words.* Cambridge, MA: Harvard University Press.

Harris, Jesse A. and Christopher Potts (2009) Perspective-shifting with appositives and expressives. *Linguistics and Philosophy* 32: 523–552.

Hirschberg, Julia (1991) *A theory of scalar implicature*. New York: Garland Publishing.

Horn, Laurence R. (1984) Toward a new taxonomy for pragmatic inference: Q-based and R-based implicature. In: Deborah Schiffrin (ed.) *Meaning, form, and use in context: linguistic application*. Washington: Georgetown University Press.

Horn, Laurence R. (1989) *A Natural history of negation.* Chicago, IL: The University of Chicago press.

Huang, Yan (2014) *Pragmatics*. Second edition. Oxford: Oxford University Press.

Karttunen, Lauri and Stanley Peters (1979) Conventional implicature. In: Choon-Kyu Oh and David A. Dinneen (eds.) *Syntax and semantics. vol. 11. presupposition*, 1–56. New York: Academic Press.

Lasersohn, Peter (2005) Context dependence, disagreement, and predicates of personal taste. *Linguistics and Philosophy* 28 (6): 643–686.

Levinson, Stephen C. (1983) *Pragmatics*. Cambridge: Cambridge University Press.

Levinson, Stephen C. (2000) *Presumptive meanings: The theory of generalized conversational implicature*. Cambridge, MA: MIT Press.

Lewis, David (1979) Scorekeeping in a language game. *Journal of Philosophical Logic* 8: 339–359.

Potts, Christopher (2005) *The logic of conventional implicatures*. Oxford: Oxford University Press.

Sawada, Osamu (2010) *Pragmatic aspects of scalar modifiers*. Ph.D. Dissertation. University of Chicago.

Sawada, Osamu (2018) *Pragmatic aspects of scalar modifiers: The semantics-pragmatics interface.* Oxford Studies in Theoretical Linguistics. Oxford University Press.

Sawada, Osamu and Jun Sawada (2017) On the property of mirativity in the Japanese modal demonstrative *ano.* In: Kenshi Funakoshi, Shigeto Kawahara and Christopher D. Tancredi (eds.) *Japanese/Korean Linguistics* 24, 141–155. Stanford: CSLI Publications.

Sperber, Dan and Deirdre Wilson (1986) *Relevance: Communication and cognition*. Oxford: Blackwell.

Stalnaker, Robert (1974) Pragmatic presuppositions. In: Munitz, M. and Unger, P. (eds.) *Semantics and philosophy,* 197–214. New York University Press.

Strawson, Peter F. (1950) On referring. *Mind* 59: 320–44.

Wittgenstein, Ludwig (1953) *Philosophical investigations*. Oxford: Blackwell.

Zipf, George K. (1949) *Human behavior and the principle of least effort*. Cambridge, MA.: Addison-Wesley.

第3章

Birner, Betty J. (2006) Inferential relations and noncanonical word order. In: Betty J. Birner and Gregory Ward (eds.) *Drawing the boundaries of meaning: Neo-Gricean studies in pragmatics and semantics in honor of Laurence R. Horn*, 33–51. Amsterdam: John Benjamins.

Birner, Betty J. and Gregory Ward (1998) *Information status and noncanonical word order in English*. Amsterdam: John Benjamins.

Gundel, Jeanette K., Nancy Hedberg and Ron Zacharski (1993) Cognitive status and the form of referring expressions in discourse. *Language* 69 (2): 274–307.

Ishihara, Shinichiro (2015) Syntax-phonology interface. In: Haruo Kubozono (ed.) *Handbook of Japanese phonetics and phonology*, 569–618. Berlin: Walter de Gruyter: Berlin.

郡史郎 (1997)「日本語のイントネーション：型と機能」国広哲弥・廣瀬肇・河野守夫 (編)『アクセント・イントネーション・リズムとポーズ』169–202. 三省堂.

Lambrecht, Knud (1994) *Information structure and sentence form: Topic, focus, and the mental representations of discourse referents*. Cambridge: Cambridge University Press.

Nambu, Satoshi, Hyun Kyung Hwang, David Y. Oshima and Masashi Nomura (2018) The nominative/accusative alternation in Japanese and information structure. *Journal of East Asian Linguistics* 27 (2): 141–171.

Oshima, David Y. (2009) On the so-called thematic use of *wa*: Reconsideration and reconciliation. In: Proceedings of Pacific Asia Conference on Language, Information and Computation, vol.23 (1), 405–414.

Oshima, David Y. (2016) The meanings of perspectival verbs and their implications on the taxonomy of projective content/conventional implicature. In: *Proceedings of Semantics and Linguistic Theory*, vol.26, 43–60. Washington, D.C.: Linguistic Society of America.

Oshima, David Y. (forthcoming) The English rise-fall-rise contour and the Japanese contrastive particle *wa*: A uniform account. In: Shin Fukuda, Shoichi Iwasaki, Sun-Ah Jun, Sung-Ock Sohn, Susan Strauss, and Kie Zuraw (eds.) *Japanese/Korean Linguistics*, vol.26. Stanford: CSLI Publications.

Prince, Ellen F. (1992) The ZPG letter: Subjects, definiteness, and information-status. In: William C. Mann and Sandra A. Thompson (eds.) *Discourse description: Diverse linguistic analyses of a fund-raising text*, 295–325. Amsterdam: John Benjamins.

Roberts, Craige (2012 [1996]) Information structure in discourse: Towards an integrated formal theory of pragmatics. *Semantics and Pragmatics* 5 (6): 1–69. Reissue with amendments of the paper with the same title in: Jae-Hak Yoon and Andreas Kathol (eds.) *Ohio State University Papers in Linguistics* 49: 91–136.

Rooth, Matts (1985) *Association with focus*. Doctoral dissertation, University of Massachusetts, Amherst.

Vallduví, Enric (1992) *The informational component*. Garland, New York.

第4章

Austin, John L. (1962) *How to do thing with words*. Oxford: Oxford University Press.

Austin, John L.（1975）*How to do things with words*. Second edition. Cambridge, MA: Harvard University Press.（坂本百大（訳）（1978）『言語と行為』大修館書店.）

Brown, P. and S. C. Levinson（1978）Universals in language usage: Politeness phenomena. In: E. Goody（ed.）Questions and politeness: Strategies in social interaction, 56–310. Cambridge: Cambridge University Press.

Brown, P. and S. C. Levinson（1987）*Politeness: Some universals in language usage*. Cambridge: Cambridge University Press.（田中典子（監訳）（2011）『ポライトネス：言語使用における、ある普遍現象』研究社.）

Eelen, Gino（2001）*A critique of politeness theories*. Manchester: St.Jerome Publishing.

現代日本語研究会（2011）『合本　女性のことば・男性のことば（職場編）』ひつじ書房.

Goffman, E.（1967/1982）*Interaction ritual: Essays on face-to-face behaviour.* New York: Anchor Books / New York: Pantheon Books.（浅野敏夫（訳）（2002）『儀礼としての相互行為：対面行動の社会学』〈新訳版〉（叢書・ウニベルシタス 198）法政大学出版局.）

穂積陳重（1919）『諱に関する疑』（帝国学士院第 1 部論文集 邦文第 2 号）帝国学士院.（穂積陳重（著）・穂積重行（校訂・現代語訳）（1992）『忌み名の研究』（講談社学術文庫）講談社.）

Jabos, Andreas and Andreas Jucker（1995）The historical perspective in pragmatics. In Jucker（ed.）, *Historical pragmatics: pragmatic development in the history of English*, 3–33. Amsterdam: John Benjamins.

Lakoff, R.（1973）The logic of politeness: Or minding your P's and Q's. In: C. Corum, T. Cedric Smith-Stark and A. Weiser（eds.）Papers from the 9th regional meeting of the Chicago Linguistic Society, 292–305.

Leech, G. N.（1983）*Principles of pragmatics*. London: Longman.（池上嘉彦・河上誓作（訳）（1987）『語用論』紀伊國屋書店.）

Searle, J. R.（1969）*Speech acts: An essay in the philosophy of language*. Cambridge: Cambridge University Press.（坂本百大・土屋俊（訳）（1986）『言語行為：言語哲学への試論』勁草書房.）

滝浦真人（2008）『ポライトネス入門』研究社.

Watts, Richard J.（2003）*Politeness*. Cambridge: Cambridge University Press.

『国語研日本語ウェブコーパス』https://bonten.ninjal.ac.jp/

『現日研・職場談話コーパス』https://www2.ninjal.ac.jp/conversation/shokuba.html

『BTS による多言語話し言葉コーパス』http://www.tufs.ac.jp/ts/personal/usamiken/corpora.htm

第 5 章

Fillmore, Charles J.（1971）Toward a theory of deixis. *The Working Papers in Linguistics* 3（4）: 219–242. University of Hawaii.

Fillmore, Charles. J.（1982）Ideal readers and real readers. In: Deborah Tannen（ed.）*Georgetown University round table on languages and linguistics 1981, analyzing discourse: Text and talk,* 248–270. Washington, D. C.: Georgetown University Press.

Fillmore, Charles. J.（1997）*Lectures on deixis.* Stanford: CSLI Publications.

Fillmore, Charles. J.（2003）Pronouns. In: William J. Frawley（ed.）*International encyclopedia of linguistics,* Second edition, 406–407. Oxford: Oxford University Press.

Grundy, Peter（2008）*Doing pragmatics, Third edition.* London: Hodder Education.

金水敏（2015）「役割語」斎藤純男・田口善久・西村義樹（編）『明解言語学辞典』224. 三省堂.

小森道彦（1992）「人称ダイクシスの磁場」安井泉（編）『グラマー・テクスト・レトリック』185–209. くろしお出版.

久野暲（1973）『日本文法研究』大修館書店.

久野暲（1977）「英語圏における敬語」大野晋・柴田武（編）『岩波講座日本語 4 敬語』301–331. 岩波書店.

Lakoff, George and Mark Johnson（1999）*Philosophy in the flesh: The embodied mind and its challenge to western thought.* New York: Basic Books.

Levinson, Stephen C.（1983）*Pragmatics.* Cambridge: Cambridge University Press.

三上章（1975）『三上章論文集』くろしお出版.

Núñez, Rafael E. and Eve Sweetser（2006）With the future behind them: Convergent evidence from Aymara language and gesture in the crosslinguistic comparison of spatial construals of time. *Cognitive Science*, 30: 1–49.

佐久間鼎（1951）『現代日本語の表現と語法』恆星社厚生閣.

澤田淳（2013）「視点、文脈と指標性：英語指示詞における聞き手への指標詞シフトの現象を中心に」『語用論研究』15: 1–23.

澤田淳（2016）「指示と照応の語用論」加藤重広・滝浦真人（編）『語用論研究法ガイドブック』49–76. ひつじ書房.

Sullivan, Karen and Linh Thuy Bui（2016）With the future coming up behind them: Evidence that time approaches from behind in Vietnamese. *Cognitive Linguistics,* 27（2）: 205–234.

渡邊淳也（2017）「フランス語および西ロマンス諸語における「行く」型移動動詞の文法化」天野みどり・早瀬尚子（編）『構文の意味と拡がり』223–245. くろしお出版.

第6章

Austin, John L.（1962）*How to do thing with words*. Oxford: Oxford University Press.

Bach, Kent (1994) Semantic slack: what is said and more. In: Savas Tsohatzidis (ed.) *Foundations of speech act theory: philosophical and linguistic perspectives*, 267–291. London and New York: Routledge.

Bach, Kent and Harnish R. M.（1979）*Linguistic communication and speech acts*. Cambridge, MA: MIT press.

Blum-Kulka, Shoshana, Juliane House and Gabriele Kasper（1989）Investigating cross-cultural pragmatics: An introductory overview. In: Shoshana Blum-Kulka, Juliane House and Gabriele Kasper (eds.) *Cross-cultural pragmatics: Requests and apologies*, Vol XXXI, 1–34. Norwood, New Zealand: Ablex.

Culpeper, Jonathan and Michael Haugh (2014) *Pragmatics and the English language*. Basingstoke: Palgrave Macmillan.

Drew, Paul and John Heritage（eds.）（1992）*Talk at work*. Cambridge: Cambridge University Press.

加藤重広（2015）「発話的な効力と発話内的な効力：日本語の疑問形式を出発点に」加藤重広（編）『日本語語用論フォーラム 1』27–56. ひつじ書房.

Leech, Geoffrey N.（1983）*Principles of pragmatics*. London: Longman.

Levinson, Stephen C.（1979）Activity types and language. *Linguistics*, 17（5–6）, 365–399, 再録 Drew and Heritage（eds.）（1992）, 66–100.

Peccei, Jean S.（1999）*Pragmatics*. London: Routledge.

Proost, K（2006）Speech act verbs. In: Jacob L. Mey（ed.）*Concise encyclopedia of pragmatics*, 995–1000. Amsterdam and Tokyo: Elsevier.

Sadock, Jerrold M. (2004) Speech acts. In: Laurence R. Horn and Gregory Ward (eds.) *The handbook of pragmatics*, 53–73. Oxford: Blackwell.

Sadock, Jerrold M. and Arnold M. Zwicky (1985) Sentence types. In: T. Shopen (ed.) *Language typology and syntactic description, Vol. 1 Clause structure*, 155–196. Cambridge: Cambridge University Press.

Searle, John. R. (1969) *Speech acts: An essay in the philosophy of language.* Cambridge: Cambridge University Press.

Searle, John R. (1975) A taxonomy of illocutionary acts. In: Keith Gunderson (ed.) *Language, mind, and knowledge*, 344–369. Minnesota: Minnesota University Press. 再録 Searle (1979), :1–29.

Searle, John R. (1979) *Expression and meaning*. Cambridge: Cambridge University Press.

Searle, John R. and Daniel Vanderveken (1985) *Foundations of illocutionary logic*. Cambridge: Cambridge University Press.

Vendler, Zeno (1972) *Res cogitans: An essay in rational psychology*. Ithaca, New York: Cornell University Press.

Wierzbicka, Anna (2003^2, 1991) *Cross-cultural pragmatics: The semantics of human interaction*. Berlin and New York: Mouton de Gruyter.

山岡政紀 (2008)『発話機能論』くろしお出版.

第７章

Allott, Nicholas (2010) *Key terms in pragmatics*. London: Continuum. (今井邦彦 (監訳) (2014)『語用論キーターム事典』開拓社.)

Blakemore, Diane (1992) *Understanding utterances: An introduction to pragmatics.* Oxford: Blackwell. (武内道子・山﨑英一 (訳) (1994)『ひとは発話をどう理解するか：関連性理論入門』ひつじ書房.)

Carston, Robyn (2002) *Thoughts and utterances: The pragmatics of explicit communication.* Oxford: Blackwell. (内田聖二ほか (訳) (2008)『思考と発話：明示的伝達の語用論』研究社.)

Clark, Billy (2013) *Relevance theory.* Cambridge: Cambridge University Press.

Grice, H. Paul (1989) *Studies in the way of words*. Cambridge, MA.: Harvard University Press. (清塚邦彦 (訳) (1998)『論理と会話』勁草書房.)

東森勲・吉村あき子 (2003)『関連性理論の新展開：認知とコミュニケーション』研究社.

井門亮 (2017)「多義語の分析と語用論」中野弘三 (編)『語はなぜ多義になるのか：コンテキストの作用を考える』106–127. 朝倉書店.

今井邦彦 (2001)『語用論への招待』大修館書店.

今井邦彦 (2015)『言語理論としての語用論：入門から総論まで』開拓社.

今井邦彦 (編) 井門亮ほか (訳) (2009)『最新語用論入門 12 章』大修館書店.

今井邦彦・西山佑司 (2012)『ことばの意味とはなんだろう：意味論と語用論の役割』岩波書店.

松井智子 (2013)『子どものうそ、大人の皮肉：ことばのオモテとウラがわかるには』岩波書店.

Sperber, Dan and Deirdre Wilson (1986/1995^2) *Relevance: Communication and cognition.* Oxford: Blackwell. (内田聖二ほか (訳) (1999)『関連性理論：伝達と認知　第２版』研究社.)

内田聖二 (2013)『ことばを読む、心を読む：認知語用論入門』開拓社.

Wilson, Deirdre (2004) Relevance and lexical pragmatics. *UCL working papers in linguis-*

tics 16: 343–360.

Wilson, Deirdre (2017) Relevance theory. In: Yan Huang (ed.) *The Oxford handbook of pragmatics,* 79–100. Oxford: Oxford University Press.

Wilson, Deirdre and Robyn Carston (2007) A unitary approach to lexical pragmatics: Relevance, inference and ad hoc concepts. In: Noel Burton-Roberts (ed.) *Pragmatics,* 230–259. Basingstoke: Palgrave Macmillan.

Wilson, Deirdre and Dan Sperber (1993) Linguistic form and relevance. *Lingua* 90: 1–25.

Wilson, Deirdre and Dan Sperber (2004) Relevance theory. In: Laurence R. Horn and Gregory Ward (eds.) *The handbook of pragmatics,* 607–632. Oxford: Blackwell.

Wilson, Deirdre and Dan Sperber (2012) *Meaning and relevance.* Cambridge: Cambridge University Press.

第8章

Fillmore, Charles J. (1982) Frame semantics. In: The Linguistic Society of Korea (ed.) *Linguistics in the morning calm*, 111–138. Seoul: Hanshin Publishing.

Fillmore, Charles J. and Collin Baker (2010) A frames approach to semantic analysis. In: Bernd Heine and Heiko Narrog (eds.) *The Oxford handbook of linguistic analysis*, 313–339. Oxford: Oxford University Press.

Fillmore, Charles J., Paul Kay and Catherine O'Connor (1988) Regularity and idiomaticity in grammatical constructions: The case of *let alone*. *Language* 64: 501–538.

Forceville, Charles J. and Eduardo Urios-Aparisi (eds.) (2009) *Multimodal metaphor*. Berlin and New York: Mouton de Gruyter.

Goldberg, Adele E. (1995) *Constructions*: *A Construction Grammar approach to argument structure*. Chicago: The University of Chicago Press. (河上誓作ほか(訳)(2001)『構文文法論：英語構文への認知論的アプローチ』研究社.)

Goldberg, Adele E. (2006) *Constructions at work: The nature of generalization in language.* Oxford: Oxford University Press.

Grady, Joseph (1997) Foundations of meaning: Primary metaphors and primary scenes. Ph.D. dissertation, University of California, Berkeley.

Haiman, John (1980) Dictionaries and encyclopedias. *Lingua* 50: 329–357.

Iwata, Seizi (2008) *Locative alternation. A lexical-constructional approach.* Amsterdam & Philadelphia: John Benjamins.

国広哲弥 (1994)「認知的多義論：現象素の提唱」『言語研究』106: 22–44.

Lakoff, George (1987) *Women, fire and dangerous things*. Chicago: The University of Chicago Press. (池上嘉彦・河上誓作ほか(訳)(1993)『認知意味論：言語から見た人間の心』紀伊國屋書店.)

Lakoff, George and Mark Johnson (1980) *Metaphors we live by*. Chicago: The University of Chicago Press. (渡部昇一・楠瀬淳三・下谷和幸(訳)(1986)『レトリックと人生』大修館書店.)

Lakoff, George and Mark Johnson (1999) *Philosophy in the flesh: The embodied mind and its challenge to western thought.* New York: Basic Books. (計見一雄(訳)(2004)『肉中の哲学』哲学書房.)

Lakoff, George and Mark Turner (1989) *More than cool reason: A field guide to poetic metaphor*. Chicago: University of Chicago Press. (大堀俊夫(訳)(1994)『詩と認知』紀伊国屋書店.)

Langacker, Ronald W. (1987) *Foundations of cognitive grammar* (Vol. 1): Theoretical pre-

requisites. Stanford: Stanford University Press.
Langacker, Ronald W.（1990）*Concept, image, and symbol: The cognitive basis of grammar*. Berlin and New York: Mouton de Gruyter.
松本曜（1991）「日本語類別詞の意味構造と体系：原型意味論による分析」『言語研究』99: 82–106.
Minsky, Marvin（1986）*The society of mind.* New York: Simon & Schuster.（安西祐一郎（訳）（1990）『心の社会』産業図書.）
籾山洋介（2010）「百科事典的意味観」山梨正明ほか（編）『認知言語学論考 No. 9』1–35. ひつじ書房.
鍋島弘治朗（2016）『メタファーと身体性』ひつじ書房.
西村義樹（2018）「文法の中の換喩」西村義樹（編）『認知文法論 I』89–116. 大修館書店.
Rosch, Eleanor（1975）Cognitive representations of semantic categories. *Journal of Experimental Psychology: General* 104: 192–233.

第9章

Apothéloz, Denis and Marie-José Reichler-Béguelin（1999）Interpretations and functions of demonstrative NPs in indirect anaphora. *Journal of Pragmatics* 31: 363–397.
Barsalou, Lawrence W.（1983）Ad hoc categories. *Memory & Cognition* 11（3）: 211–227.
Bolinger, Dwight（1977）*Meaning and Form*. London: Longman.（中右実（訳）（1981）『意味と形』こびあん書房.）
Bresnan, Joan W.（1994）Locative inversion and the architecture of universal grammar. *Language* 70（1）: 72–137.
Brown, Penelope and Stephen C. Levinson（1987）*Politeness: Some universals in language usage.* Cambridge: Cambridge University Press.（田中典子（監訳）（2011）『ポライトネス：言語使用における、ある普遍現象』研究社.）
Cantrall, William Randolph（1969）On the nature of the reflexive in English. Unpublished doctoral dissertation, University of Illinois.
Chomsky, Noam（1965）*Aspects of the theory of syntax.* Cambridge, MA: MIT Press.（福井直樹・辻子美保子（訳）（2017）『統辞理論の諸相：方法論序説』岩波書店.）
Comrie, Bernard（1985）*Tense*. Cambridge: Cambridge University Press.（久保修三（訳）（2014）『テンス』開拓社.）
Comrie, Bernard（1989）Some general properties of reference-tracking systems. In: Doug Arnold, Martin Atkinson, Jacques Durand, Claire Grover and Louisa Sadler（eds.）*Essays on Grammatical Theory and Universal Grammar,* 37–51. Oxford: Clarendon Press.
Fillmore, Charles. J.（1986）Pragmatically controlled zero anaphora. *Proceedings of the Twelfth Annual Meeting of the Berkeley Linguistics Society* 95–107.
Fillmore, Charles J.（1996）The pragmatics of constructions. In Dan Isaac Slobin, Julie Gerhardt, Amy Kyratzis and Jiansheng Guo（eds.）*Social interaction, social context, and language: Essays in honor of Susan Ervin-Tripp,* 53–69. New Jersey: Lawrence Erlbaum Associates.
Gundel, Jeanette K., Nancy Hedberg and Ron Zacharski（2000）Statut cognitif et forme des anaphoriques indirects. *Verbum* 22: 79–102.
加藤重広（2009）「［書評論文］Mira Ariel, *Pragmatics and Grammar*」『語用論研究』11: 98–107. 日本語用論学会.
Kiparsky, Paul and Carol Kiparsky（1970）Fact. In: Manfred Bierwisch and Karl Erich Hei-

dolph (eds.) *Progress in linguistics,* 143–173. The Hague: Mouton.
菊地康人（1997）『敬語』講談社.
久野暲（1973）『日本文法研究』大修館書店.
久野暲（1978）『談話の文法』大修館書店.
Kuno, Susumu (1987) *Functional syntax: Anaphora, discourse and empathy.* Chicago: The University of Chicago Press.
Kuroda, Shigeyuki（1973）On Kuno's direct discourse analysis of the Japanese reflexive *zibun. Papers in Japanese Linguistics* 2 (1): 136–147.
楠見孝（1988）「カテゴリとメタファ」『数理科学』297: 10–14.
古賀裕章（2015）「交替指示」斎藤純男・田口善久・西村義樹（編）『明解言語学辞典』87. 三省堂.
Lakoff, George (1987) *Women, fire, and dangerous things.* Chicago: The University of Chicago Press.
Lakoff, Robin (1973) Language and woman's place. *Language in Society* 2 (1): 45–80.
Leech, Geoffrey（2004）*Meaning and the English verb.* Third Edition. London: Longman.
Levinson, Stephen C.（1983）*Pragmatics.* Cambridge: Cambridge University Press.（安井稔・奥田夏子（訳）（1990）『英語語用論』研究社.）
Levinson, Stephen C.（2000）*Presumptive meanings: The theory of generalized conversational implicature.* Cambridge, MA: MIT Press.（田中廣明・五十嵐海理（訳）（2007）『意味の推定：新グライス学派の語用論』研究社.）
益岡隆志・田窪行則（1992）『基礎日本語文法　改訂版』くろしお出版.
三上章（1970）『文法小論集』くろしお出版.
南不二男（1974）『現代日本語の構造』大修館書店.
Nariyama, Shigeko（2003）*Ellipsis and reference tracking in Japanese.* Amsterdam: John Benjamins.
野田尚史（1986）「複文における「は」と「が」の係り方」『日本語学』5 (2): 31–43.
野田尚史（2012）「とりたてとコンテクスト」澤田治美（編）『ひつじ意味論講座第 6 巻　意味とコンテクスト』165–181. ひつじ書房.
小田勝（2018）『読解のための古典文法教室』和泉書院.
大堀壽夫（2002）「「交替指示」構文の通時相：統語変化とカテゴリー化」大堀壽夫（編）『シリーズ言語科学 3　認知言語学 II：カテゴリー化』297–321. 東京大学出版会.
大堀壽夫（2011）「訳者改題　認知・機能言語学：その多元性と共通テーマ」マイケル トマセロ（編）・大堀壽夫・秋田喜美・古賀裕章・山泉実（訳）『認知・機能言語学：言語構造への 10 のアプローチ』393–397. 研究社.
Postal, Paul M.（1969）Anaphoric island. *Papers from the Fifth Regional Meeting of the Chicago Linguistic Society,* 205–236.
澤田治美（1975）「日本語の代名詞化・再帰代名詞化の条件について　上・下」『英語教育』23 (12/13): 61–65, 57–61.
澤田治美（1993）『視点と主観性：日英語助動詞の分析』ひつじ書房.
澤田治美（2014）『現代意味解釈講義』開拓社.
澤田淳（2007）「日本語の授受構文が表す恩恵性の本質：「てくれる」構文の受益者を中心として」『日本語文法』7 (2): 83–100.
澤田淳（2019）「川端康成「伊豆の踊子」における省略された主体の解釈をめぐって：「指示追跡」と「視点」の観点から」モダリティ研究会（編）『モダリティワークショップ：モダリティに関する意味論的・語用論的研究　発表論文集　第 15 巻』183–205.
Taavitsainen, Irma and Andreas H. Jucker（2010）Trends and developments in historical

pragmatics. In: Andreas H. Jucker and Irma Taavitsainen (eds.) *Historical pragmatics,* 3–30. Berlin: Mouton de Gruyter.

Van Valin, Robert D., Jr. (1987) Aspects of the interaction of syntax and pragmatics: Discourse coreference mechanisms and the typology of grammatical systems. In: Jef Verschueren and Marcella Bertuccelli-Papi (eds.) *The pragmatic perspective: Selected papers from the 1985 International Pragmatics Conference,* 513–531. Amsterdam: John Benjamins.

Ward, Gregory, Richard Sproat and Gail McKoon (1991) A pragmatic analysis of so-called anaphoric islands. *Language* 67 (3): 439–474.

山田敏弘 (2004)『日本語のベネファクティブ：「てやる」「てくれる」「てもらう」の文法』明治書院.

山梨正明 (2017)『新版　推論と照応：照応研究の新展開』くろしお出版.

Yule, George (1996) *Pragmatics.* Oxford: Oxford University Press. (高司正夫 (訳)『ことばと発話状況：語用論への招待』リーベル出版.)

第 10 章

Levinson, Stephan (2006) On the human "interaction engine." In Nick Enfield and Stephen Levinson (eds.) *Roots of human sociality: Culture, cognition and interaction*, 39–69. Oxford: Berg.

Sacks, Harvey (1992) *Lectures on conversation*. Oxford: Blackwell.

Schegloff, Emanuel A. (1992) Repair after next turn: The last structurally provided for place for the defense of intersubjectivity in conversation. *American Journal of Sociology* 95 (5): 1295–1345.

第 11 章

Culpeper, Jonathan and Michael Haugh (2014) *Pragmatics and the English language.* New York: Palgrave Macmillan.

Fraser, Bruce (1996) Pragmatic markers. *Pragmatics* 6 (2): 167–190.

Fraser, Bruce (2006) Towards a theory of discourse markers. In: Kerstin Fischer (ed.) *Approaches to discourse particles,* 189–204. Oxford: Elsevier.

Goffman, Erving (1974) *Frame analysis*. Cambridge, MA: Harvard University Press.

加藤重広 (2004)『日本語語用論のしくみ』研究社.

Maynard, Senko K. (1989) Functions of the discourse marker *dakara* in Japanese conversation. Text 9 (4): 389–414.

三尾砂 (1995)『話言葉の文法：言葉遣篇』くろしお出版.

Mori, Junko (1996) Historical change of the Japanese connective *datte*: its form and functions. In: N. Akatsuka, S. Iwasaki and S. Strauss (eds.) *Japanese/Korean Linguistics* 5, 201–218. Stanford, CA: CSLI Publications.

Ochs, Elinor (1979) Planned and unplanned discourse. In: T. Givón (ed.) *Discourse and syntax*, 51–80. New York: Academic Press.

Onodera, Noriko O. (2004) *Japanese discourse markers: Synchronic and diachronic discourse analysis.* Amsterdam: John Benjamins.

小野寺典子 (2017)「語用論的調節・文法化・構文化の起きる周辺部：「こと」の発達を例に」小野寺典子 (編)『発話のはじめと終わり：語用論的調節のなされる場所』99–117. ひつじ書房.

小野寺典子 (2018)「構文化アプローチによる談話標識の発達：これまでの文法化・(間) 主

観化に替わるアプローチ」高田博行・小野寺典子・青木博史（編）『歴史語用論の方法』116–140. ひつじ書房.

Sacks, Harvey, Emanuel A. Schegloff and Gail Jefferson (1974) A simplest systematics for the organization of turn-taking in conversation. *Language* 50 (4): 696–735.

Schiffrin, Deborah (1987) *Discourse markers*. Cambridge: Cambridge University Press.

Schiffrin, Deborah (2006a) Discourse marker research and theory: Revisiting *and*. In: Kerstin Fisher (ed.) *Approaches to discourse particles,* 315–338. Oxford: Elsevier.

Schiffrin, Deborah (2006b) *Discourse* (Chapter 5) In: Ralph W. Fasold and Jeff Connor-Linton (eds.) *An introduction to language and linguistics*, 169–203. Cambridge: Cambridge University Press.

第12章

Arnovick, Leslie K. (1999) *Diachronic pragmatics.* Amsterdam: John Benjamins.

Biber, Douglas (1988) *Variation across speech and writing*. Cambridge: Cambridge University Press.

Brown, Roger and Albert Gilman (1989) Politeness theory and Shakespeare's four major tragedies, *Language in society* 18: 159–212.

Culpeper, Jonathan (2010) Historical sociopragmatics. In: Andreas H. Jucker and Irma Taavitsainen (eds.) *Historical pragmatics,* 69–94. Berlin: Mouton de Gruyter.

Culpeper, Jonathan and Elena Semino (2000) Constructing witches and spells, *Journal of Historical Pragmatics* 1 (1), 97–116.

Culpeper, Jonathan, Robert Crawshaw and Julia Harrison (2008) 'Activity types' and 'discourse types': Mediating 'advice' in interactions between foreign language assistants and their supervisors in schools in France and England. *Multilingua* 27: 297–324.

Hope, Jonathan (1993) Second person singular pronouns in records of early modern "spoken" English. *Neuphilologische Mitteilungen* XCIV: 83–100.

Hope, Jonathan (1994) The use of *thou* and *you* in Early Modern spoken English: Evidence from depositions in the Durham ecclesiastical court records. In: Dieter Kastovsky (ed.) *Studies in Early Modern English*, 141–151. Berlin: Mouton de Gruyter.

井上史雄（2017a）『新・敬語論：なぜ「乱れる」のか』NHK 出版.

井上史雄（編）（2017b）『敬語は変わる：大規模調査からわかる百年の動き』大修館書店.

Jacobs, Andreas and Andreas H. Jucker (1995) The historical perspective in pragmatics. In Andreas H. Jucker (ed.) *Historical pragmatics: Pragmatic developments in the history of English*, 3–33. Amsterdam: John Benjamins.

Jucker, Ancreas H. (ed.) (1995) *Historical pragmatics. Pragmatic development in the history of English.* Amsterdam: John Benjamins.

Jucker, Andreas H. and Irma Taavitsainen (2013) *English historical pragmatics.* Edinburgh textbooks on the English language. Edinburgh: Edinburgh University Press.

金澤裕之（2007）「「〜てくださる」と「〜ていただく」について」『日本語の研究』3 (2): 47–53.

金水敏・高田博行・椎名美智（編）（2014）『歴史語用論の世界：文法化・待遇表現・発話行為』ひつじ書房.

木山幸子（2016）「語用論調査法」加藤重広・滝浦真人（編）『語用論研究法ガイドブック』261–282. ひつじ書房.

小島寛之（2006）『完全独習　統計学入門』ダイヤモンド社.

Kytö, Merja and Terry Walker (2003) The linguistic study of Early Modern English speech-

related texts: How 'bad' can 'bad' data be?. *Journal of English Linguistics* 31: 221–248.
Lass, Roger (ed.) (1999) *The English language Vol. III 1476–1776*. Cambridge: Cambridge University Press.
Lenker, Ursula (2007) *Soþlice, forsoothe, truly*: Communicative principles and invited inferences in the history of truth-intensifying adverbs in English. In: Susan M. Fitzmaurice and Irma Taavitsainen (eds.) *Methods in historical pragmatics*, 81–105. Berlin: Mouton de Gruyter.
Salmon, Vivian and Edwina Burness (1987) *A reader in the language of Shakespearean drama.* Amsterdam: John Benjamins.
椎名美智 (2018a)「裁判記録に見るチャールズ一世の失脚：歴史語用論的事例研究」福田敬子・上野直子・松井優子 (編)『憑依する英語圏テクスト：亡霊・血・まぼろし』1–24. 音羽書房鶴見書店.
椎名美智 (2018b)「ベネファクティブ「させていただく」の形式と機能：2つのコーパス調査より」『東アジア日本語教育・日本文化研究』21: 47–72.
椎名美智 (2019)『「させていただく」という問題系：歴史社会語用論的調査と考察』博士 (学術) 学位請求論文 (未公刊) 放送大学.
高田博行・小野寺典子・青木博史 (編) (2018)『歴史語用論の方法』ひつじ書房.
高田博行・椎名美智・小野寺典子 (編) (2011)『歴史語用論入門：過去のコミュニケーションを復元する』大修館書店.
滝浦真人 (2016)「社会語用論」加藤重広・滝浦真人 (共編)『語用論研究法ガイドブック』77–103. ひつじ書房.
Traugott, Elizabeth C. (2010) Grammaticalization. In: Andreas H. Jucker and Irma Taavitsainen (eds.) *Historical pragmatics,* 97–126. Berlin: Mouton de Gruyter.
Wales, Kathleen (1983) *Thou* and *you* in Early Modern English: Brown and Gilman re-appraised, *Studia Linguistica*, 37 (2): 107–125.
山田敏弘 (2004)『日本語のベネファクティブ：「てやる」「てくれる」「てもらう」の「文法」』明治書院.
『青空文庫』https://www.aozora.gr.jp/
『現代日本語書き言葉均衡コーパス』https://pj.ninjal.ac.jp/corpus_center/bccwj/

第13章

相原茂 (2011)『ふりむけば中国語』現代書館.
井上優 (2013)『相席で黙っていられるか：日中言語行動比較論』岩波書店.
井上優 (2016a)「日本語から見た中国語の文法とコミュニケーション」『中国語教育』14: 1–22. 中国語教育学会.
井上優 (2016b)「日本語と中国語の真偽疑問文と確認文の意味」庵功雄ほか (編)『日本語文法研究のフロンティア』225–242. くろしお出版.
井上優 (2018a)「「語用」か「文法」か：张英 (2000) の議論の再検討」『言語と文明』16: 85–96. 麗澤大学大学院言語教育研究科.
井上優 (2018b)「疑問発話における前提のあり方：日本語と中国語の対照」『社会言語科学』21 (1): 146–159. 社会言語科学会.
井上優 (2019a)「コミュニケーションの対照研究における「表現の意味」の重要性」『待遇コミュニケーション研究』16: 55–71. 待遇コミュニケーション学会.
井上優 (2019b)「「気持ちの言語化」の日中対照」澤田治美・仁田義雄・山梨正明 (編)『場面と主体性・主観性』569–591. ひつじ書房.
木村英樹 (1987)「依頼表現の日中対照」『日本語学』6 (10): 58–66. 明治書院.

グループ・ジャマシイ（1998）『日本語文型辞典』くろしお出版.（徐一平ほか訳（2001）『日本语句型辞典』くろしお出版.）

定延利之（2004）「音声コミュニケーション教育の必要性と障害」『日本語教育』123: 1–16. 日本語教育学会.

因京子・上垣康与（1997）「接触場面の対話における発話型：「受け答えのよさ」とは何か：伝達能力記述の試み」『比較社会文化』3: 89–99. 九州大学大学院比較社会文化研究科.

中村明（1983）「日本人の表現：その特殊性の行方を考える」『講座日本語の表現 5　日本語のレトリック』筑摩書房.

方懋・高鹏飞（2004）「中国人と日本人における言語表現の違い」『新潟産業大学人文学部紀要』16: 151–161.

楊凱栄（2007）『語感を磨く中国語』NHK 出版.

张英（2000）「语用与文化（語用と文化）」『汉语学习』2000 年第 3 期：50–56.

第 14 章

Bachman, Lyle F.（1990）*Fundamental considerations in language testing*. Oxford: Oxford University Press.

Bachman, Lyle F. and Adrian S. Palmer（1996）*Language testing in practice: Designing and developing useful language tests*. Oxford: Oxford University Press.（大友賢二・ランドルフ スラッシャー（監訳）（2000）『実践　言語テスト作成法』大修館書店.）

Canale, Michael and Merrill Swain（1980）Theoretical bases of communicative approaches to second language teaching and testing. *Applied linguistics* 1（1）: 1–47.

Chomsky, Noam（1965）*Aspects of the theory of syntax*. Cambridge, MA: MIT Press.

Hymes, Dell H.（1972）On communicative competence. In: J. B. Pride and Janet Holmes（eds.）*Sociolinguistics: Selected readings*, 269–293. London: Penguin.

Hymes, Dell H.（1976）Towards linguistic competence. *Sociologische Gids* 23（4）: 217–239.

石原紀子・アンドリュー D. コーエン（2015）『多文化理解の語学教育：語用論的指導への招待』研究社.

Kasper, Gabriele（1992）Pragmatic transfer. *Second Language Research* 8（3）: 203–231.

Kasper, Gabriele and Shoshana Blum-Kulka（eds.）（1993）*Interlanguage pragmatics*. Oxford/New York: Oxford University Press.

近藤佐智子（2009）「中間言語語用論と英語教育」『Sophia Junior College Faculty Journal』29, 73–89.

水島梨紗（2016）「高等学校英語教科書における語用論的解説についての論考：『英語表現 I』の事例をもとに」『札幌学院大学人文学会紀要』99: 41–59.

村野井仁（2006）『第二言語習得研究から見た効果的な英語学習法・指導法』大修館書店.

野村恵造（2005）「『コアレックス英和辞典』が目指すもの」『Argument 研究と指導』2005 年 2 号．旺文社.

大澤真也（2006）「英語教育における語用論的能力の概念」『広島修大論集 人文編』46（2）: 19–31.

澤田治美（2018）「意味論・語用論を活かした英語の授業：“X as…as y” 構文の意味解釈をめぐって」池内正幸・窪薗晴夫・小菅和也（編）『英語学を英語授業に活かす：市河賞の精神を受け継いで』35–54. 開拓社.

関山健治（2004）「第二言語習得語用論の潮流とこれからの英語教育」『語用論研究』6: 47–55.

清水崇文（2012）「語用論的転移の双方向性：日本人英語学習者とアメリカ人日本語学習者

の対照研究」畑佐一味ほか（編）『第二言語習得研究と言語教育』150–171. くろしお出版.
Takahashi, Tomoko and Leslie M. Beebe（1987）The development of pragmatic competence by Japanese learners of English. *JALT Journal* 8（2）: 131–155.
田中典子（2006）『プラグマティクス・ワークショップ：身のまわりの言葉を語用論的に見る』春風社.
Tateyama, Yumiko（2001）Explicit and implicit teaching of pragmatic routines: Japanese *sumimasen*. In: Gabriele Kasper and Kenneth R. Rose（eds.）*Pragmatics in language teaching*, 200–222. Cambridge/New York: Cambridge University Press.
Thomas, Jenny（1983）Cross-cultural pragmatic failure. *Applied linguistics* 4（2）: 91–112.
鶴田庸子・ポール ロシター・ティム クルトン（1988）『英語のソーシャルスキル』大修館書店.
内田諭・野村恵造（2009）「教材における語用論的情報：中学英語検定教科書を例に」『多言語多文化共生社会に立脚したウェブ言語教材における言語能力運用記述モデルの研究』（2005 年度～2008 年度科学研究費助成研究基盤研究（B））: 18–33.

第 15 章

Blum-Kulka, Shoshana and Elite Olshtain（1984）Requests and apologies: A cross-cultural study of speech act realization patterns（CCSARP）. *Applied Linguistics* 5: 196–213.
Brown, P. and S. C. Levinson（1987）*Politeness: Some universals in language usage. Cambridge*: Cambridge University Press.（田中典子（監訳）（2011）『ポライトネス：言語使用における、ある普遍現象』研究社.）
Canale, Michael and Merrill Swain（1980）Theoretical bases of communicative approaches to second language teaching and testing. *Applied linguistics* 1（1）: 1–47.
Kachru, Braj B.,Yamuna Kachru and Cecil L. Nelson（eds.）（2009）The handbook of world Englishes. Malden, MA: Blackwell.
Kasper, Gabriele（1992）Pragmatic transfer. *Second Language Research* 8（3）: 203–231.
Leech, Geoffrey N.（1983）*Principles of pragmatics*. London: Routledge.（池上嘉彦・河上誓作（訳）（1987）『語用論』紀伊国屋書店.）
小野正樹（2010）「現代日本語の命令形について：日本語学習者の習得と意識」『国際日本研究』2: 79–98. 筑波大学人文社会科学研究科国際日本研究専攻.
小野正樹・李奇楠（編）（2016）『言語の主観性：認知とポライトネスの接点』くろしお出版.
Richards, J. C. and M. Sukwiwat（1983）Language transfer and conversational competence. *Applied Linguistics* 4（2）: 113–125.
Selinker, L.（1972）Interlanguage. *International Review of Applied Linguistics in Language Teaching* 10: 209–231.
白井恭弘（2008）『外国語学習の科学：第二言語習得論とは何か』岩波書店.
Thomas, Jenny（1983）Cross-cultural pragmatic failure. *Applied linguistics* 4（2）: 91–112.
趙華敏（2016）「主観性の相違による言語使用への影響について：中国語人日本語学習者が使う日本語を例に」小野正樹・李奇楠（編）『言語の主観性：認知とポライトネスの接点』くろしお出版.
山岡政紀・牧原功・小野正樹（2018）『新版 日本語語用論入門：コミュニケーション理論から見た日本語』明治書院.

索　引

事　項

さ行

た行

な行

は行

U, V, W

人　名

執筆者一覧

編者

加藤 重広（かとう・しげひろ）　第 6 章
北海道大学　大学院文学研究院　教授

澤田 淳（さわだ・じゅん）　第 1・5・9 章
青山学院大学　文学部　准教授

著者

澤田 治（さわだ・おさむ）　第 2 章
神戸大学　大学院人文学研究科　准教授

大島 デイヴィッド 義和（おおしま・デイヴィッド・よしかず）　第 3 章
名古屋大学　大学院人文学研究科　准教授

滝浦 真人（たきうら・まさと）　第 4 章
放送大学　教養学部・大学院文化科学研究科　教授

井門 亮（いど・りょう）　第 7 章
群馬大学　社会情報学部　准教授

松本 曜（まつもと・よう）　第 8 章
国立国語研究所　理論・対照研究領域　教授

高木 智世（たかぎ・ともよ）　第 10 章
筑波大学　人文社会系　准教授

小野寺 典子（おのでら・のりこ）　第 11 章
青山学院大学　文学部　教授

椎名 美智（しいな・みち）　第 12 章
法政大学　文学部　教授

井上 優（いのうえ・まさる）　第 13 章
日本大学　文理学部　教授

内田 諭（うちだ・さとる）　第 14 章
九州大学　大学院言語文化研究院　准教授

小野 正樹（おの・まさき）　第 15 章
筑波大学　人文社会系　教授

編者紹介

加藤　重広（かとう・しげひろ）

北海道大学教授。専門は言語学、日本語学、語用論など。『日本語修飾構造の語用論的研究』で新村出賞を受賞（2003 年）。日本語用論学会会長（2016〜2019 年度）。

著書に、『日本語学のしくみ』（研究社、2001 年）、『言語学入門』（研究社、2004 年）、『日本人も悩む日本語』（朝日新書、2014 年）、『言語学講義』（ちくま新書、2019 年）などがある。

澤田　淳（さわだ・じゅん）

青山学院大学准教授。専門は語用論、文法論。2014 年度日本言語学会論文賞受賞。

著書・論文に、「日本語の授与動詞構文の構文パターンの類型化―他言語との比較対照と合わせて―」（『言語研究』145 号、2014 年）、「指示と照応の語用論」（加藤重広・滝浦真人（編著）『語用論研究法ガイドブック』ひつじ書房、2016 年）、「親族名称の子供中心的用法の類型と場面、視点―対照語用論的アプローチ―」（澤田治美・仁田義雄・山梨正明（編著）『場面と主体性・主観性』ひつじ書房、2019 年）、『談話分析キーターム事典』（共訳、開拓社、2018 年）などがある。

はじめての語《ご》用《よう》論《ろん》　――基《き》礎《そ》から応《おう》用《よう》まで

2020 年 3 月 31 日　発行

編　者　加藤　重広・澤田　淳

発行者　吉田　尚志

印刷所　研究社印刷株式会社

発行所　株式会社　研究社
〒 102-8152
東京都千代田区富士見 2-11-3
電話（編集）03（3288）7711（代）
（営業）03（3288）7777（代）
http://www.kenkyusha.co.jp

組　版　研究社印刷株式会社

装　幀　Malpu Design（宮崎萌美）
カバーアイコン　Malpu Design
（高橋奈々、加藤京子）

KENKYUSHA
〈検印省略〉

ISBN 978-4-327-37823-3 C3080
Printed in Japan